新经济形势下财务信息化建设研究

刘艳 著

贵州出版集团
贵州人民出版社

图书在版编目（CIP）数据

新经济形势下财务信息化建设研究 / 刘艳著.

贵阳：贵州人民出版社，2024.11. -- ISBN 978-7-221-18835-9

Ⅰ.F275-39

中国国家版本馆 CIP 数据核字第 2024FR5749 号

新经济形势下财务信息化建设研究
XINJINGJI XINGSHI XIA CAIWU XINXIHUA JIANSHE YANJIU

刘艳 著

出 版 人：朱文迅
策划编辑：杨　悦
责任编辑：杨　悦
装帧设计：斯盛文化
出版发行：贵州出版集团　贵州人民出版社
地　　址：贵州省贵阳市观山湖区会展东路 SOHO 办公区 A 座
印　　刷：廊坊市新景彩印制版有限公司
版　　次：2024 年 11 月第 1 版
印　　次：2024 年 11 月第 1 次印刷
开　　本：787mm×1092mm　1/16
印　　张：13.5
字　　数：230 千字
书　　号：ISBN 978-7-221-18835-9
定　　价：78.00

如发现图书印装质量问题，请与印刷厂联系调换；版权所有，翻版必究；未经许可，不得转载。

前　言

　　信息技术的发展为人们生活、工作提供了便捷条件，同时也推动财务管理走向信息化。企业财务管理信息化建设有助于提高企业财务管理水平、管理质量，有利于企业实现经济效益最大化。

　　企业财务信息化建设实现了资源共享、信息交流，有助于企业树立良好的形象，推动企业走向更高领域。现如今，多数企业应用信息化技术实现了财务、预算方面的信息化管理，提高了财务管理水平。但从总体上来说，财务管理依然停滞于核算层面，怎样实现管理模式创新，成为企业重要研究课题，对企业发展尤为重要。新经济时代，挖掘更多有价值的资源，更好地为企业服务，成为财务管理的主要职能，也是企业经营发展的根本目标。财务信息化能够把处理后的财务信息及时传递给相关管理部门，这样就把企业上层和下基层联系起来，使财务数据不致孤立和中断，解决了财务数据传送时间长、资源不能共享、信息交换不畅的信息孤岛问题，大大加快了财务账务处理的速度，真正实现了财务信息资源共享。

　　新经济环境下，伴随着信息化建设脚步的加快，先进设备和新理念的融合提高了财务管理水平，节约了成本，推动了各部门发展，提升了企业综合实力。企业财务管理信息化须立足于多方面、全过程。随着市场竞争的愈演愈烈，企业想要在激烈的市场竞争中站稳脚跟，就要进行信息化建设，创新财务管理方法、管理技术，从而提高财务管理水平，促进企业建设发展。

　　本书共分为七章，第一章为新经济形势下财务与会计的发展，介绍了新经济环境的特征、新经济发展现状、数字经济发展趋势、数字经济对企业财务管理的影响、新经济环境下财务与会计的变革；第二章为财务管理信息化制度建设，介绍了财务管理发展阶段、财务管理制度的重要性、企业财务管理制度建设现状、新经济形势下财务信息化建设；第三章为财务数智化转型，介绍了财务数智化概述、数智化对财务管理的影响、企业财务数智化转型路径；第四章为财务共享服务建设，介绍了财务共享模式概述、财务共享下财务管理模式的变化、财务共享中心的构建、

RPA 财务机器人的应用；第五章为业财融合的发展应用，介绍了业财融合理论基础、信息时代业财融合的发展、业财融合的应用领域、促进企业业财融合的保障；第六章为企业财务管理技术创新，介绍了智慧财务管理概述、大数据技术在财务管理中的应用、人工智能在财务管理中的应用、区块链技术在财务管理中的应用；第七章为新经济形势下财务会计与管理会计的融合，介绍了财务会计与管理会计的异同点、企业财务会计与管理会计融合发展的意义、新经济形势下的企业财务会计与管理会计融合发展路径。

由于时间限制，书中难免存在不妥及疏漏之处，敬请读者指正批评。

著者

2024 年 5 月

目 录

前 言 ··· 01

第一章 新经济形势下财务与会计的发展 ···································· 001
第一节 新经济环境的特征 ·· 001
第二节 新经济发展现状 ·· 004
第三节 数字经济发展趋势 ·· 008
第四节 数字经济对企业财务管理的影响 ································ 015
第五节 新经济环境下财务与会计的变革 ································ 021

第二章 财务管理信息化制度建设 ·· 027
第一节 财务管理发展阶段 ·· 027
第二节 财务管理制度的重要性 ·· 042
第三节 企业财务管理制度建设现状 ······································ 045
第四节 新经济形势下财务信息化建设 ·································· 048

第三章 财务数智化转型 ·· 054
第一节 财务数智化概述 ·· 054
第二节 数智化对财务管理的影响 ·· 058
第三节 企业财务数智化转型路径 ·· 061

第四章 财务共享服务建设 ·· 077
第一节 财务共享模式概述 ·· 077
第二节 财务共享下财务管理模式的变化 ······························ 088
第三节 财务共享中心的构建 ·· 095
第四节 RPA财务机器人的应用 ··· 101

第五章 业财融合的发展应用 ·· 113
第一节 业财融合理论基础 ·· 113
第二节 信息时代业财融合的发展 ·· 117

第三节　业财融合的应用领域 …………………………………………… 135
  第四节　促进企业业财融合的保障 ……………………………………… 146
第六章　企业财务管理技术创新 …………………………………………… 148
  第一节　智慧财务管理概述 ……………………………………………… 148
  第二节　大数据技术在财务管理中的应用 ……………………………… 163
  第三节　人工智能在财务管理中的应用 ………………………………… 169
  第四节　区块链技术在财务管理中的应用 ……………………………… 177
第七章　新经济形势下财务会计与管理会计的融合 ……………………… 185
  第一节　财务会计与管理会计的异同点 ………………………………… 185
  第二节　企业财务会计与管理会计融合发展的意义 …………………… 199
  第三节　新经济形势下的企业财务会计与管理会计融合发展路径 …… 202
参考文献 ……………………………………………………………………… 207

第一章 新经济形势下财务与会计的发展

第一节 新经济环境的特征

一、新经济的内涵与特征

（一）新经济的内涵

"新经济"一词最早出现于 1996 年 12 月 30 日美国《商业周刊》发表的一组文章中，是指在经济全球化背景下，由信息技术革命带动的以高新科技产业为龙头产业的经济形态，具有低失业、低通货膨胀、低财政赤字、高增长的特点。"新经济"一词很早就已经引入中国，并出现在高层领导人的讲话中。在 2014 年国际工程科技大会上，习近平总书记在其演讲中指出，世界正在进入以信息产业为主导的新经济发展时期。事实上，在经济社会发展的进程中，新经济是指由占主导地位的产业形态决定的新的社会经济形态。占主导地位的产业形态的创新，决定着社会经济形态的差异化更新；不同历史时期的新经济内涵各不相同。可见，新经济是具有时代性烙印的新时代新经济。

新时代新经济意味着创新性知识占主导地位、创意产业成为龙头产业的智慧经济形态。新时代新经济为中国经济转型升级发挥引领作用。数字技术、人工智能等新技术、新业态，其意义不仅在于自身从无到有的创新，更在于它们对其他领域的渗透性和溢出效应，能够对经济发展的各个领域发挥牵引作用。新时代新经济的发展依托于信息技术、数字技术和网络创新与制度变革互动创新的基础支撑和强力推动；新时代新经济的发展具有淡化阶段性波动的稳定性。新时代新经济的核心是高科技创新以及由此带动的一系列其他领域的创新。新时代新经济是信息化网络化带来的经济文化成果。新时代新经济就是我们一直在追求的、"持续、快速、健康"发展的、人类经济发展史上前所未有的科技型、创新型经济。

（二）新经济的特征

第一，生产方式集约化。传统经济时期的生产主要是粗放模式，经济发展仅仅追求高效率，新经济则更加重视对要素的优势提炼，更加看重经济发展质量的提升，通过发展"四新"经济以达到降低成本、提升效益等目的，以此实现新时代新经济发展的高质量高效率。

第二，高新技术产业化。在传统经济中，产品生产中对技术的使用力度不足、频率不高，没有将技术与产业发展充分地结合起来，使得那一时期虽然有一定数量的科技成果，转化率却很低，造成科技资源的低效率利用。"新经济"则将科学技术与产业生产等环节充分结合起来，以科技成果为起点，将市场视为终点，利用产品及市场等开发过程把已有科技成果转换成物质财富，以此开发新产业、构建新业态。

第三，资产投入无形化。传统经济时期的发展与增长主要依靠以资金、生产设备为代表的有形资产投入，无形资产投入占比很低；在新经济时期则主要依靠知识、科技、信息等要素的大量投入，即无形资产投入，该种要素投入方式可以最大限度地降低资源的损耗、提高资源利用率，对经济的可持续发展有更为正向的促进作用。

第四，交流方式网络化。传统经济时期，商业交易十分依赖线下交流，"一手交钱，一手交货"是当时最为常见的商业模式，由于互联网尚不发达，因此电子商务的普及率很低。而新经济则是在新一轮信息技术革命中诞生的，在它的发展过程中网络的使用十分普遍，可以通过互联网、大数据等方式在生产者和消费者之间搭建看不见的桥梁，通过各种互联网平台实现线上交易，以此进行业务往来和国际交流。

二、新经济环境的特征

2016年，我国国内人均生产总值达到8000美元以上，因此，被世界银行和发达国家认定为进入中等收入发展阶段。这是国内新经济环境的标志性指标，也是金融、经济领域所提出的"中等收入陷阱"阶段。该阶段国内经济增长方式正从过去粗放式的低端发展方式向着集约型的高端发展方式演变，国民财富增长正向高收入发展阶段迈进，阶层结构已经从两端突出的哑铃型向两端小中间大的橄榄型结构发展。进入中等收入发展阶段，是对我国2016年以后很长一段时间社经济发展基本特征的科学判断。在新经济环境下国内经济社会发展的最基本特征体现在转型发展上，通过经济转型促进社会发展，在经济发展中实现产业转型，这是我国打破中等收入陷阱，建设社会主义现代化强国的必然选择。我国新经济环境最基本的特征主要体现在以下三个方面：

（一）经济增速放缓并进入经济发展下行区间

在进入新经济环境之前，国内社会经济增长主要依靠扩大生产、增加就业和提高劳动效率，促使我国经济自改革开放以来实现了30多年的高速增长。进入新经济环境后，国内生产要素、资源环境发生了重大变化，如进入老龄化社会、农村富余劳动力减少、全国劳动力数量在总人口中的占比不断下降等，支撑经济持续快速发展的要素资源被快速消耗。人口红利、低成本资源逐步消失，简单产能扩张导致的产业发展效率低、资本债务明显扩大、资源环境和收入分配等各方面问题持续积累和反复叠加，导致经济不可避免地进入下行区间。在经济增速进入下行阶段时，现有的生产力水平、资源、劳动力、环境等发展要素在高速增长中隐藏的问题便会更加清晰地显现出来。虽然经济下行趋势无法避免，但是经济下行并不意味着经济失控和失速，只要控制好下行的节奏，做好经济转型发展工作，保持经济增长处于适当范围，特别是把握好从经济高速增长阶段转向高质量发展阶段的规律，就能促进我国早日跨越中等收入陷阱。

（二）经济增长动力转换并进入经济结构调整磨合期

经济增长适度下行的经济转型期，也是经济增长的新旧动能进行转换的关键时期，要依靠创新、科技、质量等新的驱动力，替代资源、投资、数量扩张等旧的增长动力，要从过度依赖环境资源向依靠人力资源、科技进步转变。新旧发展动能的转换需要一个过程，也是解决中等收入陷阱的关键，在新动力培育的过程中，不能放弃旧动能的改造提效，要保证转换的时间和起伏不能太大，不能以脱节或者硬碰硬的方式实现动能的转化更新。在经济动能转化的同时，国内经济结构也进入磨合时期，高增长时期以扩大规模、重化工业为主的经济结构已经难以适应当今经济发展的需要。在新经济环境时代，技术或知识密集型重化工业与生产服务业将替代资源或能源密集型重化工业，成为主导产业，国内消费需求成为拉动经济增长的主要动能，日常消费、服务等现代服务业将获得快速发展，制度变革、结构优化、要素升级成为驱动经济增长的关键因素。特别是在城镇化进程不断加快的背景下，城市经济将占据国内经济发展的主导地位，依靠科技、创新而产生的新产业和新行业将承担起促进国民经济发展的重任，资本市场也将在经济结构调整推动下进入新的发展阶段。

（三）经济发展成本上升并推动资本形态进入金融创新期

进入新经济环境前，国内经济持续高速发展主要是因为我国主要依靠低成本要素投入驱动经济增长。在新经济环境时代，国内不可再生资源的过度消耗会导致经济发展成本上升，人口的老龄化将缩减廉价劳动力的优势，社会发展、治理和共享的成本将随着社会利益的分化而快速增加；加上国际地缘政治、市场竞争加剧，都会导致国内经济增长的成本不断攀升，企业进入微利或均利时代，甚至出现亏损倒闭。在新经济环境下，企业必然要付出转型升级的代价，只有抢占市场先机，以实力和质量获得核心竞争力的企业才能在新经济环境下生存下来，甚至抓住新经济发展的风口实现高质量发展。新经济环境时代是经济转型发展的时期，在新经济环境下通过变革金融业态、创新金融产品、培育金融市场、改革金融体制促进国内经济社会顺利转型，这样才能促进我国适应现代经济的发展需要，建设高度金融化的社会，成长为世界经济大国和经济强国。

第二节　新经济发展现状

一、新时期背景下新经济研究内容

（一）生产环节的新经济研究

生产环节是新时期发展中的首要环节，对经济发展十分关键，我国经济发展速度较快，整体经济结构发生较为显著的改变，应以创新思路为核心要求，研究新经济良好发展方向和态势，结合时代发展的实际目标，积极做好升级转型和创新，为我国不同领域逐步从低端迈入高端注入新鲜活力，凸显企业核心竞争优势。同时，新时期生产环境的新经济呈现新模式，处于新时期背景下新的经济增长点，不断解决不同产业自身实际创业能力低问题，最大限度地凸显新经济和新时期生产的关联性，提高新经济研究和开发水平。

（二）交换环节新经济研究

我国从初期商品交换阶段逐步进行完善和发展，须充分考量交换中的新经济发展状况，明晰其未来发展的主要趋势，选取合理的方法提高新经济模式在交换中的地位。选取可行性较高的措施，动态优化和改善原有的经济发展模式，精准辨识其内部存在的不足，最大限度地凸显新经济注入的活力和优势。新型交易模式下可增强商品交易能效，确保新经济发展模式成为人们关注的焦点，持续地扩展和延伸其工作领域，进一步强化交换环节与商品交易的衔接，积极解决商品正式交换中存在的问题。

（三）分配环节新经济研究

按劳分配是社会主义制度的关键特征，在此背景下发展新经济，应始终遵循新经济发展的基本原则和精准掌握时代发展的特征，按照劳动做好工作分配，确保符合新时期的需求。应结合当下实际发展状况，加大对新经济的研究和分析力度，以此形成完善的分配模式、制度，为后续新经济发展提供有效的参考。

（四）消费环节的新经济研究

经济持续性发展过程中，人们的消费理念、消费水平发生了较大的变化，广大群众对新型消费理念的重视不断提升，这要求我国加强对新经济与新消费理念的研究力度，刺激广大群众消费，为经济社会良性发展提供驱动力。应从多视角、多维度分析经济消费差异，借力新时代发展主趋势和新经济的具体表现形式，采取合理的改善措施，避免人民群众在新经济模式中产生各项消费问题。此外，可充分结合实际状况，精准掌握新发展的任务目标，提出操作性较强的新经济模式，满足不同层级人员的消费需求，为新经济发展注入活力。

二、新时代新经济发展的关键因素

尽管新时代新经济已经形成了一定的发展势头，但形成全面、可持续的发展趋势，需要系列条件支撑，需要高度关注其中的关键要素。

首先，要高度关注政策体系的兼容性。新时代新经济发展需要依托技术和制度创新。一个领域的突破，是对既有产品产业的补充延伸、增值提升，但可能更多的是对原有机构、组织体系运行的竞争冲击、否定替代，必然导致原有的依赖丧失、利益受损。此时我们尤其需要重视以下几个方面：提供新时代新经济所依赖的宽容环境、有效服务,实现自由融通,提升政策体系的包容性;接纳新思路、新技术、新产品、新产业等新时代新经济的生长要素;提升创新的资金补贴、技术采纳、产品准入、项目竞标等程序审定、认可放行机制的有效性,推进成果应用的试验化、产业化、商品化。

其次,要高度关注社会诚信的完备彰显。基于大量新技术应用的新时代新经济,使得要素流动与融合更加高效的同时,相对于传统经济活动的有形、能触看、可掌控等而言,也变得无形和虚拟化。新时代新经济的行为边界越发模糊,催生不同人群、不同阶层、不同行业、不同领域等相互之间交流的瞬时化、交易的多样化、交换的频繁化、陌生互动的广泛化,隐含着多层次的不确定、不可控和风险。新时代新经济的产业活动主体是创新型中小企业,这些微观经济组织投融资需求旺盛,公开募资、股权融资更加符合其战略发展目标,偏好获得各类国有资本控制的投融资组织、各种来源的社会性资本投融资平台以及各类背景的国际性投融资基金等的投资支持,获得融资支持的吸引能力强,对风险投资基金、私募股权基金和国外资本的吸引力具有较高水平,债务融资约束较强。防范各类风险,杜绝众多难以想象的失信、伪劣、欺诈、钻营、互害等行为,使得社会诚信意识行为培育、信用体系建设在新时代新经济发展中显得特别重要。

再次,要高度关注企业内在动能的激发。新时代新经济发展的成效,需要依靠广大企业在技术创新及实际应用、产品设计及生产质量持续提升、售后高质量服务、战略和生产管理持续创新、市场需求即时跟踪与销售开拓等领域的内在激情活力的永续性激活激发;需要依托微观经济组织之间的平等互动、要素流动自由和低交易成本的要素组合优化、内生动能得到充分激发的公平交易,以及共赢共进的微观经济运营生态系统的有效构建与支撑完善,以激发技术创新、模式创新,乃至体制机制创新的内在动能。新时代新经济的全面、持续发展所依赖的主体最终还是广大的中小企业。需要破除拥有强大资金资源实力和较高经济社会地位的国企在人事、监管和垄断性等方面的体制性桎梏,释放深层次动能;同时,需要改善中小企业、民营企业的社会地位、风险承担力和"专特新奇"实力,借力其拥有的创新压力和动力;更加需要关注中小企业的生存与发展环境的公平性,提升其在资金、技术、人才和政策等方面的博弈地位,改善融资环境、高端人才支撑氛围及创新能力等,提升中小企业在新时代新经济发展大潮中的风险承受与管控能力、环境条件利用能力以及市场竞争实力,推进新时代新经济发展在整体企业群体层面生根开花。

最后,要高度关人力资源供需的强力支撑。新时代新经济的发展需要强大的人力资本支撑和供给保障。需要依托具有前瞻性战略眼光的企业家的持续性创新,需要掌控科技前沿的技术创新人才的不懈创新,需要知识储备扎实丰厚的各类专业性人才的强力支撑。各类专业性技术人才的供应状况和需求结构、各类操作性人才的技术素质和工艺实施能力、各类人力资源的教育基础积累等决定着人力资本供给潜能,完善技术培训的体制机制,促进企业生产工艺流程"干中学"机制的打造与提升,探索技术工艺创新的终身学习机制等,是建立强大人力资本支撑、有效推动新时代新经济发展的基础条件。同时,新时代新经济的全面、持续发展最终还得依靠足够的市场拉动和需求引领。

三、新时代下的新经济发展困境

(一)传统经济与新经济融合问题

相较于传统经济,新经济深层次地将数据、知识等关键性元素融合,逐步形成递增的经济发展态势,提升自身实际生产效率和质量,更强调绿色环保,产品、服务逐步向多元化发展。发展新经济需要先进技术给予支持,促使其衍生新经济形式,确保新经济发展更具适应性和合理性。为了积极变更传统经济模式,需要精准掌握传统产业存在的弊端,充分与先进技术深层次地融合。新常态下,我国经济发展从单一的扩大规模的思想理念逐步转变为以创新驱动的模式,实现了经济高效增长,须高效地处理传统经济和新经济融合问题。传统产业仍是经济发展的根基,新经济发展需要以传统产业作为支撑,选取高效、合理的方法和措施,助力传统企业高效发展,将各类先进的技术充分融入传统产业内,为其发展提供新驱动力。

(二)新经济发展的融资问题

新经济发展过程中,融资困境始终是新兴技术产业面临的难点。各类先进技术处于发展阶段,实际融资规模较大,整个技术开发和研究周期较长,且具有不确定性,市场风险较高,明显增加了融资难度;由于双方信息始终存在不对称性,新兴技术产业无法通过借贷方式获取充足的资金支持。新兴产业发展需要大量长期稳定的融资途径,为创新企业营造较佳的融资环境,实现各类风险分散化,积极创新新经济融资模式。

（三）新经济发展新困境

高素养人才是企业竞争的关键，企业须充分结合实际状况，积极培育高素养人才，为新经济发展贡献力量。新经济发展背景下，教育行业人才培养目标发生变化，需要培育复合型人才，方可满足社会发展的多元化需求。受原有教育理念的干扰，当下人才培养过程中忽视了综合素养的培育，难以满足企业的实际需求，很难为新经济发展提供高素质人才。目前应届毕业生需要继续提高综合素养，提升创新性思维，才能快速适应社会经济发展的需求。

（四）新经济发展就业困境

随着各类先进技术的衍生和应用，整个就业实际模式和结构受到了较大的影响，生产效率及质量得到了显著提升，人们的生活水平提高，但失业问题仍需我们加以重视。相较于人工操作，计算机工作更具精准性，工作效率较高，生产链上的智能化机器人可替代人工操作，机器人的应用十分广泛，进一步减小了对劳动力的需求，尤其是未掌握先进技术的劳动力，科学技术的高速发展导致此类人员的就业压力增大。

第三节　数字经济发展趋势

数字经济的概念随着其发展而不断衍生和完善，从经济形态上看，数字经济是继农业、工业经济之后衍生出的，集数据资源、现代信息网络、信息通信技术于一体的一种经济形态。狭义的数字经济以数字为核心，辅以共享经济、平台经济等；而广义的数字经济内涵较为宽泛，主要是指一种经济形态，即只要是利用大数据及其技术来实现对企业资源的科学分配，从而提高企业的竞争力和生产力就属于数字经济。技术层面的数字经济有云计算、区块链、人工智能等新兴技术，而运用层面的数字经济有"新零售"、新金融等。

一、数字经济能够赋能新发展格局

基于数字经济的特性，应对我国新发展格局的挑战时，数字经济可以释放出其特有的经济活力，从而盘活国内经济，更好地与国际贸易接轨。

(一)数字经济驱动全球价值链的调整,提高贸易效率

数字经济驱动全球价值链的调整,首先体现在数字产品和服务在全球价值链中的角色越发重要,全球价值创造越来越以科技为导向。数字经济以互联网为基础,具有产品多样化的特性,正在以多样化的方式改变着全球价值链。数字贸易对全球价值链的影响主要体现在两个方面:从生产环节来看,生产数字化已经深刻介入生产过程中,传统的制造业和服务业已逐渐呈现出数字化趋势或被数字化、智能化产品所代替;从产品端来看,数字化产品和智能化产品已经渗入各行各业以及日常生活之中,生产和生活都渐趋数字化,数字产品价值链逐渐取代传统产品价值链。在全球价值链中,数字产品的重要性越发凸显。以 3D 打印产品和工业互联网为例,3D 打印的构架基础是数字模型,并通过专用软件和相关数据传输便可生产所需要的产品。这样的数字化生产模式颠覆了传统的制造业生产模式和价值链,数字技术成为绕过传统制造业的"新路子"。传统的大规模劳动生产方式被机器生产方式所取代,数字技术开拓了更为广阔的空间和领域,能够更加高效快捷地实现价值。数字技术有效地协调了复杂的供应链,提高了贸易效率,进一步降低了不同国家之间分工协同的需求,降低了交易成本,提高了交易效率。

(二)数字经济推动产业结构优化升级,规避贸易壁垒

我国正处于产业结构优化升级的关键时期,技术密集型产业是促进我国经济高质量发展的核心,数字经济的兴起对产业结构优化升级起到了重要的助推作用。我国人口众多,经济体量大,数字技术和互联网产业是新兴产业,可以缓解我国在国际贸易"东移"的趋势中因劳动力优势丧失而承受的替代性压力。此外,数字经济可减少贸易成本和贸易双方的信息不对称,规避国际贸易壁垒。在传统国际贸易中,由于存在时空的限制,供需市场无法及时匹配,"面对面"磋商需要耗费较多的人力和财力,沟通效率低下,并且无法有效掌握交易双方的信息,难以根据东道国的差异化需求及时调整产品策略,导致贸易规模受限。数字经济时代,信息技术的使用增强了沟通的及时性,弱化了地理距离造成的贸易壁垒,有利于数字经济的衍生业态发展,如跨境电商等,推动了货物贸易的转型升级。

(三)数字经济利于生产精细化,实现有效供给

数字技术具有泛在化的特点,渗透在生产生活各个环节中,大数据可以精准掌握市场和客户的喜好,生产不再像过去一般以产品为导向,而是可以精准狙击

市场及客户的痛点，从需求端做出有效分析，进而实现有效化供给。在满足用户需求的同时，也可明晰细化自身市场定位。大数据、人工智能可以精确分析客户需求，从而使研发设计环节和营销环节有效对接，减少了生产环节中不必要的治理和交易成本，将更多精力投入精准打造个性化差异上，与同行竞品进行区分，明确自身定位，更好地参与到国际竞争当中。此外，传统产业在全方位、全链条的数字化改造过程中，不断催生出新模式和新业态，衍生出多样化的供给模式，进一步激活消费需求。

（四）数字经济助推需求侧改革升级，凝聚生产动力

内需包括消费需求和投资需求。在消费需求层面，数字技术为满足居民的个性化需求提供了技术可能，提高了供给体系和需求体系的契合度。更重要的是，数字经济能够不断创造消费需求，大数据技术掌握特定群体的爱好后，会挖掘目标客户群体的潜在需求，刺激其消费需求，使其转换为有效需求。从这一角度来说，数字经济对我国的消费需求有重要的提振作用，刺激了居民消费，丰富了消费需求层次，促进经济内循环的高效畅通。在投资需求层面，数字经济的发展刺激了内生性投资需求，数字经济发展所需要的配套基础设施建设是由经济自身的内在规律产生的内生性投资，势必会在极大程度上赋能经济内循环。数字技术为国内经济循环带来的强大动力，不断拓展新的消费和需求市场，为实体经济和数字经济的融合提供了新的发展机遇，如直播带货等新模式，为中小企业带来了强劲的投资动力和活力，成为拉动内循环的重要驱动力。

二、数字经济发展趋势

（一）数字经济普及性提升

数字经济具有一定普及性，由于其传播覆盖能力较强，因此在全球数字经济的发展过程中，各项资源都可以得到合理运用，实现分工精细化。现今数字经济的发展已经不仅仅局限于大型企业与产业，其能够影响到人民的日常生活，并且成为人民生活中的重要部分。通过对人民生活中各个要素进行合理调整，数字经济可以进一步促进人民生活质量发展，这也会让各个国家在经济发展中更加重视数字经济，加快数字化转型的脚步。基于这一点，数字经济在国家乃至全球范围内都具备较好的适应性与普及性，较强的渗透性与覆盖性代表着数字经济可以让所有人都成为数字经济的受益者，使其真正成为全球主流经济形式。

（二）数字经济服务性发展

在数字经济发展过程中，其受众面得到了扩大，这也代表着其服务功能的发展与多样化。在数字经济与人民生活及社会整体相互结合之后，由于数字经济接收的数据内容与数量较大，数字经济在满足服务需求方面的功能也在被进一步挖掘，这代表着数字经济自身具备的服务性潜能得到开发。因此，在数字经济转型过程中，需要各个企业加强对数字经济中数据来源的调查分析，也就是对受众群体及社会变化的考察。在该过程中，数字经济可以获取到更多有效的数据信息，加强服务性，进而在遵循数字经济发展规律的前提下实现企业发展与社会经济转型升级。

（三）产业化发展

我国的数字经济近年来增长态势良好，保持着较好的上升势头。在该背景下，数字经济开始呈现出产业化发展趋势，在"十三五"期间，我国的数字经济产业持续增长，且开发建设了5G相关的设施，研发了更加先进的电子技术，同时，我国的数字经济产业开始由单点发展转向全面发展，数字经济产业发展形势呈现出多样化的趋势，其中包括电商、直播、人工智能等，这部分数字产业代表着数字经济产业化的发展趋势，是数字经济产业化的具体表现。而且产业化的数字经济仍然在不断发展，开始朝着纵深的方向挖掘自身潜力。

（四）规范性提升

由于数字经济传播速度快、覆盖面积大且形式多变，导致数字经济在发展过程中缺失规范性，需要对其进行规范，否则一旦出现问题，就会对社会经济造成较大损失。在数字经济的发展过程中，我国以法律对其进行限制。随着数字经济的逐渐发展，其需要的规范限制会越来越多，快速变化的数字经济对于我国的相关法律法规来说是一种挑战，需要加快立法速度，提高立法质量，让法律成为规范数字经济的主要手段。

（五）数字经济平台数量增多

近年来，随着技术的发展及数字经济的影响增强，数字经济平台类型逐渐增多，我国的互联网发展水平及网民数量已经超过全球水平。而且随着互联网创业模式的逐渐发展与创新，我国数字经济的交易额得到提升。2021年，我国数字经济交易额同比增长18.5%，且数字经济的比重保持着持续上涨的态势。近年来出现的直播电商就是数字经济发展的主要成果，其在我国开始逐渐发展，且推动了更加多样化的数字经济形式出现，实现了数字经济线上线下双重发展，带动了新商业模式的发展。

三、应对数字经济的措施

（一）提供全方位政策支持

党的十八大以来，国家对我国数字经济发展做出一系列重要指示，强调数字经济是一个新的经济形态。在我国大力发展数字经济的背景下，党组织就关于增强核心竞争力、构建新发展格局、建设网络强国、推动中国特色社会主义事业现代化的重要论述，为我国数字经济发展指明了方向。在此背景下，中央做出了关于加强党对数字经济工作领导的一系列重要指示。我国数字经济经历了起步、发展、规范和创新四个阶段。第一个阶段，1949—1978年，数字经济是以国民经济中传统产业为主的粗放型经济发展模式的产物；第二个阶段，1978—1999年，数字经济主要在电子信息产业领域发展；第三个阶段，2000年至今，数字经济开始进入快速发展期；第四个阶段，数字经济成为国家战略，迎来了新一轮的发展高潮。我国数字经济的快速发展是建立在信息化基础之上的。我国需要加快国家信息化战略的制定和实施，推动信息技术应用不断深化；实现电子政务改革，推进政府各部门数字化转型。此外，"十三五"规划纲要明确提出了"建立健全'互联网+'公共服务体系、推进产业数字化转型和新一代信息技术融合创新"等重点任务。

在现阶段数字经济的发展情况下，我国政府需要就数字经济发展出台相应的政策，促进数字经济的发展转型。当前我国的主要任务是推动数字经济深层次融入人民生活，让数字经济成为我国主要的经济发展方向。各级政府都可以根据政策要求及自身发展的情况来将数字经济与人民生活和实体经济融合起来，出台相应政策，调整数字经济发展方向。在该种方向的指引下，我国需要积极探索数字经济与实体经济之间可能实现深层次融合的地方，我国可以就数字经济的灵活性出台政策，推进制造业、农业等实体产业数字化，将实体产业中各个要素集合起来，发挥出数字经济的要素资源调配能力，结合互联网以及大数据等技术，形成个性化、精细化的经济管理模式。而且，为了保障数字经济的安全性与公平性，我国需要对《中华人民共和国网络安全法》《中华人民共和国电子商务法》等法律条文进行完善，为我国政策发展提供顶层保障，促进数字经济的转型，激活实体经济在数字经济发展背景下的潜力，进而形成我国独特完善的全面数字经济政策保障体系。

（二）提升数字经济核心竞争力

党的十九届五中全会提出，要发展数字经济，推进网络强国建设，加快建设数字中国。这是我国在实现中华民族伟大复兴的历史进程中的重大战略决策，是党中央着眼于未来国家发展全局做出的重大战略部署和战略安排，是推动我国数字经济创新发展，构建数字经济新优势，以及建设网络强国、制造强国的关键举措。"十四五"规划《建议》提出要把发展新型基础设施作为"两新一重"纳入国民经济和社会发展规划，要加快实施新型基础设施"补短板"工程。"十四五"期间，要加快5G商用步伐和普及应用，深化人工智能等领域的技术研发和应用示范；实施新一代信息技术与实体经济深度融合创新试点工程；推进人工智能、工业互联网、物联网在各行业领域深度应用；推动5G与交通能源、水利市政等基础设施协同发展。数据是数字经济时代的关键生产要素，而基础设施建设是实现数据流通的关键载体。当前，我国通信基础设施的发展取得了显著成效，但是也存在很多问题，例如：基础设施建设相对滞后，网络传输速度和质量仍有待提升；信息通信技术在发展过程中存在安全隐患，如物联网安全风险较大；部分核心芯片和部件还依赖于进口。

随着5G、人工智能、大数据、区块链等数字技术和实体经济的深度融合，我国需要进一步提升数字基础设施的服务能力。一方面，需要推动新一代信息通信技术与实体经济的深度融合；另一方面，要不断提高数据治理水平和隐私保护能力。在数字经济时代，数字人才的培养和引进至关重要。要大力开展基于市场需求的培训，加强对高校学生信息技术基础知识和技能的培训，强化他们成为新型职业人才的意识，鼓励他们到基层一线实践锻炼。要高度重视对现有数字技术人才的培养，尤其是培养一批掌握数字技术、精通信息网络安全技术的复合型人才。要通过多种渠道加强与国内外科研机构和高等院校合作，提高数字人才队伍建设的层次和质量。要积极引进国外数字产业人才，为国内发展提供高端、多样化的国际数字产业专业人才。

（三）强化数字经济体系建设

在当前全球数字化进程加速推进的背景下，全球数字经济已经进入以数字化为基础、以数据要素为关键要素和核心驱动的新阶段，并呈现出三大新特征：一是全球数字经济的规模持续扩大，《全球发展报告 2023：处在历史十字路口的全球发展》中提出，2021 年全球 47 个国家数字经济增加值规模为 38.1 万亿美元，同比名义增长 15.6%，占 GDP 比重为 45.0%。全球发展的数字化转型加速，在生产、消费和流通这三个领域都有反映；二是数字化转型升级加速演进，网络和平台成为创新主要驱动力；三是数据和算法日益成为关键生产要素，正日益成为推动产业变革的关键力量。从国内来看，我国数字产业发展正处在起步阶段，但随着 5G 技术的突破、大数据技术的成熟、人工智能技术的普及应用，数据已成为生产要素之一。数字经济不仅为经济高质量发展提供了新动能和新空间，也为治理体系和治理能力现代化提供了新动力。一方面，我国在政策层面上要积极探索促进数字产业发展政策与其他产业政策的有效衔接；另一方面，加大对行业头部企业的支持力度，充分发挥我国超大规模市场优势和应用场景优势、政府引导优势、企业创新能力优势等。我国作为全球数字化程度最高、市场规模最大、用户数量最多、数据量最大的互联网大国和新兴应用市场之一，在全球数字化进程中正扮演着重要角色。当前数字技术创新已经成为驱动经济增长新动能、社会治理能力现代化与治理体系改革升级新动力和国家治理效能提升不可或缺的重要因素。强化创新驱动发展是一项长期任务，要以高质量供给为需求侧创造新空间，以精准化满足需求为有效手段，以平台化共享理念为关键环节，以数字化转型升级为重要方向和主要途径，以技术创新为重点提升供给侧数字化水平。

  数字经济时代的政府管理需要与市场机制相结合，如在数据共享与流通、数据安全保护问题上，政府往往采取"一刀切"式的管制措施，而这种管制往往会阻碍信息技术的发展与创新。因此，想要促进"数字产业化、产业数字化"发展要从以下两点着手：一方面要促进信息技术向更高层次迈进；另一方面要大力推进传统产业数字化改造升级，特别是要在关键领域实现核心设备和元器件的国产化。从国家层面上看，需要进一步加大对相关领域投资并鼓励更多社会资本进入，以实现对相关行业发展的长期支撑；从企业层面上看，需要进一步完善企业数字化转型的激励机制和评价体系，以鼓励企业更好地开展数字化转型和创新。要促进数字经济时代政府管理与市场机制相结合，就必须建立政府数据开放共享机制、推动建立统一市场、促进信息共享、强化数据安全管理。

第四节　数字经济对企业财务管理的影响

一、数字经济时代带给企业财务管理的影响

（一）数字经济时代对财务决策的影响

在我国的大多数企业当中，财务决策一般都凭借工作人员的主观感觉进行。此种决策方式局限性较大，容易受到工作人员主观情感的影响，对于企业的资产收入、负债情况无法进行准确判断，进而出现一定的偏差。尤其是在投资项目的选择过程中，更易受到情感的影响，容易给企业带来较大的风险。随着数字经济时代的到来，大数据、互联网技术迅速发展，给企业财务决策带来了很大的改变，使企业能够摆脱经验主义的困扰，进行科学精细化决策。在企业财务管理中应用大数据，能够对市场风向、盈利能力等进行精准分析，能够为企业工作人员决策提供理论基础，有利于企业的发展。

（二）数字经济时代对资金管理的影响

在以往的资金管理当中，大多数企业更趋向于平面化资金管理模式，资金管理的范围相对较窄，企业资金的利用率较低，阻碍了企业的进一步发展。随着数字经济时代的到来，互联网大数据技术得到广泛应用，企业资金管理方面开始从企业内部资金的管理逐渐进军企业供应链资金的管理，有利于提高企业资金的利用率，进而促进企业的发展。对供应链资金的管理供应商与企业之间实现了资金管理共享功能，能够有效降低企业的生产成本，并且能够提高企业融资的效率，为企业提供更多可支配的资金，促进企业的发展。

（三）数字经济时代对成本管理的影响

成本管理是财务管理工作当中比较重要的内容。传统成本管理工作当中，由于数据统计不及时、核算效率低下等原因，成本管理的质量相对较低，极大地阻碍了企业财务管理的发展。作业成本法是当下成本管理中经常使用的一种核算方式，但是由于受到技术的限制，很多企业在实际工作当中还存在很大的困难。在数字经济时代，工作人员可以利用大数据技术，对企业的成本核算进行高质量、精细化管理，进而提高企业财务管理的效率。将互联网设备与成本管理结合，能够对企业任意生产过程中产生的费用进行实时统计，并且能够对统计的数据进行一定的结果分析，不仅能够提高企业成本管理工作质量，还能够有效降低生产成本，

促进企业的发展。

（四）数字经济时代对财务职能的影响

在我国大多数企业财务管理部门当中，财务职能仅仅局限于财务核算与财务监督两种职能，财务管理部门人员仅仅负责企业内部财务报表编写、资金核算等基础工作，无法参与具有决策性的活动，工作范围比较狭窄。随着数字经济时代的到来，企业财务职能发生了相对较大的变化，工作人员的工作范围也在逐步扩大。现在，财务管理部门的工作人员不仅仅能做账务处理工作，还可以参与到企业决策当中，转变为管理型工作人员。工作人员可以借助大数据，针对分析结果找出企业发展过程中存在的问题，提出意见，促进企业的发展。

（五）数字经济时代对财务报告的影响

在以往企业制作财务报告时，往往仅在规定的时间进行报告编制，这种报告编制方式存在一定的局限性，没有办法将企业实时信息及时记录下来，且编写的过程中完全依照模板进行，使财务报告的实用性不高。并且传统的财务报告内容单一，只分析了企业内部的财务信息，没有体现发展计划的内容。数字经济时代，信息处理速度提升，工作人员可以针对企业不同的数据随时编写出相应的财务报告内容。由于不同的企业、不同的管理者对于报告的需求不一样，采用人工编写的方式会给工作人员带来较大的压力。大数据的应用提高了报告编写的效率，可以随时随地为企业提供实用性报告，供企业发展需要，进而达到促进企业发展的目的。

（六）数字经济时代对财务风险的影响

在传统的财务管理工作当中，财务风险的预测完全由工作人员完成，但由于工作人员认知的局限性以及消息接收不及时等，导致风险管控工作不到位，容易给企业带来相应的风险。并且人工管控风险不仅质量相对较低，而且企业需要耗费大量的资金进行风险管控，不利于企业的发展。数字经济时代，计算机设备能够自动识别出潜在的风险并且给工作人员做出提示，为企业提供充足的时间做准备，可以降低企业的损失。企业只需要建立起相应的风险管控模型，输入相应的数据，计算机便可自动生成风险报告。并且现金管理系统还能够对后续的工作进行实时追踪，能够时刻监视数据的变化情况，发现潜在的风险能够及时通知工作人员做出处理，提升风险管理的效率。

二、数字经济时代财务数字化转型的必然性

（一）财务数字化是企业数字化转型的最佳切入口

财务具有数字化的基础和优势，不管是早期的会计电算化还是以财务管理为核心 ERP 系统的应用，财务的信息化和数字化始终引领并推动着企业管理流程的转型。一方面，企业管理的核心为财务管理，涵盖了大量与经营决策相关的关键数据。数据正是数字化转型的关键因素。另一方面，财务系统在企业内部起着承上启下的作用，将采购、生产、运营及销售等各项业务紧密联系在一起。在企业数字化转型过程中，财务系统不仅作为基础设施发挥重要作用，还扮演着连接各部门的桥梁角色，具有至关重要的价值。

（二）财务数字化是防御财税风险的最大抓手

在数字经济时代下，政府与企业皆试图利用数字化技术、思维及认知，以赋予生产治理与生活方式新的活力，促使经济社会体系全面重构。随着文件电子化，电子发票以及金税四期逐渐实施，财务税收数据逐步实现"云一体化"，即全面整合数据、业务及流程。财务数字化迅速成为企业数字化转型的核心驱动力之一，深入渗透各个领域。企业必须借助信息技术重新赋能，推进财税管理由手工作业向自动化、智能化转变，才能实现财务管理规范化、税务管理合规化，在应对审计检查和税务稽查风险时变被动为主动，实现智能合规与价值创造的目标。

（三）财务数字化是现代财务管理职能转化的现实要求

2022年，国资委针对中央企业的未来发展方向，提出"加速建设财务管理体系，打造世界一流企业"的指导意见，该文件强调构建"455"框架以实现世界一流财务管理体系的目标。在数字化智能时代背景下，数字科技成为推动实现世界一流财务管理体系的核心动力。企业数字技术与财务管理深度融合，财务团队向企业发展战略的影响者、制定者和实施者转型，基于数字技术，拓展财务管理赋能业务、防控风险、精益管理，推动乃至引领企业的价值创造职能，因而财务数字化势在必行。

（四）财务数字化是推动企业高质量发展的必经之路

企业是独立的经济体和经营主体，也是大市场运行过程中的重要参与要素。从宏观经济发展维度来看，企业是数字经济发展中的构成因子，会直接和间接地

受到政策环境和营商环境的影响。企业内部进行组织结构优化和管理模式现代化转型时，必须顺应高质量发展的时代大势，在既定的政策框架下，对财务管理战略进行调整。企业推进财务管理现代化转型，应根据中国特色社会主义市场经济发展的宏观布局，积极响应与落实《"十四五"规划纲要》总体规划，自觉构建对接中国式现代化发展战略的财务管理体系。现代企业的财务管理，应积极迎接国际市场中的各种挑战，在自我革新和自我净化的过程中，形成突出的国际竞争力和影响力。

三、数字经济时代财务管理转型面临的挑战

（一）战略层面对财务数字化转型认知不足

数字化转型本质在于"转型"，数字化不仅是技术的应用，更是企业的核心发展战略。目前大多数企业并没有清晰的战略规划，"数字化转型"部署集中在信息化在生产端的应用，没有从长远发展的角度将数字化上升到战略层面，导致一些转型执行部门主要依赖信息技术部门，技术人员对企业核心业务不熟悉，与业务活动联系也不够紧密，数字化与业务发展成为"两条线，两层皮"。此外，数字化转型需要投入大量资源且短期内难以见效，企业管理层基于短期绩效考核要求，更倾向于产生回报快的短期投入，进而影响数字化转型实施。

（二）内部系统林立，财务系统整合困难

数字化转型面临的挑战主要在于构建数字化能力，企业须具备灵活应变、高效运作及持续创新的能力。然而，众多企业在数年的信息化过程中，已经采用了各种财务和业务信息系统。这些系统彼此独立，业务流程在各自系统中单独进行并存储相应数据。由于系统间的数据标准、数据来源及更新周期存在差异，导致它们难以兼容。如此一来，数据孤岛问题越发严重，进而使得数据共享与对接变得极具挑战性。

（三）复合型数字化专业人才匮乏

数字化转型需要"专才"支持，然而，企业已有的信息人员和财务人员都仅擅长各自领域的"专业技术"，而非通才。既了解行业趋势和核心业务，又拥有数字化专业技术、具备高效协同和创新能力的"业务＋技术"复合型数字化人才储备严重不足。同时，由于薪资结构、职业发展等人事管理机制上的诸多限制，

高薪引进的技术人才"水土不服",内部培养的优秀人才容易流失,导致企业数字化人才缺口难以精准补充需求。在这种缺乏人才力量的状况下,企业很难充分释放数字技术的价值。

四、数字经济时代下企业财务管理优化路径

(一)实现财务数字化转型

企业应明确数字化财务转型的重要性,将其纳入企业整体战略规划中,制定具体可行的数字化财务战略,包括数字化技术的应用、数据治理和信息安全等方面的措施,重新审视和优化财务流程,将数字化技术应用于财务管理全过程中,包括预算、核算、成本管控、报表编制等,实现财务流程的自动化、智能化,提高财务工作效率。不断关注数字化技术的发展趋势和行业应用情况,及时调整和完善数字化财务转型的策略和措施,确保企业数字化财务转型工作的持续推进和不断提升。企业应引入数据治理机制,明确数据治理的组织架构、职责分工、决策流程等方面的要求,数据治理应注重数据的全生命周期管理,包括数据的收集、存储、处理、分析、报告等环节,确保数据的真实性和可靠性,通过积极宣传,提高员工对数据标准体系的认识和重视程度,使员工了解数据标准体系的重要性和具体要求,推动数据标准体系的有效实施和应用。

(二)建立财务数据标准体系

企业应首先明确数据标准规范,包括数据定义、格式、精度、安全性等方面的要求,这些规范应当基于企业的实际业务需求和数据处理能力,参考国家和行业的标准规范,确保数据的规范性和通用性,在此基础上,建设一个完整的数据字典库,对财务数据元的定义、含义、数据类型、取值范围等信息进行详细描述和归类,确保数据字典的准确性和一致性,数据字典库的建设应注重可读性、可维护性和可扩展性,满足企业不断变化的业务需求。企业应制定统一的编码规则,对财务数据进行规范化的编码,确保数据的唯一性和可识别性,编码规则应考虑企业的业务特点、管理需求和数据处理能力,具有一定的灵活性和可扩展性,便于应对企业未来的业务变化,同时建立数据质量标准,对数据的完整性、准确性、一致性、及时性等方面进行评估和监控,数据质量标准应基于企业的实际业务需求和数据处理能力,参考国家和行业的标准规范,确保数据的可用性和可靠性。

(三)加强财务信息系统建设

企业应明确财务信息系统建设的战略目标和实施计划,根据自身的业务需求和资源状况,制订合理的建设规划,注重系统的可扩展性、可维护性和可升级性,满足企业不断变化的业务需求。企业应构建完善的财务信息系统,注重系统的稳定性、可靠性、安全性和效率,确保系统的正常运行和数据的安全可靠,将财务信息系统功能模块全面整合,如会计核算、财务管理、资金管理、报表编制等模块。各模块之间应实现数据的无缝对接和信息的共享,提高财务工作的效率和准确性。企业应关注财务信息系统技术的发展趋势,积极引入先进的系统技术,如云计算、大数据、人工智能等,提升财务信息系统的数据处理能力和预测分析能力,建立健全财务信息系统管理制度,包括系统操作规程、数据备份与恢复策略、信息安全与保密等方面的管理制度,注重管理制度的可操作性和可执行性,确保系统的规范操作和数据的安全可靠。

(四)加强业财融合

企业应建立业务部门与财务部门之间的沟通机制,促进两个部门之间的信息交流和协同合作,定期召开业务财务会议、制定业务财务流程,打破部门之间的信息壁垒,提高业财沟通的效率和准确性。积极推进业务财务一体化,将业务数据与财务数据有机结合,实现数据的共享和信息的互通,建立业务财务一体化系统,整合业务和财务流程,提高企业运营效率和财务管理水平。企业应加强全面预算管理,将业务预算与财务预算紧密结合,实现资源的优化配置和成本的有效控制,在预算编制过程中,充分考虑企业的实际业务需求和市场环境变化,提高预算的可操作性和可执行性。企业应提高投资风险管理水平,将投资决策与风险管理结合起来,降低投资风险,在投资决策过程中,充分考虑市场的变化和企业的实际需求,制定科学合理的投资策略和风险控制措施。企业应建立业财分析体系,对企业的财务状况、经营业绩、市场环境等方面进行全面分析和评估,运用财务指标、业务指标和行业指标,及时发现企业存在的问题和不足,提出改进和优化建议。

(五)创新财务管理模式

企业应转变传统的财务管理理念,树立数字化、信息化、智能化的财务管理观念,将财务管理与数字化技术结合起来,拓展财务管理的职能和范围,注重财务管理模式的创新,从传统核算型向决策型、价值型转变。积极引入大数据技术,对海量的财务数据进行高效采集、处理和分析，提高财务数据处理能力和预测分析能力，通过大数据技术的应用，发现隐藏在数据中有价值的信息和规律，为企业决策提供更加科学和准确的数据支持。企业应建立财务共享中心，整合财务管理流程和资源，实现财务处理的标准化和集中化，通过建立财务共享中心，降低财务管理成本，提高财务处理效率，加强财务风险的监控和预防。应用人工智能技术，对财务管理模式进行智能化改造，提高财务管理工作的自动化程度和智能化水平，如利用人工智能技术进行自动化核算、自动化审计、自动化风险控制等，提高财务管理效率和准确性。企业应加强财务管理团队建设，培养具有数字化技术知识和财务管理专业知识的高素质人才，通过引进和培养复合型人才，提高财务管理团队的整体素质和业务水平，推动财务管理模式的创新和发展。

第五节　新经济环境下财务与会计的变革

新经济环境中，市场竞争更加激烈，商业运作更加复杂多变。传统的财务与会计管理往往无法迅速提供精准的财务信息和数据分析，使企业在快速变化的市场中做出明智决策。财务与会计变革可以通过数字化转型和数据驱动提高决策效率，帮助企业更准确地预测市场趋势，优化资源配置，迅速应对市场变化。因此，投资者和利益相关者对企业的财务信息透明度要求越来越高。财务与会计变革不仅可以帮助企业建立更为完善和可靠的财务信息披露机制，提高财务报告的质量和准确性，增强投资者信心，吸引更多资本投入，还有助于企业建立适应不同国家法规的财务管理体系，提高跨国经营的灵活性和竞争力。

一、新经济环境对财务与会计的影响

首先，传统的手工录入和财务数据处理已经无法满足快速、准确、大规模数据处理的需求。新经济环境要求财务与会计管理进行数字化转型，具体包括建立财务管理信息系统，实现财务数据的自动化处理和整合，提高数据的实时性和准确性。其中，大数据的应用使财务与会计管理人员可以更加深入地了解市场动态和消费者行为，从而更准确地预测未来趋势，优化资金运用，改进产品和服务。数据驱动的财务决策使企业能够更灵活地应对市场变化和挑战。其次，新经济环

境的全球化竞争要求企业进行跨国经营，而这会涉及不同国家和地区的会计准则和税收政策。因此，企业需要借助国际会计准则，建立适应不同国家法规的财务报告和管理体系，确保财务信息的准确、一致。最后，新经济环境下，企业的社会责任和环境保护意识逐渐增强，财务与会计管理需要考虑环境成本核算、社会责任报告等，将社会和环境效益纳入财务考虑范畴，推动企业可持续发展。

二、新经济环境下财务内容与主体的变革

（一）财务内容的变革

在新经济环境下，泛资源理论逐步形成。在经济社会中，泛资源理论的应用具体表现为泛资源管理，相较于传统的物质资本管理，泛资源管理能够更好地整合各种资源，进而促使社会经济得以更加高效地发展。泛资源理论被提出之后，企业的财务管理工作发生了显著变化，主要表现在以下三个方面：第一，丰富了企业融资的内容，在新经济时代背景下，知识成为企业最为重要的生产要素，企业的融资内容逐渐由"物质资本"拓展为"知识资本＋物质资本"；第二，改变了企业的投资资本管理，在新经济时代背景下，智力投资成为企业关注的重点，企业倾向于选择引进更多的高素质人才，这些高素质人才掌握的知识和能力将成为企业未来发展的重要动力；第三，优化了企业的资产管理，在新经济背景下，知识资产成为企业的主要资产，对于知识资产的管理成为企业运营管理的关键内容。因此，企业需要系统、全面地设计知识资产管理的各个环节，加强对知识资产的运用以及价值的挖掘。

（二）财务主体的变革

在传统经济背景下，受企业自身原因的影响，财务主体受到限制，使得财务主体逐渐成为企业的实际控股者。在新经济背景下，科学技术和信息技术不断发展并得到了广泛应用，企业的边界变得越发模糊，在以网络为主体的时代背景下，财务主体变得更加虚无，虚拟公司的出现导致财务主体被有效界定的难度加大。因此在新经济时代，科技、知识和信息成为企业的主要资产，而雇用劳动力的情况不再适用，财务主体的掌控者不再是通常所说的投资者。现阶段，可以将财务主体阐述为相关利益的缔结者，其中不仅包含物质资本的所有者，还包含知识资本的所有者，这也是新经济时代背景下财务主体的一个最主要的特征。

三、新经济环境对财务与会计变革的启示

信息技术的持续发展，令"有效破坏"的速度加快，即包括知识、资本、人才在内的要素，逐渐朝着新科技领域迁移，这一现状不仅在一定程度上驱动了金融创新，有效降低了资本市场的风险系数，同时也为企业指出了明确的经营风险、财务风险规避路径，帮助企业拓展出更大的价值空间。新经济环境下的财务会计工作，朝着更加智能化、科学化的方向发展，因此在对财务与会计进行变革的过程中，必须为会计人员营造良好的专业成长环境，督促财会人员树立终身学习意识，使其在工作之余有意识地完善知识结构、提升专业素养、拓宽专业视野，从而更好地适应新经济环境财务与会计工作的变化，为企业长效发展贡献专业智慧。

（一）转变财务会计理念

新经济与传统经济相比，两者在经济要素理解方面有着极大不同，传统经济对于知识价值没有给予足够的重视，在开展财务会计计量、管理工作的过程中，更多的是以设备、资金、存货等要素作为依据。新经济环境下，知识既是无形资产，同时也是社会不可缺少的资源，对于经济起到直接主导作用。会计最基本的职能是记录、反映会计主体的经济业务，新经济环境下的会计必须高度重视知识要素，将知识资本权益纳入会计等式，将知识作为会计信息处理的重要要素。与此同时，在无形资产中，对知识资源、人力资源实施独立核算，也就是说，企业既要深刻认识到知识产权的无形资产价值，统筹规划经营战略，同时也要接受股东以无形资产入股。会计信息系统理论与现代会计理论、信息论、系统论存在紧密联系，是对会计实践的抽象概括，新经济环境下对会计理论进行革新，必须从会计目标、报告、假设、职能、内容等方面入手。企业还需要有意识地增强会计计量属性的选择权，以当前所采取的商业模式为依据，选择最为适宜的计量属性，在此基础上根据资产类比实施差异化计量，有效规避统一计量方式引发的问题，确保企业所选择的财务与会计模式能够很好地适应新经济环境。

（二）整合市场资源

目前，社会主体间的联系愈加紧密，需要企业通过充分整合资源来适应社会经济全新的发展趋势。在开展财务与会计管理工作的过程中，将侧重点放在资源整合方面，积极调整资源整合方式，摒弃以往的链式整合，转而实行网式整合，从消费者个性化需求出发，对品牌、产品、厂商、渠道等要素进行整合，由对应

厂商分工协作，采取联盟、外包、众包等方式，构建转资产运行模式，这样就能让股东实现经济效益最大化。以外包方式为例，在日常经营时不需要额外购置机械设备，这样就降低了资金占有率、缓解了利息负担，不会因固定资产贬值而陷入经营风险。企业还可以根据主营业务，将研发工作交付给专业机构负责，如此就能有效拓宽自身的盈利渠道，通过调整方式，把业务延伸到整个产业链中，进而获得理想化利益价值。

（三）积极搭建数字平台

目前，越来越多的国家和地区开始认识到数字化战略的价值，纷纷投入到规划设计、筹划建设工作中，已经有很多发达国家已经实现动能转换，开拓出经济发展的新路径，从而在短时间内快速抢占数据经济红利，在激烈的国际市场竞争中获得核心竞争力。企业在变革财务与会计时，企业也需要以业务处理、数据分析、远程办公作为抓手，依托完善可靠的数字化平台，加快企业的数字化转型进程，让企业信息实现互联互通，促使工作效率和精准度得到显著提升。数字化平台搭建是一项系统性工程，其中涉及诸多环节，要求企业从自身数字化、内部财务管理的融合现状出发，立足于整体视角统筹规划，做好方案设计，以精简、独立作为平台搭建基本原则，积极引入先进的大数据、物联网技术，依托数字化平台广泛采集、整合、分类财务会计数据，为企业决策提供参考。管理人员应当牢固树立数字化意识，重视激活数字化平台的管理潜能，认真学习数字化技术在财务与会计管理中的应用技巧，将平台应用价值最大限度发挥出来，远程开展报表、审计、报账、查账等业务，以便于管理人员实时了解各个分级分支机构的经营现状、库存量，从而实现集中式管理，集中调配有限资金，提升经营可靠性，有效助力企业发展。

（四）提升会计工作能力

信息时代的来临，对财会人员的业务能力提出更高要求财会人员除了要能够准确获取信息之外，还需要具备信息整合、信息分析、快速反应的能力。因为受到经济发展的影响，财会人员的职能更加广泛，仅完成记账工作是不够的，还需要对企业生产成本加以控制、为管理者提供前沿信息、科学管控营运资本、分析财务报表、防范会计核算风险、策划战略性投资等，这要求财会人员具备较强的分析能力、独立解决问题的关键能力。特别是线上交易，由于交易时间较短，所以交易本身存在着诸多不确定因素，风险系数较高，一旦出现差错，势必会为交易主体造成巨大损失，这种复杂的经营环境令财会工作面临着诸多潜在风险，财会人员只有加强理论学习，尽可能多地掌握先进技术，密切关注行业动态和最新政策，有意识地提升自身的洞察力，积极引入全新的财务会计方法，通过整合供应链和价值链，依据法定所有权、控制权，对财务报表进行合并编制，以此来丰富年度财务报表的内容、形式，让财务会计从微观逐步向中观、宏观跨越。

（五）创新商业模式

伴随信息技术的持续发展，企业之间的竞争已经不再局限于产品，已经延伸到了商业模式，倘若要持续提升财务、会计管理的整体质量，大幅度提升自身盈利能力，就需要根据自身现状，积极地对现有商业模式做出革新，为企业健康长效发展保驾护航。在开展财务与会计管理工作时，应当基于财务报告概念框架，重新界定资产，将平台、用户等要素纳入资产范畴，这种拓展会计确认标准的行为，将彻底突破会计准则的限制，对于发挥商业模式积极作用具有重要意义。或者增强企业计量属性选择权，让企业从自身商业模式出发，灵活选择计量属性，同时依据资产类别实施差异化计量，防止"一刀切"带来的弊端，为新经济环境下企业发展提供了模式选择。此外，财务报表完善也是不容忽视的，如果企业想要提升增值服务收入总占比，建议利用免费服务吸引用户，然后通过服务转化的方式获取利润，但是在编制财务报表时，免费服务的成本不需要分摊到业务及产品中。

（六）发展智能制造

智能制造是我国产业发展的必然趋势之一，不仅让我国商业发展模式发生了变化，相应地也对财务与会计管理工作提出更加严格的要求。企业在长期经营、发展阶段，需要立足于经营现状，在智能制造方面加大成本投入，通过对财务与会计管理的创新，提高财务管理工作的科学性。具体到实践中，首先，要对成本核算加以细化，因为智能制造最为显著的特点即是个性化、小批量、订制化，在实施成本核算时一定要将间接分摊成本、直接成本纳入单个订单中，为订单成本核算编制提供参考；其次，要合理控制定价，智能制造的营销模式强调脱媒化，企业、客户之间不存在复杂的中间环节，所以在对产品进行定价时通常会采取差异化策略，会计人员则要将自身成本核算、定价决策的职能充分发挥出来；最后，重视协同效应分析，智能制造强调数字化、智能化、网络化的发展，不论是产品还是零部件，其生产过程均会涉及诸多主体，比如代理商、供应商、技术开发商等，这些主体的合作情况将直接影响到产品生产效率、质量，所以企业一定要重视主体的协同分工，始终坚持优势互补的基本原则，以此达到降低生产成本的目的。

（七）完善会计人员结构

会计是以提供经济信息、提高经济效益为目的的管理活动，财会人员在监督经济运行时，必须认真做好经济要素的分类、核算、计量等工作，为了切实保障所提供的会计信息质量，在处理会计信息时必须紧紧围绕会计主体行为，对会计主体的生产工序、工艺流程建立足够的了解，同时扎实掌握会计基础知识、娴熟应用财务软件以及先进技术，如此才能构建适应新经济环境的财务与会计工作模式。面对知识经济带来的严峻挑战，企业需要在知识创新型会计人才培养方面下足功夫，鼓励财会人员跳出传统工作模式的窠臼，发挥主观能动性，积极学习新的理论，而企业方面也要定期组织财会人才参加教育培训活动，详细剖析最新会计法规和政策，介绍新的组织形态，引导其牢固树立创新意识和竞争观念，围绕实际工作中出现的新问题，有针对性地展开探索，在实践中寻找解决问题的有效路径，将所学灵活应用于实践。同时，依托互联网对财分支机构的财务报表、审计、报账、查账等业务实施远程处理，统一调配分支机构的资源和资金，打造集中式管理模式，这样就能更好地适应新经济的发展，为企业创造更好的经济效益，进一步强化企业的核心竞争力。

第二章 财务管理信息化制度建设

第一节 财务管理发展阶段

一、现代财务管理概述

我国在加入 WTO 后,面临激烈的市场竞争压力,再加上客户的需求也变得多样化。因此,在此背景下,需要不断降低成本,减小开发费用的压力,分析当前经济以及市场全球化的情况,提高产品的质量以及服务质量。尤其是大型的集团需要注重加强内部的挖潜增效,实现对资金的运作统一管理,这就需要及时对财务进行控制,完善分析决策。

此外,还需要注意集中财务核算的特点,对其中的基础数据进行整合,然后设置用户自由配置,实现对集团核算标准以及规则的统一管理,加强对财务数据的监控,进而更好地集中管理。对财务管理进行预算,实现利润的最大化,对整个的财务管理方式进行预算管理,主要以目标利润为基础,然后编制全面的销售预算、费用预算以及现金收支预算制度,为预算的管理提供更多的数据信息,优化预算的管理流程,建立管理控制机制。在此过程中,还需要及时准确地合并报表,对其中的内部交易快速、准确地进行对账,实现对数据的一次性采集。智能决策支持也是其中的主要内容,为用客户提供更多的决策支持,让用户可以将注意力集中在不同的数据分析上,积极引导用户对不同数据进行整合,进行分层次的管理,提供更多的数据支持。

(一)财务管理的重要内容

1. 流动资产管理

以现金管理功能为核心,使企业资金利用最优化是流动资产管理的核心,流动资产在企业生产经营中的重要内容主要由三个部分组成:

第一,存货分类,这是加强存货管理的第一步。简单来讲,存货包括以下内容：低值易耗品、产成品、劳保用品、半成品、库存存货、生产原料、运输工具、周转材料、委托代销商品、在途存货、商品等。总之，存货是指正在生产耗用的物资或企业库存，可以根据不同的标准去区分。

第二，应收及预付款项。

第三，交易性金融资产。交易性金融资产是指持有时间在一年内的各种有价证券，如各种能够随时变现的企业债券、股权资产等。

把握好上述三个部分的管理，流动资产就能发挥最大的价值，企业的经济效益也可以得到很大提升。很多企业是在产品生产完后才推行流动资产管理制度，导致现金、款项经常出错，所以必须构建完善的流动资产管理体系。

2. 固定资产管理

企业的固定资产，是指为生产商品、提供劳务、出租或经营管理而持有的及其他与生产、经营有关的设备、器具、工具等。固定资产管理问题有以下解决方法：

第一，面对是否更新设备的问题，如果新旧设备未来使用寿命相等，我们可以采用差额分析法来计算一个方案相对另一个方案增减的现金流量；如果新旧设备的投资寿命期不相等，则在分析时主要采用平均年成本法，以年成本较低的方案作为较优选择。

第二，面对固定资产是否折旧的问题，首先，要做到防患于未然，机器闲置不用导致老化往往比使用时的磨损还大，因为使用时要进行日常的维护和修理，闲置时则会疏忽。此外，技术培训工作也非常重要，工人操作娴熟也可以相应减轻机器磨损程度。采用新材料可以增加机器的寿命，当面对需要折旧的问题，就必须做好折旧计划。本期增加、减小应计折旧固定资产总值，应根据计划期内增加、减小的固定资产总值和应计，有以下公式：计划期末应计折旧固定资产总值 = 计划期内增加应计折旧固定资产总值 + 计划期初应计折旧固定资产总值 − 计划期内减小应计折旧固定资产总值。

其次，确认折旧固定资产范围，增加应计折旧固定资产平均总值 =（该固定资产应计提月数 × 某月份增加应计折旧固定资产总值）/12，减小应计折旧固定资产平均总值 =［某月份减小应计折旧固定资产总产总值 ×（12− 该固定资产已计提月数）］/12。

固定资产投资管理是指从收集资料进行固定资产投资的可行性分析，到选择最优投资方案的全过程。进行固定资产投资不仅要计算投资成本、投资风险价值、投入资金的时间价值，还要计算投资项目的现金流量。目前，无论是在西方国家还是在中国，在资本预算或决策过程中，都以现金流量为基础。

3. 利润分配管理

利润是企业生产经营活动的终极目标，企业要想在市场竞争中求得生存和发展，就需要最大限度地获取利润。企业盈利增长幅度的大小营业收入的多少，不仅反映了企业的整体盈利能力和盈利水平，同时生产经营活动所取得的财务成果也反映了企业在市场经济中生存和竞争能力的强弱。在不同的经济条件下，利润的含义会有所不同，体现的社会关系也不一样。

（1）利润分配的原则

企业税后净利润的分配是处理企业所有者和经营者及企业职工等之间利益关系的重要方面。利润分配原则主要有以下两项：

第一，依法分配原则。企业的利润分配必须依法进行，企业必须遵循《企业财务通则》和《公司法》的相关规定。企业的利润分配关系到企业的长远发展和相关利益主体的利益，矛盾贯穿于利润分配的全过程。因此，为了处理好矛盾和协调好公司、员工、股东、国家、债权人等各方面的利益，国家必然会通过制定和实施相关法律法规的形式来规范企业的利润分配行为。

第二，兼顾原则，即兼顾各方面利益原则。企业在利润分配中必须兼顾国家、企业投资者、经营者和职工等各方面的利益。企业是经济社会的基本单位，企业的利润分配涉及各方面的经济利益。企业在进行利润分配时既要考虑企业的长远利益，也要调动各方面的积极性，不能只强调长远利益而忽视所有者、经营者和职工的近期利益，也不能只顾近期利益而损害企业的长远利益。

（2）利润分配的意义

利润分配是指企业按照国家政策和企业章程的规定，对已经获取的净利润在企业和投资者之间进行分配。企业正确进行利润分配，协调好相关各方之间的利益，对企业的发展至关重要。企业做好利润分配，在打造企业品牌的同时，自身的发展就有了强大资金作为后盾，极大地提高了竞争力，而财力的增强有利于企业适应瞬息万变的市场环境，提高员工的生活水平及对企业的认同感和归属感。企业应建立完善的财务管理体系，重视财务管理流动资产管理、固定资产管理、利润分配管理职能，提高企业的业绩和盈利能力，提升并巩固企业在行业中的竞争能力。

（二）财务管理中财务分析的内容

财务分析是以财务（审计）报告（表）等为基础，对企业的财务、经营和现金等进行分析和评价的方法。而财务（审计）报告（表）则是企业向使用者提供会计信息的主要文件，财务（审计）报告（表）反映了企业的财务状况、经营成果和现金流量，为使用者进行决策提供依据。由于财务报告反映的会计信息是通过分类的方法得出，缺乏关联性，使用者很难从中深入了解企业的财务能力和发展趋势，因此，需要运用财务分析的方法，对财务报告中的会计信息进行加工和处理，直观地向使用者反映企业的各种财务能力和发展趋势，这就是财务分析的任务。

1. 能力分析

（1）偿债能力分析

偿债能力指偿还到期债务的能力。发生债务融资的项目，不仅要看能不能盈利，还要看能不能如期偿还到期债务。进行偿债能力分析要编制借款还本付息表和资产负债表，在进行偿债能力分析时，应事先确定债务资金的相关信息，如借款金额、借款利率、计息方式、还款方式、宽限条件等，然后再通过财务比率，分析项目的偿债能力。

财务比率主要有两个：一是短期偿债能力比率；二是长期偿债能力比率。

短期偿债能力是指偿还流动负债的能力。在资产负债表中，流动负债与流动资产形成一种对应关系。因此，可以通过分析流动负债与流动资产的关系来判断短期偿债能力。流动负债包括短期借款、交易性金融负债、应付及预收款项、各种应交税费等，用资产负债表中的期末流动负债总额表示；流动资产包括货币资金、交易性金融资产、应收及预付款项等，用资产负债表中的期末流动资产总额表示。分析评价短期偿债能力的财务比率主要有流动比率、带动比率、现金比率、现金流量比率。长期偿债能力指偿还长期负债的能力。长期负债主要有长期借款、长期应付款、预计负债等。分析评价长期偿债能力，可以了解企业的偿债能力和财务风险状况。评价长期偿债能力的财务比率有资产负债率、产权比率、有形净值债务率等。可以比较最近年份的上述指标来判断企业偿债能力的变化趋势，也可以比较企业与同行的上述财务比率，判断企业偿债能力的强弱。

（2）营运能力

营运能力反映企业的资金周转状况，资金周转好，说明资金利用效率高，进而说明企业的经营状况好。可以通过产品销售情况与资金占用量来分析资金周转状况，从而评价营运能力。评价营运能力的比率有应收账款周转率、流动资产周转率、总资产周转率等。

应收账款周转率反映企业的应收账款的周转速度，即应收账款的流动性的强弱程度；流动资产周转率分析流动资产周转情况，流动资产周转的快慢，反映流动资金的节约程度，即资金的利用效率。

（3）盈利能力

盈利能力是指获取利润的能力。在对企业盈利能力进行分析评价时，一般只分析企业正常经营活动的盈利能力，不涉及非正常经营活动。因为非正常经营活动不是持续性和经常性的，评价起来并不科学。

评价盈利能力的财务比率主要有资产报酬率、股东权益报酬率、销售净利率、每股利润、每股现金流量等。

资产报酬率又分为资产息税前利润率和资产净利率等。资产息税前利润率反映企业利用经济资源赚取报酬的能力，反映企业利用全部资产的效率。只有企业的资产息税前利润率大于负债利息率，企业才有足够的收益用于支付债务利息。由此，资产息税前利润率可以评价企业的盈利能力和偿债能力。

（4）发展能力

发展能力主要指增长能力，如规模和盈利增长、竞争力增强等。财务比率有销售增长率、资产增长率等。销售增长率反映营业收入变化，是企业成长性和竞争力的指标，该比率说明企业营业收入的成长性好坏和发展能力强弱。资产增长率用来衡量企业的发展能力，资产增长率的高低，说明企业资产规模增长的速度快慢和竞争力的强弱。

2. 趋势分析

趋势分析指通过连续分析企业多年报表，评价企业的财务变化走势，以此预测企业以后的财务状况和发展趋势。趋势分析的方法有：

（1）报表比较

通过分析报表中数据的变化幅度和原因，判断企业财务的发展趋势。采用的财务报表期数越多，可靠性则越强。同时，也要注意各期数据的可比性。

（2）百分比报表比较

报表比较是比较报表中的数据，百分比报表比较是比较各百分比的变化，以此来预计财务状况的发展趋势。百分比报表比较是在报表比较的基础上发展而来，可以更加直观地反映企业的发展趋势。同时，这种方法可以纵向比较，即对企业不同时期的数据进行比较，也可以进行横向比较，即与同行进行比较。

（3）比率比较

比率比较是指连续多年的财务比率对比，可预测企业财务状况的发展趋势。这种方法可以更加直观地反映企业的财务状况的发展趋势。

（4）图解法比较

图解法比较是将多期财务数据或财务比率绘制成图，依据图形走势来预测财务状况的发展趋势。这种方法能够比较容易地发现一些其他方法不易发现的问题。

3. 综合分析

要对企业的财务状况和经营成果做出系统完整的评价，就必须对各类财务指标进行全面分析，这就是财务综合分析。常用的综合分析法有两种：

（1）财务比率综合评分法

财务比率综合评分法是指对选定的财务比率进行评分，计算出综合得分，据此评价企业的综合财务状况。程序如下：

第一，选定财务比率。财务比率要求具有全面、代表和一致的特性。

第二，确定财务比率评分值。根据财务比率的重要程度，确定其评分值。

第三，确定评分值上下限。这是为了避免个别财务比率的异常而造成不合理的影响。

第四，确定财务比率标准值。可以参照行业的平均水平。

第五，计算关系比率。即财务比率实际值与标准值的比。

第六，计算财务比率的实际分值。财务比率的实际分值是关系比率和评分值的乘积，实际分值的合计数就是财务状况的综合得分。如果得分在100分附近，说明财务状况良好；如果远小于100分，说明财务状况较差；如果远大于100分，说明财务状况理想。财务比率综合评分法可以比较全面地分析综合财务状况，但不能反映财务状况之间的关系。

（2）杜邦分析法

杜邦分析法通过分析主要的财务比率之间的关系来综合分析财务状况。杜邦分析法利用的几种主要财务比率关系有：其一，股东权益报酬率＝资产净利率 × 平均权益乘数；其二，资产净利率＝销售净利率 × 总资产周转率；其三，销售净利率＝净利润÷销售收入；其四，总资产周转率＝销售收入÷资产平均总额。

杜邦分析法提示的财务状况之间的关系有：第一，股东权益报酬率是一个综合性和代表性极强的财务比率，是杜邦分析法的核心；第二，资产净利率也是一个综合性极强的财务比率，它反映了企业的生产经营活动的效率；第三，销售净利率反映了企业净利润和销售收入的关系；第四，要发现资产管理方面是否存在问题，就要分析资产结构是否合理，分析资产周转情况。

（三）企业财务管理目标

1. 利润最大化

西方微观经济学发展的理论依据就是利润最大化的思想。西方国家通常也是在这个观点的基础上对企业的决策和绩效进行评估、分析的。为获得较多的利益，企业需要采取一系列有效的措施，比如合理降低生产成本、提高工作效率、优化管理结构、提高全面核算经济效益等。企业通过以上方式，不仅能科学分配资源，还能提高收益水平。与此同时，也存在以下几点不足：没有关注获取利润消耗的时间和资金传输时间所消耗的价值；没有进行风险评估；任何行业都存在一定的风险，而在不同行业中赚取同等的利润所要投入的资产和面临的风险也有差别；在一定程度上，会造成企业出现暂时性的财务决策偏向，给企业的发展带来不利影响；因为利润指标通常以年限计算，所以，企业的年度指标与管理者的决策相互依存，决策决定着指标的执行情况。

2. 股东财富最大化

借助科学的方式管理财务，为股东创造更多的效益即让股东财富最大化。当股票情况相对稳定，数量也固定的时候，股票的价格就影响着股东财富的多少。预估未来的利润会造成股价的波动，而该指标能有效防止企业过分追求眼前的利益。当然，该指标也有许多不足：一般情况下很难在非上市公司投入使用，因为和上市公司相比，其无法及时收集股价信息；存在诸多干扰股价的因素，尤其是企业外部的因素，甚至缺乏常规性，这就导致企业的财务管理情况无法得到准确反映；由于过分关注股东权益，而忽视了部分关系人的利益。

3. 企业价值最大化

基于传统的发展道路，行业内普遍认为股东分担着企业的发展压力，也承担着剩余风险，所以完全具备获取全部经济利润的权利。由于债权人和员工没有占据主要地位，所以在选择财务管理目标的过程中几乎得不到重视。但在现实情况中，多边契约关系构成了现代企业，企业的风险由企业上下游关系人、员工、债权人和股东共同担负。依照上述的想法可以实现企业价值的最大化。实现企业价值最大化就意味着企业中的关系人或者不同集团的目标都能够在企业的总价值持续增加和企业平稳发展的过程中表现出来。

财务管理目标还有一个名字叫作理财目标，财务管理目标就是企业在财务活动中应该满足的最基本要求，所有的财务活动都要立足于财务管理目标并且最终都回归于财务管理目标。评估企业理财活动的合理性也可以依靠财务管理目标，除此以外，财务管理目标还可以明确进行企业财务管理活动的最基本的方向。财务管理目标还具备集合和汇总与财务相关的企业经营目标的作用。

（四）财务管理环节

1. 计划与预算

财务计划的实际含义为以货币的形式来安排进行有规划的期内筹资、投资以及所获得的财务成果的文件方案。财务计划的作用就是用详尽的量化来确立财务管理工作将要实现的目标。制订计划的规则是既要有长期目标，也要有短期目标，因此财务计划也包含了长期和短期计划。需要1年以上的时间才能够实现的计划称为长期计划，而长达5年的计划称为公司战略计划。短期计划通常指的是年度财务预算的计划。该财务预算内容含有企业以货币形式估算计划期内资金的获得和使用还有经营时的财务成果和收支情况。年度财务预算十分重要，占据着企业经营计划中不可或缺的位置。除此以外，财务计划还有助于财务管理与监督。财务计划的制订是基于销售、生产、设备维修、劳动工资等多方面的计划上的。

事实上，制订财务计划的根本目的是实现财务管理需要努力达到的目标。经济责任制在企业内部的制定是十分重要的，因为这样可以让生产经营活动依照原先所设定的计划如期进行，并且还能够实现增加产量、降低成本、增加经济效益的效果。

财务预算，简单来讲就是某些方面财务活动的预算的反映，像能够反映销售收入的销售预算，可以体现出现金收支活动情况的现金预算。能够体现资本支出的资本预算，还有与成本、费用支出相关的生产费用预算（其中还涵盖直接人工、直接材料、制造费用三个方面的预算），期间费用预算等。

综合预算是财务活动整体状况的体现。像与财务成果相关，并能反映财务成果的预计损益表，还有可以体现出财务状况的预计财务状况变动表和预计资产负债表。种种预算之间都有着密不可分的联系：其他预算的编制都要建立在销售预算的基础上，这是因为存在销售预算才有生产费用、期间费用还有资本和现金预算等其他预算；现金预算可以对销售预算还有生产费用预算等预算中的和现金收支情况相关的部分进行归纳；除此以外，预算损益表的编制要基于生产费用预算、销售预算、现金预算还有期间费用预算。编制预计资产负债表不仅要考虑到期初资产负债表，还要考虑到生产费用预算、销售预算还有资本预算等，预计资产负债表与预计损益表会应用于编制预计财务状况表。

2. 决策与控制

财务决策是公司的管理人员根据公司的实际运营状况对不同的财务方案进行取舍的过程，其目的在于综合考虑各种财务方案是否符合公司的发展需要，并选择切实可行的方案。进行决策的人员必须具有一定的专业领域知识，同时了解公司发展的整体方向，根据公司的实际运营状况，分析财务预测结果，最后择优选取。在财务决策过程中，需要参考多种决策标准，例如非货币化、不可计量的非经济标准和货币化、可计量的经济标准等，因此，决策结果往往是综合考虑各方面因素然后做出的选择。财务决策是公司财务管理的核心内容，能否选择出最适合公司发展方向的财务方案直接关系到公司资金的投入和资源配置，进而影响企业的盈利能力。

财务决策又叫作短期财务决策，是通过对财务方案的比较和选择，以期获得最令人满意的财务方案。在公司确定好施行方案之后，公司应对财务方案进行讨论，并发给各个部门，要求各部门严格按照该方案开展工作，力求取得最好的经济效益。

财务控制是指公司衡量其收益和投入比例的过程，通过校正企业的资金投入和所获利润的关系，确保公司的财务目标能实现。企业的财务控制主要服务于公司实际掌握者。现代财务理论指出，企业理财的目标就是实现公司利益最大化和股东财富最大化。该活动必须符合法律要求，在此基础上，制订合适的控制计划，并要求公司严格按照控制计划开展工作，调整整个公司的资源配置和资金投入，最后通过考评各项财务标准来实现财务控制目标。财务控制是企业理财管理活动中的重中之重，也是实现资金合理利用的重要手段。

3. 分析与考核

财务人员在获得相关的数据之后，应及时分析整合这些数据，撰写财务报告。不仅如此，进一步整理和分析财务报表中的数据，能从中获得更多的财务信息。

例如在分析财务报表的过程中应着重关注企业的财务状况是否良好，经营效益是否满足预期，以此来判断财务方案制订是否合理。企业的财务分析主要用来评估企业的财务状况。通过财务分析也能看出各部门是否严格按照实施方案来进行生产经营，以及企业既定目标的完成情况。

另外，需要通过财务分析找出制约企业发展的因素，及时调整资金的投入和资源的配置情况，为以后的财务预测、决策等提供参考。现代财务分析方法能为各个企业甚至国家有关部门提供全面的财务分析信息，企业管理人员可以利用这些信息及时调整企业的发展方向。

财务分析包含三个部分：财务状况分析，主要是针对企业的资产配置状况和偿债能力进行全面的分析；成本费用分析，主要是分析企业运营的成本费用，企业可以根据分析结果，制订成本节约计划；财务成果分析，主要是对企业的获利能力进行分析。

在进行财务分析之时，要铭记分析目的。另外，还需要确定财务分析的对象，然后收集相关资料，参考这些资料，分析本企业的财务状况，最后，撰写书面报告，指出分析结果。

财务分析主要是结合各种相关资料来进行分析。常用的分析方法有对比分析法、比率分析法、综合分析法。对比分析法是对两个以上的相关指标进行分析，通过对比这些指标的变化趋势，找出差异。常用的对比指标包括实际指标、同行业指标以及历史指标。比率分析法是指计算两个指标的比值，以此说明企业的财务状况。常用的比率分析法包括相关比率分析，主要是计算具有一定相互关系的指标的比值，以此了解客观联系企业发展的影响。另外还有构成比率分析和趋势比率分析等方法。综合分析法是把各个与财务状况相关的指标有机地结合来进行财务状况综合分析的一种方法。分析者可以根据自身企业的需要选择合适的分析方法，或者综合利用这几种分析方法来把握公司的整体情况。

企业设置的财务考核应与物质奖惩挂钩。在企业进行财务考核过程中，必须关注财务指标的完成情况，以此判定相关部门或员工是否按要求完成任务。财务考核的目标主要是促进企业落实财务制度。在制定财务考核指标时，应综合考虑个人或单位的实际情况和能力。将财务考核与物质奖惩紧密连接起来，符合责任制原则的要求，还可以最大限度地调动员工的积极性，避免其消极怠工。在实际考核过程中，企业应该首先制订合适的奖惩计划。

二、财务管理的发展历程

（一）1949—1978年，基于计划经济体制的财务管理理论与实践探索

1949—1978年，以计划经济为基础形成、发展起来的财务管理理论与实践，经历了一个随政治、经济和立法环境的变迁而不断充实、完善和丰富的演化过程。中华人民共和国成立之后，我国财务管理从苏式财务逐步过渡为根植于中国国情的财务管理模式，围绕社会主义经济体制建设，国家做出了一系列重大改革，从我国国情与企业实践出发，逐步建立了以群众核算为核心的"鞍钢宪法"和强调务实精神的"大庆精神"财务管理模式，探索了典型的中国企业财务管理模式，为后续形成中国特色财务管理范式奠定了基础。

我国在借鉴苏式财务管理的基础上，建立了经济核算制和财政统管制，探索新的财务管理理论。中华人民共和国成立初期，我国向苏联学习，引进苏联财务管理基础理论，制定了企业财务收支计划、会计核算等财务管理制度。苏联在计划经济体制下关于财务管理的研究著作中，比较具有代表性的是毕尔曼的《苏联国民经济各部门财务》和热夫加克主编的《苏联企业和国民经济各部门财务》，主要思想包括：国家通过货币资金的划拨来保证企业的经营运转，对相关企业和主管部门履行财务管理的监督控制职能；强调基于计划经济体制，企业不是一个独立的个体，也就没有独立的投资、筹资、利润分配权力，所以企业只是一个具有简单经济核算、依附于国家主管部门的经济附属产物。这些财务管理实践探索与理论讨论对恢复国民经济、建立社会主义制度起到了积极作用。但是，随着经济环境的变迁以及理论研究的深入，人们逐渐认识到引进苏联理论存在诸多不足，我国开始探索更贴近我国国情的财务管理理论。1951年2月，我国政务院财政经济委员会召开全国财政会议，提出要加强企业财务收支计划制度，实行定期报表制度、预决算制度以及财政监督，在此基础上，对企业的成本核算进行严格控制，走经济核算制的道路。1981年，王庆成从财务管理的视角出发，详细阐述了企业应如何进行经济核算，总结了"内部银行"和"实行厂币核算"的经验成果，并提出"内部银行"和"实行厂币核算"是实现经济核算最好的形式。这种集中管理和集中控制的经济核算体制促进了我国财务管理的发展和进步，同时在当时的社会环境下为统一财经和集中财力提供了很好的理论依据。

随着苏式财务的局限与不足逐渐暴露出来，我国开始探索适合我国国情的财

务管理理论。鞍山钢铁作为我国首个钢铁基地，在学习苏联马钢经验后发现其不符合鞍钢实际。因此从1953年起，鞍钢有步骤地加强了计划经济、技术管理、经济核算和责任制，强调实行民主管理，建立"两参一改三结合"的财务管理体制。毛泽东主席将这种群众核算与专业核算相结合的模式誉为"鞍钢宪法"，其为我国提供了可借鉴的财务管理新模式。"鞍钢宪法"作为一种新财务管理体制，是我国财务管理本土化的重要资源。总体而言，1949—1978年，我国处于计划经济时代，财务管理理论最初只是简单照搬苏联理论。但是当时，我国已逐步认识到照搬的理论并不适合当时中国的财务管理需要，所以开始探索本土化特色财务管理理论；同时为了适应社会和经济的发展，开始思考和建立适应我国国情的财务管理体制，从而建立了影响深远的以群众核算为核心的"鞍钢宪法"。与此同时，我国学者根据社会主义经济建设的经验，相继提出了经济核算制和财政统管制等具有中国本土化特色的新中国财务管理理论，为中国特色财务管理理论的形成奠定了基础。

（二）1978—1992年，基于市场化的财务管理本质探讨和学科建设

1978—1992年，我国经济体制逐渐转变为以计划经济为主、市场调节为辅的经济体制。国有企业改革如火如荼，市场机制逐渐渗透到企业内部，原有的国家主导的财务管理模式不再适应社会和市场的需求，企业的财务管理活动开始以市场为导向，企业逐渐过渡为具有独立核算能力、能独立承担盈亏风险的市场法人，市场化成为我国财务管理改革和发展的逻辑起点。

我国财务管理理论最初是从国外引进的理论体系，为了将其更好地与中国国情融合并服务于中国的经济建设，学术界对财务管理的本质进行了深入的探讨，出现了百家争鸣的局面。1981年，王庆成等编著的《工业企业财务管理》一书从财务活动与财务关系两个方面论述了财务管理的本质问题，提出了资金运动论。之后，杜英斌等从财务活动的主要表现形态出发，提出了货币收支运动论。郭复初认为，财务管理和会计的内在矛盾具有本质的区别，财务管理强调资金的投入产出问题，而会计强调的是价值信息生成与使用的问题，并由此提出了本金投入收益论。从资金运动论到货币收支运动论再到本金投入收益论，体现了学者们对财务管理本质的认识，这也是财务管理基于我国经济环境与体制的变化而不断完善的过程。这些讨论，基本厘清了现代财务管理的本质，对后来财务管理理论的建立与发展起到了至关重要的作用。

财务管理成为一门独立的学科,为逐步建立中国特色财务管理理论框架奠定了基础。1992年邓小平南方谈话标志着我国逐步进入社会主义市场经济体制新时期。在这个过程中,政府和市场对经济的调控手段更加明确,政府对企业的管控也有了新的模式,国家逐渐确立了以公有制为主体、多种所有制经济共同发展的基本经济制度,国企的股份制改革如火如荼地进行着。在这些新的态势下,为了应对外部环境的巨大变化,需要更加重视企业财务管理活动,将企业的管理中心转移到财务管理上来。1996年,王庆成发表的《财务管理中心论》一文,说明了企业以财务管理作为管理中心的依据和标志,详细阐述了如何发挥财务管理的中心作用。从此,财务管理作为一门独立的学科走上学科建设发展之路。总而言之,1978—1992年,我国由计划经济体制逐渐走向社会主义市场经济体制,为了适应经济体制的转化,更好地发挥财务管理的职能,学术界针对财务管理的本质问题展开了激烈的讨论,先后提出了资金运动论、货币收支运动论与本金投入收益论等理论,基本厘清了现代财务管理的本质。同时,随着经济的发展和社会的进步,我国财务管理逐渐从会计理论体系中脱离出来,逐渐发展成为企业管理的工作重心,并作为一门独立的学科走向学科建设之路,为建立中国特色财务管理理论框架体系、开创中国特色财务管理制度夯实了基础。

(三)1992年至今,基于经济全球化和新技术的财务管理理论创新和发展

1992年10月召开的党的十四大的核心思想是:建立社会主义市场经济体制,走中国特色社会主义市场经济建设之路。2001年12月11日,中国正式加入世界贸易组织,进一步加强了中国社会主义经济建设和市场化进程。企业开始更关注财务管理如何面对经济全球化、科技发展、环境生态等问题,建立中国特色财务管理理论与制度成为亟须解决的一个问题。

面对经济全球化,我国的财务管理理论研究者与实务工作者清醒地认识到,一个理论体系的建立和完善要立足本国,并在此基础上注入新鲜血液。因此,对西方理论取其精华,结合本国经济环境进行中国本土化创新移植,开创中国特色社会主义财务管理理论与制度体系成为这一时期的一个热门课题。根据西方成熟的资本结构理论,结合我国上市公司在融资过程中更加偏好"异常优序融资"与信用制度,我国学者提出了"债务异质性"假说,以及修正的权衡理论和优序融资理论。基于Jensen和Meckling的代理理论与Bhattacharya的有效事前信号理论,我国学者根据我国国情和经济环境,分析发现不同的政策引导会导致不同的市场

波动和股利政策，并提出了基于代理理论和信号理论的半强制股利政策，对我国上市公司利益分配问题和国家制定相应的股利政策具有参考价值。1939 年，约瑟夫·熊彼得提出了企业生命周期理论，我国学者将其应用于公司财务管理，细化提出了公司财务周期理论。总而言之，我国学者在引入西方成熟财务管理理论的过程中找到了中西理论的契合点，并根据中国的本土环境，将西方成熟财务管理理论中的优秀元素与中国本土财务管理理论和实践进行结合创新，实现了西方优秀理论的中式本土化应用。这些对西方成熟财务管理理论进行的本土化创新移植，不仅推动了企业财务管理的实践探索，实现了我国财务管理与世界的"接轨"，而且为形成中国特色财务管理理论开创了新局面。

　　进入 21 世纪后，我国经济发展更加迅速，部分企业一味追求利润最大化而忽视了环境保护问题，进而导致环境污染严重、资源枯竭等一系列问题。为此，党的十七大报告明确提出了"科学发展观"。就此，学术界积极探索了企业财务管理与可持续发展的相关问题。王化成等以我国转轨经济时期特殊的财务管理环境、财务管理假设、财务管理目标分别作为逻辑起点、前提、导向，对财务管理的研究内容进行了整合和拓展，将单一、零散的财务管理理论体系化，建立了广义财务管理理论体系，使得财务管理理论研究的框架更加宏伟、内容更加丰富，以期更好地应用于企业的生产经营以及日常的经济活动。广义财务管理理论体系的建立，既为企业更好地应对环境问题、走可持续发展道路提供了理论依据，也为后续建立可持续发展财务管理理论体系奠定了坚实的理论基础。在此基础上，针对企业的可持续发展问题，郭复初发表的《现代财务与经济可持续发展研究》一文在学术界引起了极大的反响。通过学者们的不断努力，社会责任理财观、经济可持续发展理财观逐渐被提出和应用，初步形成了新的财务管理理财观。之后，郭复初等出版《发展财务学导论》一书，在借鉴发展经济学理论的基础上提出了发展财务学理论，构建了发展财务理论框架体系：发展财务理论是针对发展中国家的经济状况和财务活动规律，基于可持续发展观念提出的财务管理理论体系，用以解决发展中国家的财务管理问题。该理论为中国特色财务管理理论体系建立了宏观框架。

　　大数据时代的到来，给财务管理带来了一次彻底的学科变革，海量、冗长的数据结构，看似毫无联系的凌乱数据，却给传统的企业财务管理带来了一系列挑战。随着经济的进步和科技的发展，大数据时代下计算机对海量数据的整合分析为集团企业有条不紊地运行提供了技术支持，从而促使大型企业集团的网络点线面交织在一起，网络结构错综复杂，在这样的巨型网络平台中企业通过信息技术对数据进行控制处理，维护企业的运营。随着人工智能与财务、会计、税务、审计等的不断融合，财务管理进入变革发展新时期，市场对财务管理基础人员的需求降低，如何适应智能时代新的变革成为我们必须思考的一个问题。从"互联网＋财务"的未来发展趋势来看，财务管理的各个环节必将逐步被科技所覆盖，财务管理的综合高端人才会变得更加稀缺。在这样的科学技术发展势态下，科学技术与财务管理成为理论界的又一个热门议题。例如朱兴雄等提出了区块链技术与企业财务管理发展的议题，认为区块链时代的到来将会对财务管理的成熟理论提出新的挑战，如委托代理理论、企业估值模型等可能需要逐步被重新修正。区块链技术对企业的业务运作、信息交流以及资金运动进行了全面的整合，形成了监督勾稽体系，使企业的管理系统更加透明、不可篡改，有效地提高了企业的诚信水平和业务水平，利用区块链技术可以更好地实现企业的风险管理和部署防控。

在建立中国特色财务管理理论体系的过程中，我国财务管理的研究进入跨学科交叉融合的新时代。科技的进步和发展也为学科交叉提供了更多的可能性和物质条件，无论是自然科学还是哲学社会科学，学科的交叉发展都对本学科和其他学科的发展具有积极作用。20世纪90年代初，我国许多学者开始探索财务管理与其他学科的交叉融合，主要与以下学科进行交融：信息技术、运筹学、经济学、心理学、企业管理、金融工程、人工神经网络等。例如：从微观经济学研究企业的资源配置和使用效率；以产权制度为核心、人力资本为主线，研究人本财务法律制度体系，为人本财务管理实践提供了法律依据，同时也拓宽了财务管理的研究范围。此外，心理学中的准实验设计法、被试间实验、相关关系研究等都被运用到了财务管理的理论研究中，并且成效显著，行为财务学就是学科交叉融合的结果。同时融合人本心理学后，不仅可以改善财务人员的心理状态，而且可以侧面影响管理者的决策行为，使企业的管理更加符合企业可持续发展的需要。财务管理学科的交叉发展是财务管理学科建设之路的一个新的里程碑。通过不断的学科交叉为财务管理注入新鲜血液，促使财务管理不断进行学科探索和创新，使财务管理的学科建设具有前瞻性。通过与其他学科的交叉融合，逐渐形成了多个边缘财务管理学科，学科的交叉融合延伸和拓宽了财务管理的研究方法和研究领域，对财务管理理论框架的建立和完善具有积极意义。

1992年财政部颁布《企业财务通则》,解决了当时企业财务管理制度与客观经济形势发展不匹配的问题,弥补了当时我国相关法律制度不健全的问题。2007年修订实施的《企业财务通则》(简称《通则》)是我国第一次对财务管理体制按照市场经济要求较为彻底的重构。这次重构可以分为宏观和微观两个层面。宏观层面上,《通则》将企业财务管理的主导权归还给企业本身,强调财务管理的主体是企业,国家由过去直接参与企业财务管理转变为对企业的财务管理工作进行监督和指导;微观层面上,《通则》明确规定了企业各方的权利和义务,顺应了企业产权改革的趋势,在企业内部实现了股东、管理层和财务管理部门各司其职、分层管理的组织结构,使公司的分权层次体系和财务管理有效结合,为企业内部治理结构的建立提供了操作可能性。《通则》的实施,对规范企业财务行为、加强企业财务管理、维护企业利益相关者的合法权益和社会秩序的稳定运行具有积极的作用,同时也对完善企业内部公司治理结构、建立现代企业制度、健全社会主义经济社会体制、构建中国特色财务管理制度体系具有非常重要的意义。

总而言之,这一时期为了适应激烈的竞争环境,使企业财务管理更加有效,我国学者积极引入西方先进财务管理理论,进行本土化移植,并赋予中国本土化内涵。进入21世纪后,针对企业的可持续发展问题,我国学者建立了以环境为逻辑起点的广义财务管理理论体系,提出了科学的财务管理理财观和发展财务理论体系。通过学者们的不断努力,逐渐建立了中国特色财务管理理论框架。伴随着科技的发展,为学科的融合发展提供了更多的可能性,通过深入研究逐渐形成多个边缘财务管理学科。随着人工智能和大数据时代的到来,把握了智能时代潮流,实现了财务管理手段智能化与对象交叉化,提高了财务管理的科技含量。

第二节 财务管理制度的重要性

落实企业财务管理制度的意义显而易见。第一,财务管理制度的完善能够有效规范企业内部的财务活动,确保资金的安全、高效运转,从而提升整体的运营效益;第二,科学的财务管理制度有助于企业更加准确地评估自身的财务状况,为制订战略规划提供可靠的数据支持;第三,良好的财务管理制度有助于降低企业面临的财务风险,提高企业的抗风险能力,确保经营的稳健性;第四,规范的财务管理制度有助于提高企业财务的透明度和合规性,提升了企业在市场中的信誉和声望。此外,财务管理制度的不断完善还能够推动企业在创新和科技投入方面做出更明智的决策,促使企业更好地适应快速变化的市场环境。总体而言,落实企业财务管理制度不仅是企业经营过程中的内在要求,更是确保企业可持续发展的必然路径。

一、财务管理制度对企业经营的作用

(一)内部控制体系的建立

内部控制体系的建立在企业财务管理制度中具有关键意义。它是财务管理制度中至关重要的理论基石,直接影响着企业整体经营的稳健性和可持续性。内部控制体系旨在通过规范化、有序的程序和机制,有效监督和管理企业内部的财务活动,以确保资产安全、财务信息的准确性以及业务流程的合法合规。通过建立科学严密的内部控制体系,企业能够有效降低内部出现失误和违规行为的风险,提高财务数据的可信度。这种体系的建立不仅有助于保障企业财务信息的真实性,还为企业的决策层提供了可靠的基础,使其能够更准确地评估企业的财务状况,为战略决策提供科学依据。内部控制体系的科学建立还能够促进企业资源的高效利用,规范业务流程,提高工作效率。总体而言,财务管理制度中内部控制体系的建立,不仅是对企业经营过程中风险的有力防范,更是对财务数据可靠性的全面保障,为企业可持续发展奠定了坚实的基础。

(二)资金管理与财务决策

资金管理与财务决策是财务管理制度中的两大核心要素,它们直接关系到企业的短期运营和长期发展。资金管理的核心在于维护企业资金的流动性,确保资金能够高效流转,以满足日常生产和运营的需要。合理的资金管理不仅有助于规避企业的经营风险,还能够最大化资金的使用效益。财务决策则涉及企业在投资、融资、分红等方面的战略性选择。科学合理的财务决策不仅需要对市场的准确判断,更需要对企业自身财务状况的全面把握。透过财务决策,企业可以实现资本结构的优化,提高企业的盈利水平,实现利润最大化。在财务管理制度的框架下,资金管理与财务决策相互交织,相互影响。精细的资金管理能够为财务决策提供坚实的基础,确保企业有足够的流动资金去支持各项投资。同时,明晰的财务决策能够引导资金流向,促使企业的资金更有方向性地投入营利性较高的项目中。因此,资金管理与财务决策的密切配合是财务管理制度中的一项关键工作，它不仅关系到企业的短期经营能力，更决定了企业在市场竞争中的长远发展方向。财务管理制度通过对这两者的有效整合，为企业提供了科学合理的财务决策体系，从而为企业在竞争激烈的市场中立于不败之地创造了条件。

二、经济环境变化中财务管理的重要性

在全球范围内，经济环境的动态变化已成为企业经营不可忽视的核心挑战。经济全球化的趋势使得国际贸易和金融市场日益紧密相连，企业在全球供应链中扮演着更多元的角色。全球经济体系的不断演进、市场需求的快速变化以及科技创新的飞速发展，共同构成了企业经营环境的新常态。在这个变化的背景下，企业所面临的风险与机遇并存。金融市场的波动性增大，国际贸易关系的调整，以及全球供应链的重新配置，无不对企业的财务状况产生深远影响。货币政策的灵活运用、贸易摩擦的升温、宏观经济政策的频繁调整，这一系列因素无不在全球范围内引发着企业经营策略的重新评估和调整。与此同时，全球环境问题的凸显也对企业的财务管理提出了新的考验。气候变化、环境法规的日益严格以及社会责任的彰显，都要求企业在财务管理中更加注重对可持续发展的考量。企业在应对这些全球性变化时，财务管理制度的合理性和灵活性显得至关重要。因此，在这个全球经济环境不断变化的大背景下，企业必须审时度势，不断优化和调整财务管理制度，以更好地适应多变的市场条件，确保经营的稳健性与持续性。

三、财务管理制度的重要性

建立完善的财务管理制度不但可以帮助中小企业规范财务管理行为，提高财务决策的科学性和准确性，还可以提高管理透明度，增加金融机构和合作伙伴对公司的信任度。财务管理制度的重要性体现在以下五个方面：

第一，为企业提供决策依据。中小企业财务管理制度通过规范财务核算、报告和财务分析，为公司管理层提供精确、及时的管理信息，提高了管理层决策的准确性。例如财务报表可以反映公司经营状况，为管理层制订战略和经营计划提供重要参考。

第二，帮助加强财务监管。中小企业财务管理制度的建立可以加强对企业财务活动的监管和控制，防范和降低财务风险。明确的财务管理流程和规定，能确保财务活动的合规性和合法性，防止财务欺诈和违法行为的发生。例如制定明确

的审计程序和内部审计制度,可以发现和纠正财务违规行为。

第三,提高企业财务管理效率。中小企业财务管理制度的建立可以优化财务流程,提高财务工作的效率和准确性。例如建立标准化的财务报表模板和流程,减少报表编制时间,降低错误率;采用财务软件进行数字化管理,提高数据处理速度和准确性;建立合理的财务权限和审批流程,提高财务决策的效率。

第四,保护企业经营成果。中小企业财务管理制度的建立可以保护企业的财务利益,防止资源浪费和资产损失。建立完善的资金管理办法,可加强对资金风险和效益管理,防止资金占用和滥用;建立合理的财务风险管理制度,可防范和化解财务风险;建立有效的精细化成本管理文件,可提高企业盈利能力。

第五,增强企业形象和信誉。中小企业财务管理制度的建立可以提高企业的形象和信誉。例如:及时准确的财务报告可以增加投资者对企业的信心,吸引更多的投资资金;规范的财务管理流程可以增加与供应商的合作信任,获得更好的供应条件。

第三节 企业财务管理制度建设现状

一、企业当前财务管理制度的不足

第一,财务人员能力水平参差不齐。在企业日常经营的各个环节,均能够看到财务管理制度的"身影",对企业而言,该制度的作用主要在于引导、规范以及管理人员的财务行为。若负责建设该制度的人员存在专业能力不足、对政策的认知较为片面、欠缺内控意识、不了解企业发展战略等问题,则会致使财务管理制度无法发挥应有作用,进而限制企业的转型与发展。

第二,实施财务管理的力度较弱。包括财务管理制度在内的各类制度,均要在实施过程中才能够实现价值。导致企业实施该制度力度较弱的原因有两个:企业管理层对该制度的了解停留在表面,致使该制度无法落到实处;制度所包含内容较为抽象,未能精准下沉到企业基层。例如虽然企业赋予了财务人员相应的管理权限,但并没有针对超出管理权限的部分制定详细规定,导致财务人员遭遇超出权限范围的事项时,无法第一时间给出解决方案,严重影响制度的实施和价值的实现。

第三，未能准确把握制度建设原则与侧重点。众所周知，企业财务工作往往包含多方面内容，面向财务工作所建设的管理制度亦是如此，建设财务管理制度前，了解建设原则以及侧重点，一方面能够提升所建设制度的有效性；另一方面可以使企业日常管理成本得到控制。然而，现阶段，尚有部分财务人员未能准确把握制度建设的侧重点；由此而引起的问题如财务管理流程烦琐，致使企业日常管理成本大幅增加，企业创新发展成果无法达到预期，若不尽快解决该问题，不仅会影响财务管理工作价值的实现，还会使企业陷入发展困境。

第四，考核评价机制有待完善。新形势下，企业不仅需要向前冲，同时也要回头看，定期组织开展考核评价工作，避免潜在问题进一步发酵，造成难以挽回的影响。现阶段，多数企业仅意识到了向前冲的重要性，而没有根据实际情况建立考核评价机制，由此而造成的问题便是潜在问题未能及时得到处理，这既不利于企业自身的发展，同时也不利于行业乃至社会的进步。

二、财务管理制度的优化策略

第一，提高内部控制的有效性。提高内部控制的有效性是财务管理制度优化策略的核心环节。内部控制体系的健全性直接关系到企业财务活动的规范运作和风险管理的有效性。通过健全内部审计和监控机制，企业能够更全面地识别和预防潜在的财务风险，确保财务信息的真实可信。此外，优化组织结构和流程也是提高内部控制有效性的重要途径。合理的组织结构能够明确责任分工，确保各级管理层有能力有效地执行内部控制措施。流程的优化则有助于降低运营中的风险，提高内部运作的效率和质量。内部控制的有效性还需要注重人员培训和文化建设。通过为员工提供相关培训，提高其对内部控制的理解和执行能力，使其成为内部控制体系的生力军。同时，营造企业内部的良好文化氛围，强调诚信、合规等价值观，有助于形成积极的内部控制文化，使每位员工都认识到内部控制对企业的重要性，从而在日常工作中自觉地遵循相关制度和规定。提高内部控制的有效性是财务管理制度优化的一个战略着力点。通过内部审计、监控机制、组织结构和流程的优化以及员工培训和文化建设等多方面的综合措施，企业能够构建起更为健全和高效的内部控制体系，为企业经营提供有力支撑。这样的优化策略不仅有助于规范企业的财务运作，更能够提高企业应对各类风险的能力，确保企业经营的长期稳定。

第二，制定科学的资金管理策略。制定科学的资金管理策略是财务管理制度优化的关键一环。良好的资金管理策略能够确保企业在面对不断变化的市场环境时，始终保持资金的流动性和运营的稳健性。通过科学的资金管理，企业能够更准确地预测和满足日常经营活动的资金需求，避免因资金不足而导致的生产和经营中断。在资金管理策略的制定中，首先，要优化资金结构，科学合理地配置企业的资金，使之在流动性、安全性、收益性之间取得平衡，以最大化资金的使用效益。合理的资金结构不仅能够降低企业的财务成本，还能够提高资金利用率，为企业的长期发展提供有力的财务支持。其次，制定科学的资金管理策略还需要注重企业的现金流管理。通过合理规划企业的现金流入和流出，确保资金在企业内部的运转畅通有序。灵活运用各类财务工具，如短期融资、长期融资等，以适应市场变化和企业经营需要，确保企业在资金管理方面具备足够的灵活性和应变能力。最后，科学的资金管理策略也需要对外部融资渠道进行合理的开发和管理。通过与金融机构建立良好的合作关系，灵活运用融资工具，以确保企业在面临扩张、投资等方面的需要时，能够迅速获取必要的资金支持。总体而言，制定科学的资金管理策略是财务管理制度优化的一个重要方向，不仅有助于提高企业的资金使用效益，降低经营风险，还能够为企业在市场中保持竞争力提供稳定的财务基础。制定和实施科学的资金管理策略，将为企业经营提供有力的财务保障，确保企业在市场竞争中始终保持稳健的财务状况。

第三，财务决策的合理部署。财务决策的合理部署是财务管理制度优化的重要环节。企业在制定财务决策时，需全面考量市场情况、企业自身状况以及未来发展方向，制定出能够最大化利益的财务策略。其中，资本结构的优化是财务决策中的一个关键方面。通过合理配置权益和债务比例，企业能够平衡成本和风险，实现资本的最优化配置，确保资本的高效利用。财务决策的合理部署还需要注重投资决策。企业在资金的使用上需要审慎选择投资项目，确保每一项投资都符合企业的长期战略规划，能够为企业带来可持续的经济效益。通过科学的风险评估和综合分析，企业能够在众多投资项目中筛选出最具潜力和可行性的方案，提高投资的成功率。此外，财务决策的合理部署也涉及财务资源的分配。企业需要在各个方面的经营活动中合理分配财务资源，以确保每一个环节都得到足够的支持。通过对财务资源的精准调配，企业能够更好地满足日常运营的需要，提高整体效益水平。总体而言，财务决策的合理部署是财务管理制度优化的重要环节。它不仅要求企业对市场环境和企业内部状况进行深入分析，还需要企业在战略层面上对财务目标进行明确的规划。通过科学合理地制定财务决策，企业能够更好地应对市场变化，提高资金的使用效益，为企业的可持续发展提供有力的财务支撑。

第四，加大对财务会计人员的培训力度。互联网时代下，企业在进行财务内控建设时，需要采取多元化的培训方式来提高自身财务人员的专业水平。从目前国内会计专业毕业的会计人员来看，他们本身没有从事过会计工作，而且目前国内会计专业的发展还比较滞后，会计人员培养方向和数量也都不明确。为了促进财务会计人员提高业务水平和综合能力，企业需要采取多样化的培训方式。例如利用网络平台对会计人员开展培训，在培训期间将会计人员纳入自身统一培训计划，在完成培训任务之后按照组织机构给其发放学习资料。或者在学习结束之后让参加培训的人以小组为单位进行交流，在交流过程中对其存在的问题展开讨论。或者采取小组会议的方式来让其进行交流和学习，在讨论中提出问题以利于其他小组成员通过交流、学习等方式不断地提升自身能力和水平。在此过程中财务会计人员还需要针对实际业务知识及工作能力进行强化学习和巩固学习。此外，企业还要对财务会计人员进行一定的专业指导及培训。

第四节　新经济形势下财务信息化建设

一、新经济形势下企业财务信息化建设的优势

第一，有利于提升企业整体竞争力。通过集中财务管理，可以将企业分散且复杂的信息进行有效集成，同时发挥其高效、实用的管理功能。资金管理是企业财务管理的核心，通过财务信息化系统的运用，能够快速地实现资金的流通，以解决资金的缺口问题，从而提高企业的资金利用效率。另外，集中资金管理的主要功能是对下级企业的财务运作进行有效的监控与安排，避免出现重大的财务管理风险隐患。

第二，有利于提高财务管理水平。首先，财务管理信息化能够通过计算机软件对数据进行自动化处理，提高财务工作的效率，增加财务数据的可信度；其次，

由于财务管理工作日益烦琐化和复杂化，所以需要突破传统的财务管理模式，加强财务管理信息化，构建科学规范的财务管理制度，包括成本管理、专项资金管理、固定资产管理和流动资金管理；最后，利用财务管理信息化技术，可以将财务软件和真实的信息有机地结合起来，形成一个完整的信息流通系统，从而有效地集成财务信息，为企业的生产和其他业务提供充足的信息依据和保障。

第三，有利于满足财务管理信息化的需要。企业对信息的广泛性、真实性、准确性、敏锐性以及快捷性要求较高，通过建设财务管理信息系统，能够使各部门在同一信息平台上进行完整的工作流程，促进资源的整合，提高信息服务的质量，为企业的项目决策提供可靠的后台数据分析。通过平台实现对财务部门数据的共享，以便业务部门可以及时了解客户信息、业务报价、应收账款周转率、赊销比率、信用额度等相关情况，同时还可以了解服务供应商的历史报价和服务质量等，确保业务部门在进行项目可行性分析和方案比较时可快速地做出决策，有利于提高业务部门工作效率。

第四，有利于提高企业经济效益水平。信息化技术的应用能够提高企业的财务工作效率，保障企业的经营管理能力，同时也能降低企业内部的运营成本，提高企业的经营业绩。信息化技术的应用可以减小财务人员的工作压力，缩短财务信息处理时间，从而提高工作效率。加强企业财务管理的信息化建设，对提高企业的经济效益具有重要的作用。

二、新经济形势下企业财务信息化现状

（一）从新经济视角看企业财务管理会计信息化取得的主要成效

结合新经济的相关理论及其发展程度，对企业的财务管理会计信息化进行分析可以发现，当前我国企业在此方面取得的主要成效集中体现在以下四个方面：一是能够在企业内部实施统一的核算办法和会计政策，规范财务标准，为财务信息化进行推广和应用奠定基础；二是促使企业逐步过渡到以会计电算化、财务共享和智能化为特征的财务信息化阶段；三是通过将信息化技术与企业的财务管理结合起来，一方面帮助企业在资金管理方面完全实现了收支两条线的管理和银企直联的集中管理，为企业节约了大量的资金成本，另一方面支撑了企业的精细化核算，将企业的全面预算管理和成本控制纳入其中，为管理层提供了高效的决策信息支持并为降低财务风险提供了支持；四是通过财务管理会计的信息化，带动

企业的供应链管理、项目管理和生产经营管理领域的信息化建设工作，为企业建立智能化的生产经营管理体系提供财务基础。

（二）从新经济视角看企业财务管理会计信息化存在的问题

如上文所述，虽然在新经济时代下企业在财务管理会计信息化方面取得了一定的成效，但是当前企业在财务管理会计信息化方面尚处于初级阶段，仍然存在一定的问题，其中关键问题在于企业在财务管理会计信息化过程中主要关注物质资源和有形资产，与当前的新经济时代出现不适应，会计信息相关性日益下降。在新经济时代企业财务管理会计信息化过程中会计信息相关性日益降低的主要表现可从两个角度加以分析：

从决策有用的视角分析，企业的关键财务变量是与企业价值息息相关的，这些关联性主要体现在股票价格方面，但是在实务中，企业的股价变动与报告盈余、经营性现金流量以及现金流量等关键财务变量之间的反应系数大幅降低，说明了在企业在财务管理会计信息化过程中提供的会计信息对于决策能发挥的作用十分有限。

从受托责任评价的视角分析，财务管理会计信息化过程中提供的会计信息对受托责任评价能产生的影响较小，主要体现在受托责任评价对会计信息的依赖度降低，同时激励机制的设立更多倚重股票期权而非会计利润。

（三）新经济时代企业财务管理会计信息化现状的成因

从实践来看，在新经济时代，之所以会在会计信息化过程中出现会计信息相关性日益降低的问题，主要是因为企业在会计确认、计量和报告标准等方面存在误区，对企业价值创造的新经济驱动因素视而不见，具体体现在：

对无形投资的资本支出属性不够明确。要求企业的无形投资进行费用化处理，不仅造成企业的收入费用配比失当，在一定程度上对企业的经营绩效产生扭曲，同时使得能够对企业未来的价值和发展产生重要影响的智慧型无形资产游离于资产负债表之外，弱化了企业的财务实力。

对行业地位的经济价值差异反映不足。在新经济时代，企业在本行业中所处的地位不同，其受"赢家通吃""规模收益递增"和"股票市值差异"的影响也不尽相同，一般来说，行业地位越高，企业受到的影响越大，企业的经济价值估值也越高，会计信息所反映的企业价值也更真实，但是在实务中，企业在财务管理会计信息化的过程中，难以将行业地位因素纳入其会计信息体系，在一定程度上弱化了企业的会计信息相关性。

没有对用户聚焦的边际成本递减引起足够重视。在当前经济环境中，符合新经济时代特征的企业的边际成本曲线是随着用户数量的增加而不断下降的，当用户数量足够大时，企业的边际成本会趋向于零，即所谓的边际成本递减效应，这种递减效应会对企业的会计利润产生较大的影响，但是当前企业无论在会计准则和核算体系中，还是在实施财务管理会计信息化过程中都未对其引起足够的重视，从而造成企业会计信息的相关性下降。

三、新经济形势下企业财务信息化建设路径

（一）企业财务管理信息化建设的原则

一是以财务管理为中心进行信息系统规划。企业管理的核心是财务管理。凭借统筹规划、量化实施、特点鲜明、由易到难的原则，利用财务、销售、采购、仓储、生产等管理系统，逐步促使企业的物流、资金流和信息流实现高效统筹运作。不能片面地认为"企业管理以财务为中心，管理信息化应当先于财务系统"，而是要求各系统同步进行，各系统既要相互联系又要相互制约。二是转变思想，企业内部应当树立以信息化为核心的财务管理观念。另外，可以促使企业各个部门打破信息交流壁垒，使各部门充分了解财务管理信息化的优势，同时，促进企业在复杂的竞争环境中脱颖而出，给企业带来更大的发展空间。三是促进财务和业务的融合，实现信息一体化发展。以财务管理为核心，建立集产、购、销、存于一体的内部财务信息系统，实现信息集成、过程集成、功能集成、数据共享，促使财务管理工作真正为管理决策提供服务。

（二）企业财务管理信息化建设的对策

1. 财务体系标准的持续改进

对现行的会计要素确认标准进行完善，充分反映无形投资，从而为企业财务管理会计信息化奠定完善的会计环境，即在明确会计要素确认标准时，不仅要改变过度保守的风险偏好，充分强调资产的经济利益元素，同时还要充分面对投资决策的影响因素，在会计处理方面对无形投资等创新性资源进行确认。在此可选用两种方法：其一是考虑改变现有的报表体系，将自创的创新性资源纳入其中；其二是通过辅助报表的方式来反映自创的创新性资源，维持现有的会计体系不变。

2. 会计信息计量范围的优化

在计量范围方面进行完善和优化，要将用户资源、行业地位、数字资产的价值创造功能以及智慧资本等均纳入计量范围，以提升会计信息的相关性，并在财务管理的会计信息化过程中予以体现。

3. 信息辅助工具的完善

通过使用信息化辅助工具揭示价值动因的方式来强化表外信息披露，使会计信息的相关使用者能够全面完整了解会计信息，提升其相关性。要对信息辅助工具进行完善，提高企业财务管理会计信息化水平，改善会计信息相关性，可从以下两个方面加以优化：

第一，通过植入理论研究模型的方式实现会计信息化的创新，提升会计信息对相关使用者的有用性。借鉴多角度的研究成果，在会计信息化过程中植入理论研究的模型并加以应用和创新，提升会计信息对相关使用者的有用性。一是可以借鉴互联网估值模型，把用户资源和行业地位纳入会计的计量范围，从而更加准确地反映出新经济时代企业的价值所在，比较有代表性的模型是梅特卡夫定律和国泰君安所构建的估值模型；二是利用实物期权模型将智慧资本和无形投资纳入会计信息的计量范围，从而对智慧资本和无形投资进行较为精准的价值计量，目前实物期权模型较为常用的估值方法主要有 BS 模型和二叉树模型；三是利用多重估值模型将数字资产纳入会计信息的计量范围，多重估值模型主要包括以改善信息经济利益为侧重点和以改善信息管理约束为侧重点两种计量方法，其中前者主要包括信息成本价值法、信息市场价值法和信息经济价值法，后者则主要包括信息内涵价值法、信息商用价值法和信息业绩价值法。

第二，以大数据技术和信息共享技术为依托，在企业内部建立业财融合的会计信息系统。大数据技术和信息共享技术是近几年来新兴的计算机网络技术，并且也被部分企业应用于财务共享服务中心，但是鉴于部分企业目前的会计信息化水平较低，仍然不具备建立完善的财务共享服务中心的基础，建议首先在企业内部依托大数据技术和信息共享技术，以业财融合理念为指导，分别从会计信息系统总体业务与数据库对接优化、采购业务与财务核算数据流程对接优化、销售业务与财务核算数据流程对接优化、库存业务与财务核算数据流程对接优化以及管理会计机制与会计信息化系统的对接与应用等角度实现业财融合会计信息系统的构建，并在此基础上逐步向财务共享服务平台的建立与完善过渡，逐步推进企业财务管理会计信息化、智能化的实现。

（三）企业财务管理信息化建设的保障措施

首先，在财务信息化过程中，企业应树立正确的财务管理思想。企业要转变传统的财务管理理念，将财务部门从"成本中心"转变成企业的核心职能部门之一，并结合实际发展需求提出一套最优的工作方式和流程，以求在质量、速度、成本、服务等关键指标上有所改进。同时，要转变管理方式和管理手段，通过大数据、人工智能等先进信息技术优化业务流程和提升效率。此外，还要改变工作方式和工作作风。

其次，制度建设是确保政策得以深入实施的重要途径，也是推进企业改革和持续运转的基础。在企业财务管理信息化的进程中，要有系统的支持，才能保证各项措施的有效落实。财务管理的信息化建设需要强有力的组织支持和领导机制，确保改革的顺利进行，确保所有人都能全力以赴。此外，健全的监督机制是企业良性发展的保证，在企业财务管理信息化的进程中，监督是不可或缺的。只有建立健全的领导体系、健全的管理体系、健全的监督体系，才能使企业的信息化进程更加顺畅，使企业的财务管理更加深入，更加符合时代、企业的发展要求。

最后，要建立健全的财务安全保障制度，实现财务管理信息化。安全管理是企业财务信息系统建设中的关键。为确保财务信息的安全可靠，企业财务信息系统应建立健全的安全防范机制。一是要加强对财务人员的业务培训。企业要定期对财务人员进行系统操作、数据安全、风险控制等方面的业务培训，提高其使用系统的熟练程度和水平。同时还要做好日常的安全防范工作，避免由于操作失误导致系统出现故障或数据丢失。二是要加强对财务软件的安全性检测与维护管理。企业应定期对财务管理系统进行安全性检测和优化升级；及时更新病毒库；保证服务器及数据库的稳定性和可靠性；确保网络环境的安全性以及计算机终端的可用性等。另外，在系统运行过程中，应定期对系统进行升级和修复等维护活动。

第三章 财务数智化转型

第一节 财务数智化概述

一、财务数智化概念

数智化，即数字化+智能化。数字化就是将各类信息转变为可以识别、存储、计算的数据，再利用这些数据建立相关的数据模型，统一进行分析处理。智能化是基于神经网络学习，让机器能够运用人的经验智慧，进而协助决策。数智化是以海量大数据为基础，结合人工智能的相关技术，打破数据孤岛的困境，结合场景化去解决问题。

数智化主要有三层含义：一是"数字智慧化"，即通过各种算法在大量数据中融入人的经验智慧，增加数据的价值，提高大数据的效用；二是"智慧数字化"，即通过数字技术的应用，管理人的智慧，让机器代替人类进行某些活动，把人从繁杂的劳动中解脱出来；三是将"数字智慧化"与"智慧数字化"结合起来，构成人机的深度对话，让机器学习人的某些逻辑思维，实现深度学习，甚至能让机器反过来启迪人的智慧。即以智慧为纽带，人在机器中，机器在人中，形成人机共生的新生态。目前与数智化发展相关的主要有七大技术：云计算、大数据、移动互联网、5G、人工智能、区块链和物联网。企业谋求数智化转型，就是将上述七大技术用于企业管理，提升企业的决策效率与质量。

财务管理是企业管理的重要环节，财务数智化也是企业数智化转型道路上的核心。付建华提出财务数智化就是将"大智移云物区"和5G技术运用到企业财务工作中，从而增强企业财务管理的智能化程度，提高财务管理的效率，帮助企业实现财务管理转型升级。财务数智化阶段，信息技术运用的领域不再局限于会计核算和会计报告等基础财务流程的处理工作，而是将技术扩展运用于管理会计，生成管理会计报告，为管理者做出决策提供支持；同时，也将信息技术运用于共享服务中心，进一步实现企业内的协同以及财务流程的高效处理。

二、财务数智化转型本质

历次科技革命都催生新的产业格局，新一代数字技术不但成为经济增长的新动能、产业发展的新蓝海、高质量发展的新引擎，也是财务数智化转型的第一驱动力。

（一）数字技术驱动企业管理模式变革

企业财务组织模式从科层式组织转变为生态型组织模式。数字化时代生态型组织的特点是去中心化、目标一致、自主决策、动态协同，可以快速响应外部市场需求，实现生态体系内资源要素灵活有效配置，推动精准决策和创新。财务管理理念从管控转变为赋能。赋能是数字化时代的企业管理目标，其基本理念是为了追求共同利益而赋能、授权，给予他人更多参与决策的权力和能力，并通过内部赋能进而做到外部赋能。

（二）价值创造是财务数智化转型追求的目标

不论数字技术的影响如何深刻，财务管理的终极目的永远是推动乃至引领企业的价值创造。财务数智化转型的本质是以数字技术驱动价值创造，建立以数据为核心的管理体系，用数据驱动战略、运营和创新是财务数智化转型最核心的工作。

三、财务数智化关键技术

（一）云计算技术

根据美国国家标准及技术研究所（NIST）的定义，云计算是一种模式，用于实现对可配置的计算资源（如网络、服务器、存储、应用程序和服务）共享池的便捷、按需访问，这种模式按使用量付费，可以通过最少的管理工作或与服务提供商的交互，实现资源的快速提供。云计算有私有云、混合云、公有云这三种云模型。私有云模型是指云基础架构只可被一个组织独立操作，即不共享资源，仅单个用户具有访问云服务的权限。这种模式的优点是企业数据安全性较高，且可根据公司个性化需求进行订制；缺点是对企业 IT 部门有较高要求，搭建、运营、维护等费用也较高。公有云模式下，多个企业可同时向第三方购买云服务，采用相同的资源池。该模式优点是成本比较低廉，且比较灵活，可以做到在任何时间、任何地点使用任何设备进行访问。混合云模式是公有云和私有云两种模式的结合，结合了私有云和公有云的优势，具有与公有云相同的灵活性和低成本，但由于某些服务只能像私有云一样在内部使用，因此还可以满足公司的安全性和数据保护需求，使公司在内部区域安全地存储敏感数据。付建华（2021）调查后提出中小型企业一般选择公有云模式，而大型企业一般采用公有云模式或混合云模式。有了云计算，企业告别软件时代，进入"云时代"。

（二）区块链技术

狭义的区块链是一种不可篡改、不可伪造的分布式账本，账本按照时间顺序，将数据区块以顺序相连的方式组合成链式数据结构。广义的区块链技术是利用块链式数据结构验证与存储数据，利用分布式节点共识算法生成和更新数据，利用密码学的方式保证数据传输和访问的安全，利用由自动化脚本代码组成的智能合约来编程和操作数据的全新的分布式基础架构与计算范式。区块链技术强调记录者的共识机制，无需第三方机构，实现分布式数据存储与点对点运输。利用区块链技术进行财务数据记录、存储、传输，可保障数据的真实性、安全性、完整性、不可篡改，在记录企业日常交易数据、辅助企业投融资决策中，都有重要作用。

（三）人工智能技术

人工智能技术是利用深度学习等机器学习方法，让机器来模拟人的思维过程。将人工智能技术运用于财务管理中，可以让财务流程中许多重复性工作由机器完成，减少基础财务工作的时间，提高效率，也让财务人员能从重复性强、技术含量低的基础工作中解放出来，将更多的精力投入到给企业增加价值的管理决策中去。例如现在已广泛使用的以软件机器人与人工智能为基础的RPA（流程自动化机器人）。Alcidio（2020）提出RPA技术对企业的财务系统实现自动化和智能化有显著的效果，进而可以有效帮助企业进行财务管控模式的调整和升级。随着机器学习的不断深入，未来人工智能技术不仅可用于简单、重复的活动，也可对一些复杂决策进行辅助，为管理人员做出决策提供建议。

四、数智化财务管理的原则与目的

（一）数智化时代财务管理的原则

1. 实现资源共享

在数智化时代，企业通过对内部和外部各项数据的收集，对各项业务进行标准化的处理，从而实现信息的整合，通过与外部系统的连接，实现企业资源的共享。

2. 实现远程处理

在数字化技术不够完善的时期，跨物理区域进行财务管理存在着很大的难度，这也直接导致了跨区域进行财务管理效率低、成本高。随着网络技术不断完善，数智化时代到来，信息可以实现实时传输，企业的财务管理可以扩展到全球任何区域，从而加强了企业管理层对其他部门的财务控制。

3. 实现财务管理方式和手段的创新

企业的财务管理通过与数智化相结合，可以促进财务管理方式和手段的创新，拓宽财务管理的职能。

4. 实行财务信息集中管理

在数字化背景下，信息高度集中的速度加快，企业财务管理信息从传统的定期集中，逐步过渡到实时动态集中。企业在收集到相关信息以后，会对相关信息数据进行处理，再将信息资源更加及时地提供给各个部门。通过信息的集中处理，能够将分散在不同部门的各项财务信息集中起来，将这些信息进行整合和处理，能够为企业的管理发展提供更好的决策依据，并且能够让企业管理者做出更有利于企业发展的决策。

5. 实现财务集中管理

在网络化的金融环境中，进行集中管理能够使企业更好地整合财务资源，对需要了解的信息和内容进行更好的整理，并且还能够全面地提升企业在市场中的竞争力，能够帮助企业在激烈的市场竞争中获得优势。企业可以通过信息化系统对财务进行集中管理，将资金集中分配到二级部门，整个系统可以及时向企业管理人员反映企业的经营状况，还可以和事前计划、事后考核以及集中管理进行结合，搭建起全面的财务管理体系。

（二）数智化时代的财务管理的目的

1. 兼顾相关利益主体的利益

相关利益主体是指与企业存在利益关系的群体，不同的利益主体因为其目的不同，对企业的期望也不尽相同。例如：股东渴望获得更多的回报，因此期望企业利润不断地增长；债权人渴望安全且按时收回本息，希望企业降低相关风险，实施平稳的经营战略。在数智化的财务环境下，企业的各项信息更加透明，企业更应该兼顾好各方利益相关者的利益，实现企业可持续发展目标。

2. 履行企业的社会责任

数智化时代，信息传播的速度加快，传播的方式也变得多样，企业必须更加重视自身的形象，将履行社会职责纳入财务管理的目标体系中，承担起应有的社会责任。

3. 保持企业的可持续增长

财务管理必须考虑企业长期的增长能力，实现可持续增长。企业不仅要追求现时利益，更要关注企业的未来预期利益。为了实现企业的可持续发展，企业必须均衡当前利益和未来发展，从而实现企业的可持续增长，进而实现企业价值最大化。

第二节 数智化对财务管理的影响

一、财务数智化转型的必要性

当前，社会经济发展中存在诸多不确定因素，企业经营难度日益增加，竞争逐渐激烈。为了在激烈的竞争中脱颖而出，企业要不断探寻潜在的价值增长点。多数企业已经开始技术革命，以数字化转型为契机实现对管理、业务的创新。财务管理作为企业管理的核心职能，承担着"信息加工"的职责，掌握着最丰富的数据。但是目前大多数企业的财务部门仍以使用ERP系统为主，无法与其他业务系统关联，使得财务管理工作存在信息实时性差、无法准确预测分析等各种问题。基于财务部门数据的重要性及财务工作方式的落后性，财务数智化转型成为企业数智化转型的首要选择。

传统的财务管理存在各种弊端，具体来讲，主要体现在预算管理、资金管理、资产管理、风险管控四个方面，具体如下：预算管理方面，传统预算的编制主要依赖人工，数据准确性差且缺乏前瞻性和系统性，全面预算的编制时间较长，效率较低，执行过程中也不能做到预算的实时监控和调整；资金管理方面，资金往往以线下管理为主，极易出现差错，资金利用率不高，且支付效率、记账效率较低，对企业发展产生不利影响；资产管理方面，业务系统和财务系统内的数据难以流通，财务管理人员对企业内部资产的实时情况了解较少，且在盘点时均以人工为主，耗时较长；风险管控方面，企业财务系统无法全面收集行业信息、企业内部信息，风险预警迟滞，不能为管理人员及时提供决策参考。

因此，企业应积极推进财务数智化转型，以克服传统财务管理的各种弊端，为财务人员和业务人员提供支持。例如以信息技术为载体，实现流程自动化、分析智能化，为财务与业务的融合提供平台，实现企业对经营活动的实时监控、高效管理等。此外，财务数智化转型使大部分财务人员从重复性工作中解脱出来，有精力投身企业价值管理、价值创造等工作，促进企业管理的革新和发展。所以，在数字经济时代下，为提高企业的核心竞争力、促进企业发展，进行财务数智化转型十分必要。

二、数智化对企业财务管理的影响

（一）管控边界扩展

根据企业边界理论的研究，外部市场交易成本和企业内部管理成本共同决定了企业规模边界，当企业管理成本小于市场交易成本时，企业规模边界就会扩张；当企业创造的生产价值高于市场的生产价值时，企业能力边界就会扩张。企业应根据该理论中边界的扩张条件，探寻利用融入数智化技术的财务管控来扩展企业边界的路径。

在规模边界方面，企业可以通过数智化技术的应用，加速集团内部信息传递速度，缓解内部信息不对称问题，从而降低决策成本等管理成本，促使内部管理成本的降低速度快于市场交易成本的降低速度。人工智能、云计算、大数据等技术，可以快速获取并处理分析大量数据，使集团总部能有效监控、整合、分析全集团的信息，降低信息不对称程度。因此，集团总部公司通过将数智化技术运用于财务管控，实时监督、获取下属公司业财信息，缓解集团内部由委托代理关系而产生的信息不对称程度，从而促使内部管理成本的降低，是扩展集团规模边界的路径。

在能力边界方面，集团扩展能力边界的关键，是解决如何整合企业内部的资源问题，提高企业资源协调能力，确保生产价值增加的速度快于市场生产价值增高的速度。而通过财务数智化建设，集团可以加强全面预算管理、资金集中管控，利用新技术提供的额外信息，辅助决策，优化财务资源的配置，提高企业生产价值，从而扩展集团的能力边界。

数智化技术为集团通过财务管控来扩展边界提供了重要的技术支持。集团可利用数智化技术，提升财务管控过程中信息传递效率，降低信息不对称程度，从而促使内部管理成本的降低速度快于市场交易成本的降低速度，扩展集团规模边界；也可以利用数智化技术实行重要资源的集中管控，优化财务资源配置，扩展集团能力边界。因此，数智化技术与财务管控的深度融合，能扩展管控边界，将企业做大做强。

（二）管控模式选择变化

财务管控模式的选择，要给数智化技术发挥的空间，能充分利用数智化技术为企业创造价值。然而，一些企业集团现有的财务管控模式并不能充分发挥信息技术的作用，需要调整财务管控模式，才能充分利用信息技术，取得竞争优势。数智化技术的发展，可方便集团统一财务核算标准，建立财务共享中心；使集团具备快速收集、分析大量信息的能力，为企业集团集中信息、实行集中管控创造条件。企业利用数智化技术可统一处理企业集团财务流程，进而及时掌握全集团实物流、信息流、资金流等信息，降低了由于信息传递效率问题以及信息量大造成的决策压力，从而更方便集团适当集权，将资金管理权、预算审批权等集中在公司总部手中，进行资金集中管控以及全面预算管理，从而优化资源配置。

（三）管控效率提升

借助财务共享的标准化能力，可以逐步将集团财务管控的需求植入共享的标准化作业流程中。同时，人工智能等技术的应用，也将加快推动管理决策的自动化和智能化，财务共享中心将成为集团财务管控的执行中心。信息共享的效果与信息技术的发展息息相关，财务共享中心作为财务信息共享的方式，将随着信息技术的发展而得到不断完善。因此，信息技术越发达，财务共享中心的建设就会越完善，而作为财务管控的执行中心，共享中心的完善又能促进财务管控效率的提升。

第三节　企业财务数智化转型路径

一、企业数智化转型的难点与挑战

（一）企业财务数智化转型的难点

"十四五"规划和 2035 远景目标纲要明确提出"迎接数字时代"，"数字化"转型是实现"数智化"发展的基础，数字化正不断驱动着我们生活环境的变化。回顾国内企业近年来的发展，财务软件不断升级，企业管理信息化和数字化程度逐步加深。当今多数大中型企业已实现业务前端的申请、合同、采购、生产、销售等一整套经济业务流程的数智化转型。21 世纪以来，财务核算逐步脱离手工账，以及单机版财务核算软件，业财一体化的网络版 ERP，基于 ERP 的业财一体化管理系统，以及现在的多平台多维度融合的数据仓库。财务管理有了数字化基础后，企业整体向数字化转型就已经完成了最困难的工程，也为智能化发展提供了成长的土壤。如 BI、AI 系统的应用与发展，以及流程机器人 RPA、光学字符识别 OCR 等先进技术和工具都已经开始在财务管理中应用。企业在这几十年的数字化发展过程中，大多数都会经历数字化的困境，主要难点集中在四个方面：基础信息数字化、数字理念深入化、输入输出标准化、数字存储集中化。

第一，基础信息数字化。基础信息数字化经历了好几个阶段，从最早的财务信息数字化，主要体现为财务凭证数字化，到后来逐步实现 OA 审批数字化、合同数字化。而今各种在线销售的业务模式普及后，基础信息的数字化更是从客户开始，近十几年来，基础信息数字化越来越往业务前端推进，对企业来说每一步都是革命。

第二，数字理念深入化。一个企业接触数字最多的都是财务，财务作为企业经济业务记录的核心，必然也成为数字化发展的核心，每一轮的数字化改革必然以财务作为起点。现在的财务人员需要花费更多的时间与信息化人员商讨业财软件开发方案，财务人员团队里越来越多地具有计算机专业背景，甚至现在很多大型集团财务总监都分管信息部门。而对于企业的其他部门，受限于人员的知识结构基础以及受到管理重心和思维路径依赖的影响，推动数字化理念的深入更是难上加难。

第三，输入输出标准化。当数字化快速推进后，财务人员虽然不用花时间去做手工凭证，但是由于数据量大幅增加，财务人员新增了更多的职能，需要花更多的时间去审核输入数据的有效性，如果输入数据不准确、不可比，数字化信息再多也不能成为有用的数据。由于受财务报表、纳税报表、统计报表的监管压力，财务人员就不得不推动从模拟信号变为数字信号的标准化输入建设，比如合同、产品、数量、价格、模式、客户等信息。财务人员又干起了数据清洗和处理的工作，同时还需要沟通协调各部门进行数字化协作，以实现整体标准化输入，这一过程需要很多的协调、创新和突破。

第四，数字存储集中化。在企业数字化发展过程中，从单一的财务软件到ERP，再到供应端和销售端的各种模块和数据接口，各个模块都积累了大量的数据，要实现数据共享，首先要通过数据仓库实现数据集中，财务共享中心又成为走在数字化共享道路上的拓荒者。在数据集中后，又将出现大量新问题，例如：数据安全性如何？区块链技术是否成熟，是否可以在财务数据和企业数据存储中发挥作用？

（二）企业财务数智化转型的挑战

第一，企业财务管理人员的职业素质待提高。随着"互联网+"产业融合一体化的高速发展，财务数智化促使企业财务管理工作变得全面化和多样化，同时对企业财务管理工作提出了更深更精的要求。企业需要的不是只会处理内部财务信息的管理人员，而是复合型管理人才。面对海量数据信息，如何驾驭人工智能、大数据分析技术等对这些内容进行提取、分析和呈现，给企业财务管理人员提出了更高的要求。此外，面对财务数智化对会计职能范畴的改变，财务管理人员不能只关注企业内部、行业内部的发展，更需要着眼国际，窥探国际经济形势的变化趋势。经济市场的变化对企业生存的重要性不言而喻，只有提高企业财务管理人员的职业素养，才能享受到财务数智化带来的红利。

第二，企业财务信息安全所受威胁加剧。财务数智化时代下，财务管理人员对海量财务数据信息提取分析时经常需要跨平台进行相应工作，在跨平台提取和转换的过程中存在着很大程度的信息安全问题，如系统漏洞、系统病毒、黑客恶意攻击等。另外，在财务数智化背景下，过去纸质的财务信息被文档和数据代替，这些信息在储存和传输的过程中极大可能出现泄露的风险。厚重的纸质资料用一个小小的U盘即可替代，一旦被行业内其他竞争对手获取，会对企业自身造成巨大损失甚至产生难以挽回的后果。

第三，企业新一代财务管理系统的应用迭代加速。财务数智化背景下，财务共享中心系统需要继续升级成数据获取能力强、处理速度快且准确稳定的运营管理体系，为企业在市场竞争中赢得先机。此外，当前企业中普遍存在各业务部门组织分散且单独运营的情况，业务财务系统不能有机结合，无法保证企业经营所需信息的时效性，这些问题的存在对新财务管理系统的安装、调试及使用会造成诸多困难。

第四，企业利润走向趋势不确定性增加。明确财务管理的目标，是搞好财务工作的前提。从根本上讲，企业的目标是通过生产经营活动创造更多的财富，即实现企业利润最大化。财务数智化背景下，面对突然增加的海量财务数据信息，如何使用数字技术和人工智能技术更有效地管理财务，提高企业的财务效率，通过分析财务数据，更好地掌握企业的财务状况，把控企业的财务风险，实现对成本利润的有效控制，从而预测企业利润走向趋势，是企业面临的更大挑战。

二、企业财务数智化转型规划

（一）建设全集团统一的财务信息系统

建设全集团统一的财务信息系统，以实现业务、财务数据共享，支撑财务数智化转型。整合不同系统之间的数据，包括客户、供应商、产品、项目等维度的数据，由于集团不同业务部门的系统之间存在数据不一致的情况，故而可以通过建立数据交换接口，实现不同系统之间的数据共享，比如销售订单和财务记账对账之间的数据共享、业务单据与财务单据之间的数据共享等，不仅可以减少各业务部门重复录入财务单据的工作，还可以提高数据的准确性，便于数据分析。另外，企业需要建立统一的信息标准。各业务部门在对产品进行命名时，都以产品类型作为统一的标准，这就要求财务部门与业务部门加强交流和沟通，以确保产品名称与标准保持一致。业务部门在录入数据时，需要根据业务类型、项目等维度，将数据按照统一的标准加以规范。在系统运行过程中，也要注意数据的及时更新，以保证数据的一致性。财务部门应及时将数据更新到系统中，以保证数据的准确性。通过重构业务流程，提升流程效率。企业可以通过统一信息标准和流程标准，使整个集团业务流程和财务流程实现标准化、规范化和自动化。

（二）构建完善的财务共享中心模式

财务共享中心作为一种企业新型财务管理模式，已经逐渐在许多大型企业中得到应用。通过对不同规模、行业、发展阶段的企业展开深入分析，了解多种类型企业面临的不同财务管理问题，基于"财务共享"理念的"以流程为中心，以数据为驱动"的财务共享中心模式对大型企业和中小型企业均适用，其主要特征包括三点：一是对不同规模、发展阶段的企业进行整合，统一管理和运作；二是对传统财务模式进行改革，减少重复劳动，提高财务工作效率；三是通过流程再造，将重复劳动集中处理，并通过数据分析来提高决策支持能力。为了更好地推进财务共享中心模式的构建，需要充分考虑以下四个方面并做好相关工作。

1. 进行充分调研、论证和规划

企业在构建财务共享中心模式之前，首先需要对自身情况进行深入调研、论证和规划。具体来讲，就是梳理企业内部财务管理现状，了解企业内部各业务单元的具体情况，包括人员、流程、业务单元等。通过对不同业务单元的分析，明确企业的核心业务及重点工作。了解企业组织架构和财务管理体制，并根据财务管理体制明确各业务单元的职责。同时，充分挖掘财务管理体制改革过程中可能面临的问题，并进行风险评估和控制。也要对构建财务共享中心模式的必要性进行充分论证，并制订相应的实施方案，然后在此基础上，从战略、组织、技术等方面着手，制订具体可行的实施计划。

2. 选择合适的建设模式

财务共享中心模式一般可分为集中化、平台化和模块化三种模式。集中化模式是指企业将财务共享中心内的业务流程集中起来，通过共享中心完成所有的核算工作，包括基础财务核算、财务报表等，实现业务处理标准化，以有效减轻财务人员的工作量和工作压力。平台化模式是指企业将所有的业务流程和操作以标准化的形式呈现，将各个流程的操作标准化，以实现在线业务处理和管控。模块化模式是指企业根据自身情况将财务共享中心划分为多个不同的功能模块，通过模块化实现财务共享中心管理的标准化和规范化，如业务处理模块、结算模块、资金管理模块、税务管理模块等。

3. 确定共享中心的范围和人员配置

构建财务共享中心时需要明确共享中心的范围和中心内各个业务单元的职责，确定共享中心的管理范围和人员配置。企业在构建财务共享中心时，首先要明确自身业务单元的特点，通过对业务单元进行分类，再根据财务共享中心的建设目标来确定各个业务单元的人员配置。在人员配置上，财务共享中心模式要注重人才的培养与引进，并根据不同岗位内容安排不同的人员。

4.保证数据安全和信息安全

财务共享中心是一个数据处理中心，必须保证数据的安全性。首先，需要建立完善的数据安全管理体系，明确职责分工，形成数据安全责任链；其次，需要加强系统建设，采用先进的技术手段保障信息安全，借助云计算、大数据等技术手段提升财务共享中心的安全性；再次，要制定并完善信息安全管理制度，明确各部门职责分工，确定内部审计、外部审计等监督部门的职责；最后，要增强共享中心的安全保障能力，通过定期或不定期检查共享中心的运行情况等方式加强对共享中心的安全保障。同时，也要重视财务数据的安全性，可以通过完善网络安全体系、信息加密、身份认证等方式保障数据的安全。

（三）切实推进共享一体化集中管理

对于财务共享服务中心的构建和发展，一方面，要对原有的会计核算、财务管理等业务流程进行标准化处理，实现业财一体化融合；另一方面，要在标准化的基础上，利用信息技术搭建"共享服务"平台，使相关部门实现信息共享和数据共享。针对企业所处的不同发展阶段、不同类型企业及不同规模的企业，应采取不同的措施构建财务共享服务中心。对于规模较小、业务单一、内部管理较为简单的企业，可以选择构建"共享服务"平台。而对于业务量较大且业务类型复杂的企业，可以采取"共享服务+集中管理"的模式。

三、企业预算管理数智化转型路径

（一）新型预算的特性

数智化时代，新型预算以战略目标为引领，以业务经营为基础，以大数据为助力，以中台建设为底座，对营销、研发、生产、采购、投资等业务计划和项目的立项、建设、投入、转固、验收、结项全生命周期管理进行全面覆盖，不断探索和推进"业管融合"的场景化预算，可以使预算和业务连接更紧密并赋能业务发展，更好地践行"算为管用"的管理理念，从而促进企业高质量发展。因此，在数智化时代，企业的预算管理体系具有如下特性：

1.战略驱动，柔性滚动

与企业的战略目标紧密衔接，以客户为中心，快速响应市场。在数智化时代，传统的商业模式不断地受到新的冲击，而业务是在不断试错和及时决策的过程中推进的，业务线、产品、组织、人员、目标等调整造成的直接影响就是预算管理不能如原来一样稳扎稳打，需要根据市场反应快速调整，及时把握机会、规避风险。企业为了应对市场环境急剧变化，业务决策周期日益缩短，因此在年度预算的基础上引入滚动预算来应对企业经营管理面对的不确定因素，使企业预算更贴合实际，年度预算通过半年度、季度、月度、旬、周、日滚动计算，预算管理的"动态化""常态化""业务化"变得越来越重要。

2. 用数据说话，数据驱动

以数据、算法标准化、一站式服务为基础。在数智化时代，企业的数据生态发生了极大变化，企业可以获得海量数据（包括内部数据和外部数据）。这些海量数据给企业提供了无限的可能。利用这些数据，通过"数据驱动"的方式可以使预算管理触角深入到企业经营的全过程，围绕数据进行深度的价值挖掘。

3. 智能化

语音助理、智能机器人助手辅助、人机协同，人机关系不再割裂而是互为补充和协作，向工具变成伙伴协同关系转变。数据、模型、算法是预算非常重要的三个要素，直接影响到预算的科学性、准确性。预算的科学、合理与否直接影响预算最终的实施效果。随着企业对预算模型科学性，预测数据精准度的要求不断提升，"智能化"预算已成大势所趋，企业迫切期望拥有一个能够构建场景化预算模型的工具库，以满足其依托场景化预算模型工具库应对高频"智能化"预算的需求。

4. 全面且重点突出，管控与赋能并重

涵盖全业务并突出重点业务，赋能与管控齐头并进，从业务中来，到业务中去。随着经济环境的日渐复杂和竞争日趋激烈，企业的战略能见度正变得越来越低，企业预算越来越难做得具体、细致和准确。客观上需要预算管理与业务经营的融合更紧密，真正发挥预算指导经营运作的效果。随着预算管理的"业务赋能"功能日益受到重视，预算管理也将逐渐从公司级向部门级、项目级转变，从关注"全局、长周期、静态目标"向"特定业务、短周期、动态调整"转变。新技术的发展给预算管理带来了更强大的数据基础、更快的运算速度和更灵活的展现方式，推动预算管理由目标管理向业务运作转变，由年度静态向动态滚动转变。

（二）新型预算的实施路径

在数智化时代，对预算管理的理解要跳出传统的认知，应当从数据、模型、算力、算法等方面构建"数据驱动"的预算管理体系，围绕预算体系内部的管控循环（目标设定→计划→资源配置→执行管控→数据分析→绩效评价)打通企业的业务经营和数据驱动服务的大循环,以赋能各级管理者对企业经营的不确定性进行管理,实时调整企业经营行为,更好地实现企业目标。构建预算管理和业务之间的双向循环通道,通过业务系统收集和产生数据,经过数据分析和建模,输出模型服务再为业务提供决策支持,形成数据驱动与数智转型的良好循环,实现预算智能赋能业务运营的目标。

1. 整合业务和数据,建立元数据标准

数字化的核心就是对数据的有效整合和运用,其中包含财务报表数据和客户、供应商、生产、工艺、项目、人员等业务数据的整合融通。数据是预算管理的血液,数据需要跨平台、跨业务域、跨系统、跨部门流通。首先,在企业内部对企业分散的业务系统、财务系统、管理系统进行连接,按照预算管理体系的要素进行数据识别—标注—选择—过滤—抽取—存储—使用—引导,构建起覆盖企业内部价值链的预算数据通道,奠定预算管理的数智化、业务连接基础。其次,对最新政策文件、行业研究报告、宏观经济指标、行业标杆数据、同业竞争数据等与预算相关的外部数据,通过银企、政企、税企、企企互联的外部通道来获取并进行集中规范、统一管理。

针对采集的内外部数据,建立元数据标准,保障数据内外部使用和交换的一致性和准确性的规范性约束,以做到对数据的业务理解、技术实现的一致。数据标准定义体现在业务属性、技术属性和管理属性三个维度上。首先,业务属性是描述数据与业务相关联的特性,包括数据的业务含义解释、数据在相关业务环境中产生过程的描述、数据之间的制约关系、数据产生过程中所要遵循的业务规则,如业务定义、业务规则、值域、代码值、代码描述、计算公式、统计口径、统计维度、统计周期等。其次,技术属性是业务在应用环境中对数据的统一技术要求,是描述数据与信息技术实现相关联的特性,如数据类型、数据格式、数据长度、数据的缺省值及数据安全需求等定义。最后,管理属性是描述数据标准与数据标准管理相关联的特性,如标准版本、标准有效日期、标准责任部门、标准来源等。结合业务场景来看,数据规则和标准统一要求实现数据的名称统一、定义统一、口径统一、来源统一、参照统一"五统一",以确保"数出一门,数存一处,一数多用",确保同一数据实体在不同的业务环境下名称的一致性,确保数据后续的共享、可复用性。

2. 建立适应企业战略的预算中台架构

面对预算编制和业务管控与赋能所用到的数据流转环节多、跨越系统多、数据集成、复用、共享难度大、部门协同难的问题，引入"中台"概念，通过构建中台（业务中台、数据中台、智能中台、领域中台、管理中台等），从技术上和管理上优化企业的预算架构。各业务应用系统产生的新数据不断流转到中台；中台以标准化数据和统一口径抽象共性数据形成通用数据服务，分领域逐步持续集中，形成大数据资产层并通过"微服务"的形式为各业务前台提供速度更快、质量更精准的高效数据服务，包括基础数据服务、领域数据服务、算法模型服务、标签画像服务等。

在预算管控循环中，以"中台"为底座，通过中台获取数据标准服务，从预算管理的角度输出一套多维度数据体系（包括指标、业务事项、组织体系、科目、产品、物料、客户、供应商、项目、合同等），统一口径、属性字段、层级关系，使基于"目标管理"的年度预算、基于"运营指导"的滚动预算、基于"专项资金或重点业务"的项目预算、基于"业管一体"的场景化预算、基于"过程管控"的预算控制和基于"执行情况"的预实分析融为一体，相互促进，重塑预算管理模式，形成一个完整"预算数据集"赋能业务、支持决策，引领企业数字化建设全面升级，从而达到"承接战略、资源配置、信息沟通、行为引导、过程监控、夯实基础、树立标杆、挖潜增效、促进管理"的目标，使预算管理真正成为企业经营管理的抓手。

3. 建立业务化、数据化、智能化的场景预算

数据驱动通过数据搜集、数据治理、数据建模、自动决策、指挥执行、反馈改进形成自动联通的闭环，在结构化和非结构化数据、规则、算法积累到一定程度后，使用数据挖掘技术，结合机器学习、深度学习算法进行模拟、预测、优化、预警提醒，基于数据和模型主动帮助或替代人做出决策。

四、企业资产管理数智化转型路径

（一）企业资产管理概述

1. 企业资产管理的主要内容

现代企业资产从内容上来说，主要分为有形资产和无形资产两类，有形资产又可以按性质分为固定资产和流动资产，而这些也正是企业运作的首要条件。对企业资产进行管理，能够有效提高企业的管理水平与经济效益。目前中国的资产

管理水平整体落后于发达国家，特别是经营时间较长的国有企业，在设备的管理上也是非常混乱。

（1）流动资产

流动资产主要指资金以及通过规划在一年以上的营业周期内进行变现、出售或消耗使用的一类资产，包括资金货币、短期投资项目、应收及预付款项、库房存货等。流动资产需要保持在合理可控的区间内，流动资产太少会影响企业的日常收支，不利于企业正常的经营运转。流动资产量超过允许范围也会使得企业不能发挥资产的最大使用效率，不利于企业利润最大化，影响企业的发展进程。这就需要企业规划好资产的分配，找到流动性资产与固定资产使用的平衡点，最大限度提升企业的经营效益。

流动资产的内容包括货币资金、短期投资、应收票据、应收账款和存货等。由于各项目的特点不同，应根据各自不同的要求，分别进行审查。

流动资产按照流动性大小可分为速动资产和非速动资产。速动资产是指在很短时间内可以变现的流动资产，如货币资金、交易性金融资产和各种应收款项；非速动资产包括存货、待摊费用、预付款、一年内到期的非流动资产以及其他流动资产。

流动资产大于流动负债，一般表明偿还短期能力强。流动比率越高，企业资产的流动性越大，表明企业有足够变现的资产用于偿债。但是，并不是流动比率越高越好，比率过高表明流动资产占用较多，会影响经营资金周转效率和获利能力；如果比率过低，又说明偿债能力较差。所以，一般认为，合理的最低流动比率是2。这是因为，处在流动资产中，变现能力最差的存货金额约占流动资产总额的一半，剩下的流动性大的流动资产至少要等于流动负债，企业的偿债能力才会有保证。

流动资产周转率指一定时期内流动资产平均占用额完成产品销售额的周转次数，是主营业务收入净额与全部流动资产的平均余额的比值，反映流动资产周转速度和流动资产利用效果。周转速度快，会相对节约流动资产，等于相对扩大资产投入，增强企业盈利能力；而延缓周转速度，需要补充流动资产参加周转，形成资金浪费，降低企业盈利能力。

流动资产的主要特点：流动资产占用形态具有变动性；流动资产占用数量具有波动性；流动资产循环与生产经营周期具有一致性。

(2) 固定资产

固定资产是企业为进行生产加工、提供服务，或者进行经营管理活动而拥有的使用超过一年、价值符合规定标准的非货币性资产，包括如房屋建筑、机械设备、交通运输工具以及其他与企业生产经营相关的设备工具等。企业的固定资产应当最大限度地控制数量，提高其使用效率，不宜保留过多，保证企业有足够使用的流动资金进行日常的经营活动。

(3) 无形资产

无形资产指企业直接拥有或间接控制的无实体、可辨认的非资金货币性资产，例如专利、知识产权、商标、品牌影响力等。现在的企业大多只关注流动资产及固定资产，而忽略了无形资产的核心竞争力，因此需要加大管理投入。

2. 流程原理

与其他企业信息化系统不同的是，企业资产管理是以资产、设备台账为基础，以工作单的提交、审批、执行为主线，按照缺陷处理、计划检修、预防性维修、预测性维修等可能模式，以提高维修效率、降低总体维护成本为目标，将采购管理、库存管理、人力资源管理集成在一个数据充分共享的信息系统中。企业资产管理是个集成系统。虽然可以分为多个模块，但模块之间是密切相关的。设备、维修、库存、采购、分析等一环套一环，有关信息"一处录入、多处共享"，保证了资产信息的及时性和准确性。

企业资产管理是个闭环系统，如果单从设备维护的角度看，系统可以分为三个层次：维修规划、维修处理、维修分析。

维修规划是指根据设备基础数据和维修历史制定设备维修目标和计划；维修处理是指执行维修计划、收集各类维修历史数据；维修分析是指分析维修历史数据，把分析结果反馈给维修计划。通过一次次的闭环，维修计划越来越准确可行，从而减少非计划性的维修和抢修，达到降低维修成本的目的。

企业资产管理的执行，离不开基础数据准备。企业资产管理是一种管理信息系统，要进行大量的数据处理。因此要求基础数据规范化，或者说必须有统一的标准。同时，企业资产管理也要求数据的准确性，这就需要管理制度的配合。

通常，企业资产管理的数据可以分为三类：静态数据（包括设备和备件的分类信息、属性信息、技术说明、定额指标、位置信息、供应商信息、工具信息、维修人力资源信息等）、动态数据（设备运行数据、维修数据、移动数据、备件库存数据、采购合同数据、维修工作单数据等）以及中间数据（各类查询结果、统计报表、分析结果等）。

企业资产管理的管理，遵循的是"统一管理，分部执行"原则。领导制定维修管理目标、规划、财务预算，通过企业资产管理下达给具体维修执行部门，维修部门反馈执行结果，集成、汇总信息。

作为管理信息系统，企业资产管理不属于生产过程控制系统，也不完全是一个维修专家系统，它的价值在于人们能利用它提供的信息做出正确的决策，或作为优化的依据来指导管理工作。

3. 资产管理的任务

（1）提高企业整体资产管理水平

高质量的资产是提高企业自身盈利能力的前提，利用科学、有效的资产管理模式，能够提升企业资产管理的水平。其具体优势有三个方面。首先，提高企业资产管理意识。以企业资产管理为基础，发挥企业领导对企业资产管理的作用，提高全体员工对企业资产管理的认知，提升其参与度，强化对资产管理的参与意识。其次，健全资产管理制度。根据企业资产管理要求以及业务开展流程，加强对企业资产管理制度的梳理，进而实现健全资产管理制度的目的。从企业资产的形成，到资产运营、资产调剂、资产计提减值等方面，细化企业生命周期内资产管理的任何项目与环节，保证工作流程的合理化以及业务流程的统一化与规范化。最后，完善对企业实物资产的管理工作。企业定期开展盘点清查活动，保证账目与实际相符，对资产的运行情况与使用情况有全面细致的掌握。

（2）提升资产创效能力

企业资产管理以资产分类评价为基础，对资产进行科学的分类，加强对企业资产创效能力的分析。针对高效资产，要对其生产经营流程进行深度优化，使其能够创造出更丰富的效益。而针对低效资产，要全方位地分析影响资产创效能力的多种因素，采取科学的管理模式去除束缚创效能力的不良因素，提高低效资产的创效能力。针对无效或负效资产，要采取规范化的方式开展减值测试，对资产进行合理的计提，对资产的真实价值进行科学的判断，并以此为前提，逐一排查资产各项会计科目，进而提高其有效资产的转化率。针对扭亏无望的资产，要采取有针对性的资产管理措施，如内部调剂、清算注销以及对外转让等，规范退出流程，进而降低风险。

4. 资产管理的原则

（1）"物尽其用"

行政事业资产具有非经营性的特性，所以不能像企业国有资产那样，要求它去保值增值，而是应该通过有效管理，发挥资产的最大使用价值，这便是"物尽其用"。在这一理念指导下，资产配置、日常使用、处置、租借、调配都应当制定相应的措施去实现这一目标，而不仅仅是规范程序。例如资产配置不能仅依据资金计划，要参考存量资产的数量、折旧期限、使用状况等数据，进行权衡，拟定配置预算和做出调配或新购的决定。

（2）强化产权意识管理

资产管理要以理清产权为首要工作，这是个前提，在此基础之上，才可以实施其他管理程序，开展管理工作，也是保障企业资产安全完整的基础环节，很多资产流失现象恰恰和企业产权意识淡薄密切相关。企业资产产权就是对企业资产的占有使用权，谁占有使用，谁就有拥有了产权，而所有权归属国家。理清产权就是要摸清家底、完善账簿登记、办理产权登记、解决产权归属不清或纠纷问题。

（3）尊重客观实际

有了"物尽其用"的管理目标和产权意识，还要遵循客观实际，实事求是地去解决问题，不能一味地找条款依据，一遇到纠纷问题就不知道如何处理。企业资产管理在改革创新中，不断产生新事物，制度跟进不及时属于正常现象，但不能因此找借口不解决问题，而是要尊重客观实际及时有效地去执行。比如某单位为村集体援建了一批监控设备，如果确定由村里占有使用，不再收回，就等于让渡了产权，不能因为花钱了就得记账，抓着资产不放。尊重客观实际是界定企业资产产权和处理资产管理问题的基本指导思想。

（二）资产管理数智化转型

第一，资产管理系统要通过条码技术实现资产的全生命周期跟踪与监控，并实现自动盘点。目前，我国大部分企业的资产使用状况跟踪、资产盘点等工作是通过人工方式实现的，耗时耗力且效率低下，导致资产利用率低，甚至造成资产流失。基于物联网技术的资产管理系统通过条码技术，赋予每个资产唯一的条码标签，可以对资产进行全程跟踪管理。同时，系统对资产的日常管理（记录资产日常的调拨、报废、盘点、状态变更等内容）以及对资产分布情况、运行状况等内容的可视化管理，使管理人员能够实时获取资产状态信息，解决企业资产实时状况不清、账实不符等问题，减少了资产的重复购置，提高了资产的使用效率。此外，资产管理系统要具备资产盘点功能，使用数据采集器扫描资产的条码标签，并将信息传入电脑，准确地完成实物盘点工作，并完成与数据库信息的核对。系统可根据企业需求生成单位、部门等各口径的盘点表、盘亏盘盈明细，这种盘点方式，既节省了人工，又避免了错盘、漏盘现象，提高了准确性和效率。

第二，基于统一的数据访问接口将资产管理系统与财务系统相融合，以提高财务工作和资产处置的效率。如果资产管理系统独立于财务系统，相关人员在资产管理系统录入、修改资产相关信息后，还要在财务系统中重复录入以供账务处理使用，影响工作效率。为准确、实时地将资产管理系统的数据推送到财务系统，企业需要规范数据口径，将两个系统有效集成，实现制度衔接、信息交互、互相监督、资产账目和财务账目的同步处理。资产管理系统可以使企业及时了解资产的使用情况，快速识别闲置资产。财务系统可以对资产的使用效率进行分析，对不同部门的资产数据进行分析和挖掘。二者的整合可以实现资源的最优配置，实现资产使用效率的最大化。闲置的资产可以在不同的部门之间重新分配，甚至对一个部门没有使用价值的资产可以被另一个部门使用，真正做到物尽其用，提高资产使用效率，盘活企业资产。

近年来，随着数字化转型步伐不断加快，我国企业资产管理正由经济高速发展阶段的粗放式管理，向高质量发展阶段的精益化、智能化管理转变。在这一背景下，许多企业通过引入数字化、智能化技术和多场景应用，积极搭建统一的资产台账，明确资产权属边界，在跟进资产盘活进度和经营情况中，对资产管理的效益和效率进行精准掌握，进一步落实和固化了对于资产精益化管理的需求，实现了资产保值增值和高质量发展。

（三）企业资产管理数智化平台建设

1. 集团层面要统筹统建

数智化资产管理平台建设要从集团视角进行统一筹划、统一建设，搭建符合各级管理所需要的数智化资产管理平台，形成一级建设、多级应用、分级管控的应用格局，才能避免部门级建设带来的信息孤岛现象。

2. 平台建设要谋定而动

数智化资产管理平台要在充分调研和周密部署的基础上，才能开展相关建设工作，完善资产管理制度，明确平台建设目标，以避免因目标和定位不明确而导致项目失败。

3. 应从整体效益出发

要明确数智化资产管理平台不是为了实现某一个应用部门的管理流程线上化，而要从集团资产管理的整体效益出发来进行建设。当业务应用与整体目标存在冲突时，要以总体目标为基准，适当放弃业务应用层面的部分需求。

4. 应关注应用场景差异

要围绕全集团、全品类资产的全要素管理体系的构建，充分考虑集团各类型资产管理的目标和业务管理差异来进行平台建设。同时，在系统设计上也要考虑各大类资产管理的场景化应用，避免一套思想管理所有资产存在的管理不聚焦、业务支撑不全面等问题。

5. 助力存量资产盘活

对于企业来讲，支撑存量资产高效盘活是重点之一。所以在平台建设时，要部署能够支撑存量资产识别、盘活论证、盘活执行、达效分析等方面的重要场景。

6. 实现核心场景智能化

对于生产性企业集团，要充分考虑各单位重要生产性保障资产的智能化应用，通过IT和OT融合、GIS+BIM、AI智能、移动化应用等，减少人为干预，保证作业规范，落实安全责任，避免安全生产事故。

7. 数据服务赋能发展

数智化资产管理平台的建设不仅仅是为了实现资产生命周期管理的在线化，也是为了沉淀资产生命周期管理过程中的使用数据、运行数据、经营数据等，利用大数据技术进行加工，从而为管理者决策提供支撑，赋能管理提升和企业高质量发展。

五、风险管控数智化转型路径

（一）建立信息安全管理体系

财务数智化转型是在财务共享模式的基础上实现的，其必然涉及大量数据和信息。因此，企业在推进财务数智化转型的过程中，必须重视对数据的监管和分析，防止因数据失真及丢失导致企业利益受损。因此，企业要建立信息安全管理体系，确保数据安全。

第一，企业要制定信息安全制度，培养员工信息安全意识。企业要制定完善的信息安全管理制度和操作规范,明确各部门、各安全岗位的责任,建立问责及奖励机制。同时,企业要注重对员工信息安全意识的培养,要求员工不得损害企业利益,不得泄露企业重要信息,特别是一些技术信息、商业机密等。对于非法入侵、泄露企业重要信息的违法行为,要加大惩罚力度。

第二,企业不仅要对大数据进行安全管理,还要对信息设备进行安全管理。企业要通过运用防火墙、入侵检测、加密狗等技术防止各类非法入侵行为,检查系统漏洞及安全隐患,通过数据备份、数据恢复等技术避免数据丢失、销毁等。此外,企业必须加强对信息设备的检查、维护和检测。由于信息系统设备繁杂,这些设备一旦损坏,极易影响工作的正常进行,增加企业的运营成本。因此,企业要针对不同设备制定科学的使用规范,合理控制设备的工作压力,通过动态网络管理图等方式对设备运行情况进行动态监控,对异常情况进行及时处理。

(二)搭建一体化平台

在ERP时代,业务流程、财务流程、管理流程之间存在断点,企业经营风险较高。业务数据与财务数据在不同系统的取数口径、取数范围等维度存在差异,无法实现业财数据的深度融合,无法从多维度分析生产经营数据,难以为管理者决策提供有价值的数据。此外,流程的不规范、部门沟通联动不到位,也会导致业务不合规、信息存在误差、问题处理滞后等问题。建立一体化平台就是为了解决数据标准化和系统协同问题,打通流程堵点,规范业财流程。

第一,一体化平台的建立要统一数据标准、数据规范及数据模型,以规范基础数据。数据孤岛主要是由于系统间数据标准等不统一、无法实现信息集成造成的。因此,为推进业财一体化,数据标准、编码规则等必须统一规范,只有基础数据统一规范,后续的数据处理、数据管理、智能分析等才有可靠的依据,业务部门与财务部门之间的信息沟通和传递才更加有效。

第二,一体化平台的建立要实现全业务链流程的梳理和优化。一体化平台的建立,是对研、产、供、销等整个生产经营活动进行梳理和优化的过程,要消除流程断点,优化业务流程,将流程统一、固化在信息系统中,使业务流程能够按既定的制度和规定执行,避免人为干扰造成信息失真,促使信息流、资金流、物流三流合一,确保企业上下游全链条的高效协同、透明和可跟踪,实现企业提质增效的目标。

第三,一体化平台的建立要实现数据采集、数据处理、数据管理等功能。一体化平台不仅能够采集数据，还能通过明确数据共享和交换流程、统一接口的配置和管理等，实现数据的共享交换，然后对数据进行清洗、加工、分析、提炼、入库，最终建立数据资产目录，处理后的数据可以供应用系统、分析系统等经营决策使用，实现数据资产化。

（三）建立风险预警系统

财务数智化转型过程伴随着财务风险，财务风险潜藏性强，风险因子不易被发现，财务人员在监控和分析过程中稍有疏漏，就会导致财务风险发生。因此，企业要建立风险预警系统，及时收集和处理信息，高效地识别和预测风险，自动给出风险应对方案，满足管理者对财务风险管控的需求。

第一，企业可利用物联网技术、网络爬虫技术等实时收集和处理信息。企业不仅要及时获取生产和经营活动中的内部数据，也要获取行业信息、竞争对手信息、客商信息等外部信息。只有实现这些信息的实时更新和监测，智能风控工作才能前置，企业才能实现对风险的全面识别和精准预警。

第二，建立风险预警知识库，增强风险预警能力和应对能力。企业建立风险预警系统应考虑结合机器学习等人工智能技术、大数据技术等，规范和统一数据，建立风险量化评估模型和动态监测预警机制，形成智能风险预警知识库。知识库的积累不仅可以对已发生的风险实现事后控制，还可以根据之前的情况有效地预测和预警潜在的风险，通过分析现状、影响因素、产生的原因，参照以前类似风险事件的有效处理方案，结合实际情况自动给出相对更优的解决方案供管理者参考，减少企业的试错成本和损失。

第四章　财务共享服务建设

第一节　财务共享模式概述

财务共享模式主要依赖电子传输手段，以办理工作业务为重点，以改良流程体系、统一业务处理过程、提高管理能力、节约经营成本、创造价值为目标，以商业化的角度为客户进行标准化的业务服务。财务共享服务模式能将处于集团不同部门的同种财务工作通过流程再造集中处理，降低运营成本，成为财务人员从业务型人才转型到管理型人才的起点。当前趋势是核算型财务转型到管理型财务，财务共享模式在企业集团中的使用能减少企业集团中简单业务的重复处理，将处理重复性较强的基础核算等业务的职工解放出来，去处理需要更高技术水平的工作，例如集团业务处理决策、战略支持、资金管理等。财务共享模式虽不是近几年新生的财务管理手段，但近十几年才被中国企业认同并广泛应用。

一、财务共享模式特点

（一）技术驱动

企业财务共享模式的核心特征之一是技术驱动，主要体现在对先进信息技术的依赖和应用上。在这种模式下，企业广泛运用各类财务信息系统，如企业资源计划（Enterprise Resource Planning，简称 ERP）系统，以实现数据处理的自动化和标准化。这种技术的应用不仅提升了财务数据处理的效率，还大幅降低了人为出错的可能性，保障了数据的准确性和可靠性。技术驱动还表现在对财务数据的实时分析和处理能力上。利用大数据和云计算技术，企业能够对海量的财务数据进行即时分析，从而为管理决策提供及时和准确的支持。同时，人工智能和机器学习技术的引入正在改变财务管理的面貌，使企业能够预测财务风险，优化资金配置，增强财务决策的科学性和前瞻性。此外，技术驱动还推动了财务流程不断优化。通过对现有流程的技术升级和重构，企业能够更高效地完成财务任务，同时也为员工提供更加便捷的工作方式，如远程访问、移动办公等。

（二）服务导向

在企业财务共享模式中，服务导向是其另一个显著特点。这种模式强调为内部客户（企业的各个部门和业务单元）提供高质量的财务服务。通过集中处理财务事务，企业能够更有效地统一服务标准，提高服务质量和响应速度。例如共享中心能够为各部门提供统一的账务处理、预算编制和财务报告等服务，确保这些服务的及时性和准确性。服务导向还体现在对内部客户需求的持续关注上。企业通过定期收集和分析内部客户的反馈信息，不断调整和改进财务服务。这种以客户为中心的服务模式有助于提高内部客户的满意度和忠诚度，从而提升整体的运营效率和效果。此外，服务导向在财务共享模式中还意味着持续改进和创新。企业不断探索新的服务方法和工具，如采用数字化工具来提供更加个性化和便捷的财务服务。这种不断追求优化和创新的服务理念有助于企业财务功能的持续进步和增值。

（三）专业化运作

专业化运作也是财务共享模式的一个重要特征。在这一模式下，企业通过建立专门的共享服务中心，集中了大量的财务专业人才和资源。这种集中化的运作模式使得财务服务更加高效和专业。共享服务中心能够会聚各类财务专家，如会计师、审计师和财务分析师，使得企业可以在同一地点处理复杂的财务事务，提升专业服务的质量。专业化运作还体现在对财务知识和技能的深入挖掘上。共享服务中心通过不断培训和学习，使员工掌握最新的财务知识和技能。这不仅提高了员工的专业素养，还增强了财务团队解决复杂财务问题的能力。此外，专业化运作还意味着对财务风险管理及其合规性的强化。共享服务中心通过建立专门的风险管理和合规部门，能够更有效地监控和管理财务风险，确保企业财务活动的合规性和安全性。这种专业化的运作模式对于提升企业财务管理的整体效能至关重要。

二、财务共享模式的优缺点

（一）优点

财务共享服务中心可以显著降低业务成本。由于全球IT金融人员有大量分支机构和团队，财务共享服务中心可以将之有效联合起来，协同进行工作。此外，财务共享服务的集中处理和专业交流使金融工作能够迅速和有效地消除大量的不均衡现象，从而降低一定的成本。

财务共享模式可以提高工作质量和效率。财务共享服务中心可以从集团各部门收集财务数据，帮助用户了解集团的整体运作、内部一体化和相互控制、财务人员管理和信息系统的优化。随着集团扩大业务或设立新子公司，财务共享服务中心可以与新公司进行快速财务交易，寻求更大的市场份额、产生规模效应和加快企业增长。

（二）缺点

财务共享服务中心不能保证金融信息的质量。财务共享服务中心的财务部负责收集财务信息和提供分支机构的交换服务。在从多个服务中心收集和共享信息的过程中，它会通过网络和实时传输系统收集和共享多个链接。因此，信息的传播可能会遇到一些障碍，比如信息网络不稳定等，这些障碍可能导致企业决策过程中的信息错误。

无法分析财务信息。一方面，财务共享服务中心的财务团队从集团公司或分支机构的财务共享服务中心中招聘员工。他们需要处理不同来源的财务数据，这些数据与财务共享服务的资金相去甚远。另一方面，这些金融人员缺乏对所共有的财务共享服务中心的了解，可能导致对服务和政策缺乏了解。财务共享服务中心无法发挥作用。

增加了某些费用成本。首先，财务共享模式要求员工经常在不同地区工作，这增加了公司的差旅费成本；其次，财务共享服务中心的共享需要强大的计算机支持，这将增加维护业务软件的成本；最后，财务共享服务中心与税务活动没有直接联系，也没有与税务人员保持良好的沟通，这可能意味着公司会失去一些享受税收优惠的机会。

三、财务共享模式基本类型

（一）基本型财务共享模式

基本型财务共享模式是共享服务模式中最基础的模式，这种模式是通过整合日常的服务、合并关于事务开展的行政管理、事务的处理、交易的相关活动等，以此实现财务的规模化和简便化管理，最重要的是能够最大限度地减少业务的成本。基本型财务共享模式与企业内部人员的工作模式比较相似，通常来讲不能割裂企业内部基本的运营和企业的决策，基础模式最注重标准化的工作流程、灵活的员工组织、专业的职能分工、员工的能力为核心等。在这种模式下，企业应重点关注共享服务中心建立的选址、员工的选择和测算优质的工作量。

（二）市场型财务共享模式

市场型财务共享模式是在基础模式之上，进一步将企业内的运作和决策权分离，将控制与服务职能分离开，最终的目标是降低成本，提高服务质量。在这种市场模式下，企业内部的其他组织不须再做服务的接受者，而是可以通过自己的想法做决定，是否愿意接受这些服务。因此，不再形成托管式的服务，企业可以自行掌控服务的决策权。在市场模式下，共享服务组织为了达到服务的专业化，应提高自身的服务质量，优化流程，不断增强沟通，确定服务的流程和标准来提供相应的服务。

（三）高级市场型财务共享模式

现如今许多跨国公司和跨国企业都使用高级市场型财务共享模式。高级市场型财务共享模式是一种整体性的服务，它不仅具备市场模式的特征，还拥有竞争机制，让服务中心走向市场化，保证服务质量和安全的同时，运用成本效益原则采取市场定价，实现企业盈利的目标。在高级市场模式下，企业可以有更多的选择，根据企业自身的情况来选择所需的共享服务，当企业内部财务共享服务很难被满足时，企业以外其他服务中心机构能够被选择。选择高级市场型财务共享模式，能够使财务共享服务的市场变得完整和成熟，在这样的市场中，服务中心要让客户体会到最优的服务选择。

（四）独立经营型财务共享模式

独立经营型财务共享模式下，服务中心变得更加成熟和市场化。财务共享中心变成一个独立运营单元。共享中心提供财务服务，被服务的客户开始展开竞争。公司选择独立经营模式，它的定价也趋向于市场化，收入和利润变得稳定。独立经营型财务共享中心是独立的、具有自身特点的业务实体，它的利润自己保留，不与母公司共用。服务中心通过自身良好的服务品质和新产品，留存老客户并吸引新客户，把赚取利润作为首要的目标。

四、财务共享与传统财务管理的关系

传统的财务管理观念中,财务会计只是企业的单一职能,并没有与其他业务职能联系到一起,财务部门花费大量的人力、物力在基本的账务处理工作上。与传统的财务管理模式相比较,财务共享模式无论是在管理的方式方法上面,还是在管理的内容以及体制上面,都有革命性、创新性的巨大发展。

(一)核算集中化

在传统财务管理模式下,集团企业下属的各级分、子公司都配备了出纳、成本会计、税务会计、费用会计、财务负责人等一整套财务人员。但是,由于各级分、子公司间的信息技术基础不同,信息系统应用水平参差不齐,加上各单位之间的财务人员专业技能以及综合素质也不尽相同,造成了诸多问题,比如会计核算效率低下,账务数据冗余利用度不够,财务信息反馈率低,企业集团层面不能实现企业信息数据的实时共享,甚至一些分、子公司之间仍然存在着信息孤岛。另外,各分、子公司为了自身利益的,采用不一致的会计标准处理账务数据,甚至可能人为调节成本费用以及利润,编造虚假的财务报告。对企业的经营发展产生了巨大的阻碍,也给企业带来了比较严重的负面影响。在财务共享模式下,财务人员进行统一的、标准化的财务核算,执行相同的会计准则及财务管理制度,从而确保了核算口径的一致,保证了财务数据信息的可靠性、可比性,工作效率也随之大幅度提升,精简了财务岗位,企业运营成本也相应降低。而且,各分、子公司无法再直接干预财务数据及处理标准,财务数据信息能够得到及时反馈,会计信息质量也大大提高了。

(二)业财一体化

在传统财务管理模式下,业务与财务数据的来源渠道并不完全一致,业务部门与财务部门之间也存在着各种各样的沟通难题,数据往往在繁复的沟通中变得不准确。此外,财务人员几乎将所有时间都用于处理日常性、重复性、简单的数据处理工作,很少参与到公司决策经营中去,与业务部门的配合也显得力不从心。在财务共享模式下,业务部门与财务部门的工作联系更加紧密,表现为:一是业务、财务的数据源趋于一致;二是会计集中核算使得各分、子公司的财务人员不再将大量精力用于处理基础性、重复性的日常核算工作;三是财务人员可以参与公司管理决策、提供财务分析支持、建设企业风险防控体系、强化财务稽查监督水平等管理性工作。

（三）流程标准化

核算集中化是构建财务共享模式的起点，财务共享服务更加关注核算集中后的业务流程是否统一、标准，是否需要不断优化与完善。流程标准化对提高账务处理效率、提升财务管理水平、规避财务风险有着重要的影响。标准业务流程，是指对所有财务、业务处理流程进行梳理，对重复、不适用的流程进行删除，对有交叉的流程进行重组，增加新业务的流程。以简洁明了、可操作性、普遍性为基本原则，制定详细的步骤，标注重要流程节点，通过模板化的文档记载流程以供工作人员自学与培训。标准化的流程一方面可以降低对操作人员的业务素质及专业技能要求，操作人员的可替代性增强，节约了人力资源成本，并且降低了人员流动带来的影响；另一方面可以大幅提高财务工作效率，促进企业信息资源整合，确保信息数据共享。

（四）技术信息化

在传统财务管理模式下，企业虽然已经从手工记账逐步发展到用财务管理软件来进行账务处理，但总体上传统财务管理模式对信息系统要求不如共享模式高，并且，由于企业自身发展的规模、经营业务的复杂程度、投入产出及成本效益等因素，企业对业务操作信息化的依存度也是不同的。虽然一些大规模的集团企业不断上线各种财务信息系统，但是随着系统不断增多，而且没有一个综合平台将各类系统整合到一起，财务人员日常工作需要操作不同的系统，影响了工作效率。财务共享后，通过搭建专门的信息平台，可以将ERP、MIS、费用报销系统、影像系统、司库平台、预算平台、银企直连等系统有效地整合起来。财务共享对现代信息技术手段依赖度非常高，也是财务共享得以发展的基础之一。

五、财务共享服务的发展

（一）财务共享服务的发展历程

改革开放以来，我国国内市场经济和对外贸易出口迅猛发展，通过招商引资来华的跨国大型企业、跨地区分（子）公司数量猛增，国内企业的综合国际竞争优势逐渐令世界瞩目。大部分企业的运营管理、内控机制和风险防控逐步被优化、强化和信息化，基于此大环境应运而生的IT技术、HR管理，特别是财务共享中心逐步盛行。国际上，众多的大型集团企业将内、外部财务流程规范化、标准化和统一化，整合到"一网一地一平台"来集中处理，涉及总账报表、固定资产卡片管理、应付账款、应收账款等多项内容。这种"一网一地一平台"的集中管理模式，大大提高了运营效率、减少了控制成本，加强了内控机制，做到了信息共享，提升了客户满意度，统筹了资源管理等。

21世纪初，财务共享服务已在欧美等多个发达国家的大型企业中推广应用，并积累了成熟的应用经验。改革开放以来，我国国内市场经济以及对外贸易得到了长足发展，国内的跨国大型公司和本土大型企业对财务共享服务的业务需求也日渐升温。2005年中兴通讯成为在国内建立首家财务共享中心的企业。从此，华为、中石油、中石化、万达等越来越多的大（中）型企业开始着手规划、设计并部署财务共享服务平台。通过将企业内、外部资源集中整合、统一调配，依托财务共享服务的资源管理池对各类资源进行合理分类、有效分配，解决了传统资源分配管理的分散处理模式下资源无法合理、高效应用的问题。

从功能定位上来看，财务会计的主要工作是凭证登记与账务处理，在符合当前各项法律法规及规章制度的前提下，要求从本质上能够合法、合规、客观、公正地反映企业实际的经营运行状况；管理会计的主要工作是企业理财与投资管理，即基于业务过程数据的不断积累，为企业从内、外部筹措、运用投资资金提供科学的决策依据。在财务共享中心"一网一地一平台"的新型服务模式下，解决了会计核算工作的重复度高、工作量大和辅助决策难的问题，助推财务会计和管理会计在逻辑上统一和物理上分离。

除此之外，在"一网一地一平台"模式下，对企业财务工作人员的要求从以往的综合全面转变为现在的专业专责。在财务共享服务上线以前，国内大多数的分（子）公司均设立了自己的财务管理部门。在减少非必要支出、合理控制成本费用的前提下，要求企业中所有的财务工作人员学懂弄通并熟练掌握一整套的全流程财务管理应用系统。面对突发应急情况，能够独立自主完成企业内部所有的账目处理和账务管理。在"一网一地一平台"的业务模式下，财务人员按照业务模块进行专业分工，立足自身业务范围仅仅负责整个企业账目处理中的一个或某几个分支模块。比如企业财务管理涉及总账报表、固定资产卡片、应收账款、应付账款和成本费用管理等多项内容，分（子）公司可能涉及同样的业务内容，财务工作人员不再需要处理一整套账务，仅专门处理各分（子）公司的同一分支模块账务。从根本上节省了大量的人力、物力和财力，同时保证了系统操作的规范性、统一性和财务数据的准确性、可靠性。通过建立责任制，明确责任人，进一步规范了员工绩效考核管理工作。

（二）财务共享服务的理论基础

1. 标准化理论

企业实行标准化的核心原则包括统一化、简化、协同工作和优化。统一化是指建立生产经营活动的一致性规范，并随着市场经营情况和外部环境的变化而不断修正；简化是指消除各环节中的冗余部分，使整个业务流程更加精练高效；协同工作要求各部门在统一的标准规范下实现协同一致；优化是指在满足指定条件的情况下，对企业标准化体系内的各个环节和要素进行调整和改进。

2. 规模经济理论

财务共享由传统的分布式转变为集中式服务，完全可以实现规模经济。规模经济理论是指在一定时期内企业产品绝对量的增加会降低单位成本，使利润水平上升。财务共享系统以大数据等高端信息技术为媒介，打造信息一体化服务平台，耗费更少的时间完成了更多的业务处理，很好地实现了规模经济效益。层次越多、规模越大的企业，其业务量越大，因此在执行财务共享服务模式时的成本降低能力就越大。

3. 企业流程再造理论

迈克尔·哈默和詹姆斯·钱皮指出，流程再造就是要对业务流程进行重新审视与设计，对企业业绩和其他重要指标具有重大影响。效率性是指在一定时间内完成任务或创造价值的程度，即投入与产出的比值。业务流程再造实质上就是对传统业务分工的再梳理，重新组合了划分后的业务流程，完全解决了分工过细造成成本增加、机构重复、效率低下的缺陷。流程再造是一种以客户为导向的管理创新模式。其核心思想就是对流程进行重新设计，针对客户在不同时间的不同业务需求，持续改进业务流程。财务共享服务作为一种新型的管理方式，其产生背景、发展历程及应用现状都与流程再造有很多相似之处，流程再造可以有效地降低企业成本，提升服务水平，增强竞争能力。

4. 管理效率理论

管理效率理论是通过调整组织结构，分析企业管理流程，建立一个统一的、可接受的工作标准，使员工达到最佳工作状态，最大限度地提升效率。效率性是指在一定时间内完成任务或创造价值的程度，即投入与产出的比值。在企业管理中，效率性被认为是最核心的问题。财务共享服务采用建立统一标准的方式，建设先进信息系统，在规范化操作的基础上，减少财务工作重复作业，运营效率极高。不仅能帮助企业实现资源有效配置和利用，而且有助于降低经营成本，提高工作效率，增强竞争力。

（三）财务共享服务的职能基础

财务共享服务的概念起源于20世纪80年代末，当时企业开始寻求新的方法来降低运营成本并提高效率。最初，财务共享服务主要集中在事务性活动上，如账款、账收和薪资处理。随着全球化和信息技术的发展，企业开始将更多的战略性职能，如风险管理、合规监控和决策支持，纳入财务共享服务的范畴。进入21世纪，随着云计算和大数据技术的兴起，财务共享服务开始向更高级的服务转型，提供更多的分析和预测信息，帮助企业在复杂多变的市场环境中做出更加明智的决策。财务共享服务是现代企业中一种集中处理财务活动的模式，财务共享服务的主要目标是通过集中化管理来优化企业的财务流程，实现成本节约和效率提升。为了达到这些目标，财务共享服务的职能要求包括但不限于：建立统一的财务处理流程，减少变异和复杂性；利用先进的信息技术，如ERP系统和AI，实现财务操作的自动化；通过优化流程和提高响应速度，改善内部和外部客户的服务体验；确保财务活动符合相关法律法规和内部控制要求；除了日常财务操作，还提供对企业战略决策的支持，如成本分析和预测。

财务共享服务的发展和实践得到了多种管理和经济理论的支持。经济规模递增（Economies of Scale）的概念解释了通过集中化财务职能如何降低单位成本；交易成本理论（Transaction Cost Theory）阐述了通过内部化交易来减少与市场交易相关的成本和不确定性；主要代理理论（Principal-AgentTheory）提供了对内部控制和治理结构优化的理论依据，以确保共享服务中心的操作符合企业整体的最佳利益；现代管理理念，如精益管理（Lean Management）和持续改进（Continuous Improvement），也为财务共享服务的职能提供了方法论指导。它们均强调消除浪费、优化流程和追求卓越。

（四）财务共享服务的发展趋势

高度自动化：技术进步，尤其是人工智能（AI）和机器学习（ML）的发展，推动财务共享服务向更高程度的自动化迈进。自动化不仅涵盖了基础财务操作，如账目处理和支付流程，还扩展到报告生成和数据分析。AI 和 ML 技术的应用，使得财务决策支持功能也逐渐自动化，能提供更准确的预测分析和风险评估。

集成数据分析：数据分析已成为企业决策的核心。财务共享服务旨在集成各种业务单元和系统的数据，建立统一数据平台。借助数据平台，实时数据分析和预测性分析的能力得到增强，财务共享中心通过深入分析和预测趋势，为企业提供前瞻性的洞察，支持数据驱动的决策制定。

服务范围持续扩展：财务共享服务的范围不断扩大，已经超越传统的财务处理和报告功能，向更广泛的领域延伸，包括采购、人力资源和供应链管理等。同时，财务共享服务也越来越多地涉足财务咨询和决策支持服务，提供成本控制、预算规划等高级咨询。技术进步还使得财务共享中心能够为业务提供更多创新服务，如市场趋势预测和客户行为分析。

六、人工智能对财务共享服务发展的影响

人工智能运用高性能的计算力、数据的挖掘力和自然语言处理能力这三大法宝，对财务审批、财务数据获取、业务场景加工等进行智能操作，它的每一个模块可以模拟人的行为感知，使金蝶、用友等财务软件的审核、对账、结账、报表等输入输出流程完全机器化。它的符号处理技术使财务数据具有逻辑思维，图像识别技术使财务报表实现快速分析，机器深度学习技术使财务决策更科学，因此可以打造全方位多场景的财务空间，获取更有价值的财务信息。另外，人工智能的语义解析技术、自动程序设计技术、规则引擎技术、LBS 技术等广泛地应用在财务发票、企业登记注册、合同签订方面。

（一）人工智能对财务共享原始数据的影响

财务共享服务匹配上人工智能技术对原始凭证进行数据式、信息化改良，主要经历三个发展阶段。一是在 2016 年营改增试点之前，我国大多数企业是通过财务共享服务中心的人员核实每张原始凭证，用人工转换方式提取账面信息。二是随着营改增在全国全面推行，发票种类分为增值税专用发票和普通发票两种，一部分企业开始使用软件识别技术——OCR 技术提取纸质发票信息。虽然营改增后原始发票类型规范化，但是 OCR 识别技术识别率低，导致财务工作者采集发票信息的效率降低，财务数据的差异性、滞后性阻碍了这一技术在财务账面上发挥更

大的作用。三是应用人工智能技术使 OCR 技术有了跨越式的发展。OCR 技术文本区域检测、深难度的卷积神经网络、字符分割与辨别这些内容应用人工智能技术，打造智能 OCR 技术。该技术可支持多类型 Windows 系统，高效获取海量数据，并且准确率高。

（二）人工智能对财务共享分析的影响

传统的财务共享分析以提供预测性的决策分析，主要是因为可供预测分析的数据有限，并且基于那些有限的数据所提炼出的预测模型也不够科学，且数据之间的关联性很难量化。人工智能技术改变了这一情况，利用爆炸式数据的累积和分析，选择财务方向的建模路线，通过大量网络路线结点的连接，在训练算法模型后从中除去不够准确的模型，把最佳的结点模型应用到分析与预测的实际业务场景中。在财务共享服务的框架里生成一条支持预测分析的关系网络路线，网络路线的节点代表影响该场景预测结果的各类因素，网络之间的链结点代表着因素与因素之间量化关系影响权重。这些因素在人工智能技术运用下，通过预测分析存在因果关系的隐形因素指标，影响着企业经营决策。人工智能的出现，让这些隐形因素被发掘，从因果关系突破为企业绩效的相关性指标。通过预测分析大数据，企业经营活动成果更加真实可靠，提高企业决策能力的同时也为企业可持续性发展打下基础。

（三）人工智能对财务运营管理水平的影响

财务运营管理一直是企业财务管理转型的第一位，在财务共享服务这一模式下，通过人员集中、集成系统、流程优化和营运再造，运营管理水平和人力资源得到了有效提升和优化。财务共享服务的本质是应用人为设定的规则将输入形式转为输出模式，较传统模式而言，在智能化运营管理中，企业提升了智能运营管理的基础信息化水平，人为约定的中间规则处理过程不需要大部分的人工干预，它的输入过程被充分标签化和结构化。如合同、发票、提单、银行对账单等基于系统化信息流程来执行并评估是否符合财务共享服务的运营特点，如符合则将其纳入共享。传统需要人工转换的模式是参考经验所得，在机器作业下，财务共享服务应用智能化运营管理的同时，它服务流程的每个节点都有特定的分工模式，如在企业资金流程中可通过 RPA 连接企业系统与网银，后台会自动查找对账信息并下载核对。智能时代下，依托大数据的支持，企业财务共享服务在绩效管理、质量管理、服务追踪等方面更加专业，使企业财务运营管理上升到智能的层次。

第二节　财务共享下财务管理模式的变化

财务共享服务模式的设计源自几个关键的核心理念和原则，这些理念构成了模式的基石，为企业提供了一种灵活、高效、透明的财务管理方式。一是全面实时共享，这意味着财务信息需要在整个组织内即时共享，确保各业务单元和部门能够随时访问最新的财务数据，为决策提供准确的支持；二是高度透明化，财务共享服务模式要求财务流程和决策具备高度透明性，以确保管理层对财务运作有清晰而全面的了解，与此同时透明度的提升也有助于构建内部信任，减少信息不对称，提高内部合作效率；三是灵活性和订制化，这一原则使财务服务能够根据不同业务需求进行个性化订制，企业可以灵活调整财务服务，以满足各业务部门的特殊要求，确保财务管理与业务目标的紧密结合。

在财务共享服务模式的框架下，企业财务管理可以充分运用数据集成、云计算、大数据分析等先进技术，以及财务管理软件和自动化流程等智能工具。这些技术和工具的有机整合旨在提升实时信息共享和工作效率，为企业财务管理注入新的动力。技术支持方面，通过数据集成实现不同部门间财务数据的无缝交流，确保全面实时的信息共享，同时数据集成将有效解决信息孤岛问题，使财务信息更全面地服务于各业务单元。云计算的引入使得财务信息更加灵活、易访问，保障了授权人员能够随时获取所需信息，从而使得财务团队能够更高效地协同工作，极大提高工作效率。大数据分析的应用为财务数据提供了深度解读，有助于企业更准确地应对市场变化，助力管理层决策能力的提升。工具应用方面，主要是财务管理软件和自动化流程工具。财务管理软件的智能应用让财务团队能够更直观地了解财务状况，包括会计软件、预算规划工具以及财务分析平台等。同时，自动化流程工具的使用简化了烦琐的人工操作，提高了操作效率，包括发票处理工具、支付系统以及财务报告生成工具等。这些工具的巧妙整合将有效简化财务任务，降低错误率，提高工作的准确性。

一、财务管理环境变化的意义

（一）优化企业规模化的管控问题

在日益激烈的市场竞争中，企业规模化带来的复杂性和不确定性使得企业面临更大的管控问题，如如何更有效地管理财务、如何提高决策效率、如何防范和应对各种风险等。这些问题的存在，对企业的长期发展构成了严重的威胁。在这种情况下，财务管理环境的变化为解决这些问题提供了新的可能性。随着信息技术的不断发展和应用，企业可以通过建立更加先进、全面的财务管理系统，实现财务数据的实时更新和精准分析，提高财务管理的效率和质量。此外，财务管理环境的变化也意味着财务管理理念的更新。企业可以借鉴和引入更加先进的财务管理理念和方法，如价值管理、风险管理等，更有效地应对复杂和不确定的市场环境。财务管理环境的变化还有利于企业改善财务管理的透明度，提高企业的公信力。通过提高财务数据的公开度和透明度，企业能够提升各方对企业的信任度，获得更多的资源和市场机会。

（二）优化财务核算标准

财务共享服务的实施，关键在于提高企业财务核算的标准化水平，确保规则和流程的高效执行。企业，特别是跨地域经营的大型集团，必须确保子公司遵循统一的财务管理规则，必须确保这些规则既符合集团的整体要求，又能适应各自的运营特点。这就要求在规章制度的制定过程中，必须综合考虑到各种实际条件，以保障子公司在得到有效管理的同时，也能确保策略的灵活性和适应性。

（三）实现项目统一管理

财务共享平台的应用，有助于提高企业工作的质量和效率，确保财务数据的准确性和科学性，从而全面提升财务管理质量。企业在推行财务共享时，须制定相应的规章制度，实现工作的系统化，进而提升企业管理的精细化水平。这种制度化的工作管理，不仅提升了财务操作的规范性，还有助于构建一个统一的项目管理框架，使得项目执行更为高效、透明。

二、财务管理环境的变化分析

（一）改变资金核算方式

传统的财务管理模式下，每个业务部门都有自己的财务人员进行资金核算，这种方式虽然能够满足业务部门的特定需求，但在整个企业层面上，可能导致资金核算的不一致和重复。而在财务共享模式下，所有的资金核算都集中在共享服务中心进行，这种方式可以保证资金核算的一致性和准确性，同时也减少了重复劳动，节省了企业的资源。通过引入先进的信息技术，财务共享模式可以实现财务数据的实时更新和自动化处理，大大提高了资金核算的速度和准确性。同时，通过大数据分析和机器学习等技术，财务共享模式还可以提供更深入、更精准的财务分析，帮助企业做出更好的决策。

在财务共享模式的驱动下，众多企业逐渐采纳了集中管理策略，这不仅加强了管理层对业务流程的监管能力，而且提升了企业经济活动的整体质量。在此模式下，员工在开始任何工作之前，都需要向上级申请并符合既定标准，以确保工作的顺利进行。尽管如此，如果这种集中化和加强的管理缺乏执行力，可能会降低业务的执行效率，导致员工对工作细节的理解不足，影响工作的深入推进。因此，在选择财务共享模式时，必须注意保持管理的连贯性和效能，同时在日常运作中妥善平衡资源配置。企业应当明确授权，将一定的决策权下放给子公司或相关管理部门，以解决财务操作中可能遇到的障碍。同时，企业还应当在日常管理中积极推广财务服务，支持子公司员工的理解和运用，确保每位财务专业人员都能结合具体情况高效、合理地利用财务共享资源，从而保障资金的优化配置和使用，这对企业的长期稳健发展至关重要。

（二）拓展管理职能

在过去，财务部门的职能主要集中在日常的账务处理、报表编制、税务申报等方面。而在财务共享模式下，财务部门的职能得到了显著拓展，不仅包括传统的财务管理职能，还包括战略决策支持、业务流程优化、风险管理等方面。通过应用大数据分析、机器学习等先进技术，财务部门能够提供更深入、更精准的财务分析，帮助企业做出更好的战略决策。而且通过建立完善的内部控制体系，财务部门能够有效地识别、评估和控制财务风险。

在现阶段，企业在财务管理与控制领域面临着诸多挑战。一般而言，传统的做法是在业务活动结束后回顾数据，进行初步及中期的业绩评估。然而，受市场波动影响，许多企业难以有效执行财务任务，进而对决策的精准性造成负面影响。在中期控制环节，外部环境变化可能迫使企业调整原定的资金预算，这无疑会对控制效果带来干扰。企业部门的分散经营模式提高了系统化财务管理的难度，并增加了各运营部门之间的分歧,这种状况不利于提高管理和控制的效率。因此,在财务共享的框架下,企业亟须完善其财务管理体系,以更好地适应长期的经营战略。在具体操作上,企业应指定专门的管理团队来审视和分析运营状况,根据实际需求对现行制度进行优化和强化。此外,构建一套高效的绩效评价体系至关重要,它能保证员工依照规定严格履行工作职责,关注业务细节,以此确保财务管理的整体质量得到提升。

(三)优化管理制度

以往由于各部门分散管理,财务制度往往各自为政,导致财务管理混乱和效率低下。而在财务共享模式下,由于财务职能的集中,财务管理制度可以统一设计,避免了部门之间的重复和冲突,提高了制度的执行效率。在财务共享服务中心,可以通过建立完善的管理制度,规范财务管理的各个环节,保证财务管理的规范性和一致性。同时,通过制度的执行,可以提高财务管理的透明度,增加财务管理的公正性和公平性。还可以通过建立健全内部控制体系,实现对财务管理的全程监控,及时发现和处理财务管理的问题,提高财务管理的安全性。在财务共享模式下,企业员工须增强管理意识。企业员工通常只承担基础的记账任务,缺乏深入进行数据分析的能力,这导致财务管理功能未能充分发挥。此外,一些企业未将财务管理的创新和发展思维纳入未来规划,导致企业平台建设和完善力度不足,无法确保财务管理的质量和效率,严重阻碍了企业的长期发展。同时,企业的财务管理需要根据实际情况制定制度,但目前仍有许多企业在制度建设方面存在片面性等问题,使得制度无法充分发挥规范作用。

三、财务共享服务模式构建难点

近年来,各类学术峰会论坛上频繁提及"智能财务""一流财务管理体系"以及"财务共享最佳实践"等术语。企业为了适应这一时代潮流,积极投入大量人力、财力和物力,致力于建设财务共享服务模式。然而,尽管企业在这方面做出了巨大的努力,却发现建设成果远未达到预期水平,主要存在以下难点:

(一)确定财务共享服务模式的建设目标有难度

随着财务共享服务模式在企业中开始应用,其早已冲破了传统财务的职能边界。企业在探寻财务共享的建设目标时,往往都会选择将"财务转型""业财一体""数据分析""数字化""智能化"等目标统统放到财务共享的建设范围内,这要求财务共享的建设需要业务、财务、技术部门的共同参与。而一个信息化项目如果存在跨单位、跨部门、跨业务领域的情况，项目成功的难度便会加大。因此，在进行财务共享建设时，需要聚焦主要目标，设置分界线，并按节奏推进。

（二）组织架构与流程调整较复杂

财务共享服务模式的建设一般要求对企业原有的财务组织架构和流程进行全方位调整，包括岗位职责的重新规划和人员调配。在实际操作中，不同部门之间的利益冲突以及员工对新组织结构的适应问题给调整过程带来了挑战。首先，重新规划岗位职责须深入了解财务流程和业务需求，确保每个岗位更符合财务共享服务模式所要实现的目标；其次，人员调配涉及员工岗位变动和职责调整，需要通过有效的沟通和变革管理来缓解员工的不安情绪；最后，不同部门可能存在不同的目标、职责和资源需求，不同子公司之间在财务核算、成本控制、资金管理等多个方面的业务流程也存在一定的差异性，这导致实现整体的统一变得非常困难。

（三）信息化系统集成面临挑战

数智化系统建设及整合是财务共享服务模式落地的重要支撑要素。企业一般涉及采购、预算、存货等多个系统，信息系统集成面临多方面的困难。首先，不同部门采用的信息系统存在着显著的异构性，往往会涉及不同的技术平台和标准，使得集成工作变得复杂而烦琐；其次，业务流程的差异性导致了在集成过程中需要协调和整合不同的业务规范；最后，数据格式和标准的不一致增加了数据交换的难度，需要解决格式映射和转换的问题。

四、财务共享下财务管理模式的构建策略

（一）简化和优化流程

在企业财务共享模式下，简化和优化流程是提升财务管理效能的关键策略之一。首先，企业需要进行流程再造，识别并删减不必要的步骤。通过对现有财务流程的深入分析，可以发现并剔除那些低效或冗余的环节。例如用自动化软件替代人工输入，减少数据录入错误和重复工作。其次，企业应制定统一的处理标准和流程，以减少部门之间操作方式的差异。例如制定统一的发票处理和报销流程，确保不同部门在处理相同类型的财务事务时遵循一致的标准。再次，引入先进的技术工具对于流程的简化和优化来说至关重要。例如利用云计算和大数据技术，

可以实现财务数据的实时更新和高效分析。通过部署智能化的财务软件，如 ERP 系统或财务机器人，可以促使常规财务操作实现自动化，提高财务处理速度和准确性。最后，为了保证流程优化的持续性，企业还需要建立一套有效的监控和反馈机制。定期审查和评估现有流程的效率，根据业务发展和市场变化调整和更新流程。例如通过定期收集员工和内部客户的反馈信息，了解流程改进的效果，及时调整不适应的环节。

（二）强化数据管理

在企业财务共享模式下，强化数据管理是提升财务管理效能的关键策略之一。第一，建立一个统一的数据平台至关重要。企业应集中存储所有财务数据，确保数据来源的一致性和可靠性。可使用先进的数据库管理系统，如 Oracle 或 SAP，实现数据集中化，避免数据分散在各个部门和系统中。第二，标准化数据输入和处理流程是提升数据管理效能的重要环节。企业需要制定统一的数据录入标准和格式，确保收集的数据具有高度一致性和可比性。同时，通过制定清晰的数据处理流程，从原始数据采集到最终报告的输出，每一步都要严格按照既定流程执行，减少人为错误和信息失真。第三，实施数据质量控制措施对于保障数据的准确性和完整性至关重要，应定期对财务数据进行审核和清洗，及时发现并纠正错误和不一致的数据。例如使用监控数据质量的自动化工具，可以实时监测数据的准确性和完整性，确保数据管理的高效性。第四，加强数据安全和隐私保护是强化数据管理的重要组成部分。应采用先进的安全技术和措施，如数据加密和访问控制，保护财务数据免受未经授权的访问和操纵。同时，确保企业的数据处理活动遵守数据保护的相关法律要求。第五，增强员工的数据管理意识和技能同样重要。可通过定期培训和研讨，提高员工对数据管理重要性的认识，培养他们的数据敏感性和分析能力。例如开设数据管理和分析的工作坊，让员工了解最新的数据管理技术和工具，提升他们在日常工作中处理数据的能力。

（三）促进跨部门合作

在企业财务共享模式下，促进跨部门合作是提升财务管理效能的关键策略。首先，须建立一个有效的跨部门沟通机制。这意味着要创建一个平台，使不同部门间的沟通变得更为便捷和透明。例如可以通过定期的跨部门会议、联合工作小组或内部沟通网络平台来促进信息共享和交流。其次，明确和统一跨部门间的工作流程。这要求对各部门的接口进行详细的分析和设计，确保所有部门对共享流程中的每个步骤都有明确的认识。在此基础上，编制具体的操作指南和流程手册，以指导各部门在共享环境中高效合作。再次，建设跨部门协作的文化。这需要企业高层树立跨部门协作的意识，打造支持和鼓励协作的组织文化。可以通过培训、研讨会和团队建设活动来加强部门间的互信和理解，从而推动更为紧密的合作。最后，引入协作工具和技术，这是提升跨部门合作效率的有效方式。运用现代信息技术，如ERP系统、协作软件和云服务，可以帮助不同部门的成员实时共享信息、协调工作和高效合作。

（四）制定灵活的绩效评估体系

在企业财务共享模式下，构建一个灵活而有效的绩效评估体系是提升财务管理效能的关键环节。

第一，确立一个全面而多维的绩效评价指标体系。这个体系不仅要确保财务数据的准确性和及时性，还应考虑到流程效率、客户满意度以及创新能力等多方面因素。为此，需要跨部门协作，集合各方面的专业知识和实际需求，确保评估指标既全面，又具有实际操作性。

第二，绩效评估体系须具备足够的灵活性，以适应不断变化的业务环境和企业战略目标。这要求定期审视和调整评估指标，确保其与当前的业务战略保持一致。同时，要考虑到不同部门和个人的特点和工作背景，在设计评估标准时体现出一定的弹性和个性化。

第三，绩效评估的过程应是透明和公平的，以保证评估结果的公正性和可接受性，这需要建立明确的评估流程和规则，并确保所有相关人员对这些规则有清晰的了解。此外，还应设置适当的反馈机制，确保评估结果能及时准确地反馈给相关人员，以便他们根据反馈调整工作计划和方法。

第四，不可忽视的是对绩效评估结果的应用。这不仅仅是对个人和团队过去表现的反馈，更是对未来工作的指导。因此，绩效评估结果应与个人发展、培训、奖励等方面紧密结合，以激发员工的积极性和创造性，促进其持续改进和优化。

第三节 财务共享中心的构建

一、财务共享中心概述

（一）财务共享中心的战略角色

1. 为组织提供高质量的财务服务

财务共享中心致力于提供高质量的财务服务，通过标准化流程和专业团队的支持，确保财务信息的准确性、及时性和可靠性。财务共享中心负责处理财务报告和分析、会计核算、预算编制等核心财务业务，为组织内部各个部门和子公司提供一致的财务服务。高质量的财务服务有助于提升组织的决策能力和执行效率，增强组织对财务数据的控制和管理。此外，财务共享中心还通过优化财务流程和技术支持，提高财务操作的效率和质量，减少错误和重复工作。这种高效的财务服务有助于减轻各部门的负担，提升组织内部的协同效率。

2. 实现成本效益和资源优化

财务共享中心通过集中管理财务流程和资源，实现成本效益和资源优化。集中处理财务业务可以避免不同部门和子公司重复投入资源进行类似的财务操作，降低成本。财务共享中心通过标准化流程和专业团队，提高财务操作的效率和准确性，减少人力和时间成本。另外，财务共享中心还能够优化资源的配置和利用。通过集中管理财务流程和数据，财务共享中心能够更好地了解组织各部门和子公司的财务需求和资源情况，优化资源配置，避免资源的浪费和重复利用。这种资源的优化利用有助于提高整体组织的效能和绩效。

3. 支持战略决策制定

财务共享中心在组织中扮演着重要的战略角色，能够提供决策支持和战略信息。通过提供准确的财务数据和分析报告，财务共享中心帮助组织更好地了解财务状况、经营绩效和风险状况，为战略决策提供可靠的依据。财务共享中心可以对财务数据进行深入分析，揭示财务指标的变化趋势和潜在风险，帮助管理层识别关键业务领域和优化机会。此外，财务共享中心还能够参与战略规划和预算编制过程，提供财务建议和预测，协助制定战略目标和计划。这样的战略决策支持有助于组织更好地应对市场竞争和实现长期可持续发展。

4.促进组织间的协作和合作

财务共享中心作为组织内部的财务服务中心，能够促进组织间的协作和合作。通过集中处理财务流程和数据，财务共享中心能够为不同部门和子公司提供一致的财务服务和支持，提升组织内部的协同效率。财务共享中心通过提供财务信息和分析，帮助各部门更好地了解彼此的财务状况和业务需求，促进信息共享和协同工作。这种协作和合作有助于加强组织内部的沟通与合作，提高整体组织的效能和绩效。组织应充分发挥财务共享中心的战略价值，合理规划和管理财务共享中心，以实现持续增长和获得竞争优势。

（二）财务共享中心的构建要素

1.投资管理

投资管理作为企业财务的重要组成部分，其主要职责是协助企业进行资金的投资和管理，通过投资决策、投资组合构建和投资回报率的评估等方面，实现资产的增值和对风险的控制。在"互联网+"时代下，数据分析和科技创新已经成为各行各业发展的重要动力。投资管理同样需要注重数据分析和科技创新的应用，建立基于大数据和人工智能技术的投资模型和算法，以实现科学化的投资决策和风险管理。一方面，投资管理需要充分利用大数据技术，对海量的投资信息进行分析和挖掘，从而准确把握市场动态和投资趋势。例如可以通过挖掘历史数据和分析市场走势，建立基于机器学习和深度学习的预测模型，预测未来市场的发展趋势和投资机会。同时，还可以利用数据分析技术对投资组合进行优化，降低风险，提高回报率。另一方面，投资管理需要发挥人工智能技术的作用，通过智能化决策支持系统来帮助投资决策。例如可以通过自然语言处理技术将各种文本信息转化为结构化的数据，然后使用机器学习算法对数据进行分析，以识别和评估投资机会和风险。

2.融资管理

融资管理作为企业财务共享中心的另一个重要组成部分，其主要职责是为企业提供融资服务和支持，包括资金筹措、融资渠道的开拓、融资成本的控制等方面。在"互联网+"时代下，融资管理需要更加注重数字化和信息化的应用，建立基于互联网技术的融资平台和交易系统，加强与金融机构和投资者的合作，从而提高融资效率和降低融资成本。首先，通过融资平台和交易系统，企业可以在平台上发布融资需求信息和产品信息，吸引金融机构和投资者的关注和参与，从而快速获得融资支持。同时，平台上还可以提供融资相关的咨询和服务，方便企业了解融资市场和融资渠道，提高融资效率。其次，企业可以通过与金融机构和投资者的合作，获取更多的融资渠道和资源，降低融资成本和风险。通过建立稳定的融资合作关系，企业还可以获得更多的融资支持和信任，提高企业的市场影响力和品牌价值。最后，通过建立基于数据分析和人工智能技术的成本控制系统，企业可以及时监测和控制融资成本，避免融资成本过高对企业经营造成不利影响。

3. 利润分配

作为财务共享中心的重要职能之一，利润分配需要更加注重数字化和信息化的特点，建立基于大数据和人工智能技术的利润分配模型和算法，从而实现利润分配的科学化和公正性。首先，通过对企业的各项指标进行综合分析和建模，可以更加精准地确定每个部门和个人的贡献度和利润分成比例，从而实现公平公正的利润分配。其次，利用互联网技术建立数字化的利润分配平台和系统，可以实现利润分配的在线化和自动化，大大提高了管理效率和准确性。同时，数字化平台还可以为员工提供更加透明和公开的利润分配信息，提高了员工的满意度和归属感。最后，通过建立基于区块链技术的智能合约，可以实现利润分配的自动化和智能化，进一步提高了利润分配的公正性和透明度。

4. 财务控制

财务控制是企业管理中不可或缺的一环，它可以帮助企业实现财务管理的有效控制，保证企业财务稳健、可持续发展。财务共享中心作为企业内部的财务管理和服务平台，负责为各业务部门提供财务管理和控制支持，其中财务控制是其核心职能之一。首先，在传统的财务管理中，各业务部门的财务数据往往是分散的，需要人工整合，容易出现数据冗余和不一致的问题。而基于云计算技术的财务管理平台，可以实现数据的集中存储和共享，通过云端技术实现跨部门、跨地域，甚至跨企业的数据共享和协同，提高财务管理的准确度和效率。其次，企业通过智能化的传感器和设备，可以实时监测企业各项财务指标，比如库存量、销售额、利润率等等。在传统的财务管理中，需要通过人工记录和审核来实现财务控制，而基于物联网技术的财务管理平台可以自动化地实现数据的采集、记录和分析，大大降低财务管理的成本和风险。最后，企业通过大数据分析和人工智能技术，可以建立高效的财务控制模型和算法，对财务数据进行分析和预测，及时发现潜在的财务风险和问题，并提出相应的解决方案。这不仅可以帮助企业更加精准地掌握自身的财务状况，还可以为企业提供更加科学化和精细化的财务控制服务。

5. 审计监督

审计监督的主要作用是对企业的财务活动进行监督和审计，确保财务数据的真实性和准确性。在"互联网+"时代下，审计监督需要更加注重数字化和信息化的应用，建立基于大数据和人工智能技术的审计监督体系，以提高审计效率和准确性。首先，通过对企业财务数据的收集和分析，可以更加准确地了解企业的经营情况，发现潜在的财务风险，并及时进行预警和应对。同时，大数据还可以通过数据挖掘和模型分析等手段，提高审计效率和准确性，减少人为的审计错误和疏漏。其次，基于人工智能技术的审计监督可以实现自动化和智能化的审计过程。例如采用自然语言处理技术，可以实现对财务报表和财务数据的自动化分析和解读，减少人工的干预和误判。同时，人工智能还可以通过机器学习和深度学习等技术，对企业的财务数据进行模型建立和分析，从而提供更加准确和客观的审计结果。最后，通过建立互联网平台和系统，可以实现企业和审计机构之间的信息共享和互动，促进审计过程的透明化和公开化。同时，利用互联网技术还可以实现协同审计，通过多个审计机构的合作和协同，提高审计效率和准确性，从而更好地保障企业和社会的利益。

二、财务共享中心应用的必要性

（一）有利于提高管理效率并降低成本投入

在国有企业中积极运用财务共享中心，可以有效减少企业的经营成本，提高企业的经营绩效，从而为企业正确实施经营战略计划提供有力的支撑。在传统的财务管理体系中，员工进行财务数据的记录、核算和整理，都必须采用人工的方法来实现。这种人工操作的效率很低，也很可能会造成错误，进而增加企业的经营风险。由于国有企业规模较大，采用常规的财务管理手段，很可能会造成总公司对子公司的控制力度不够，从而影响到企业内部控制系统的改革。通过主动运用财务共享中心，可以让各部门运用信息化技术处理财务数据，从而减少人为错误的发生。同时，利用信息化技术对国有企业复杂的财务信息进行有效处理，也有利于后续工作的开展，并减少人力成本。所以，财务共享中心的合理使用，可以有效提高企业的经营效益，减少企业的投资成本。

(二)有利于促进企业优化内部管理体系

积极运用"财务共享中心",能有效改善国有企业的财务管理行为,推动企业的内部治理体制改革。财务管理以信息采集和处理为基础,为企业的经营决策提供了坚实的理论基础。将财务信息共享中心整合到企业的工作框架内,可以有效利用企业的信息资源,建立起内部组织的信息交流通道,以实现企业财务信息的及时传输。减少工作信息处理的延迟,加强内部合作,防止因延迟问题带来的潜在风险。另外,该中心还能减轻有关部门的工作压力,减少管理层的流动性,促进企业持续、稳定经营。

(三)有利于提高信息传递效率并提升管控力度

国有企业通过建立财务共享机制,可以有效提高企业内部的信息传输效率,更好地解决企业内部的互动和交流问题。通过财务共享中心的整合,相关团队可以快速、便捷地完成相关的信息交流,并为下一步的工作制订合理规划,从而最大限度地提升企业的财务管理效能。所以,财务共享中心的合理运用,能够有效改善企业的合作质量,从而增强企业的财务控制能力,更好地推动企业价值增长。

(四)有利于规范业内制度和彰显管理价值

企业的财务共享中心是实现企业财务业务一体化管理的重要工具,它能够将企业内部的资金、资产、人员、信息等资源进行整合,进而形成统一的财务管理平台,最终使企业的各项业务流程更加清晰,成本降低,效率提高。例如企业可以通过建立财务共享中心,有效规范各单位会计科目和核算方法,消除重复记账,从而避免账务处理上的混乱。同时,还可以减少对会计人员的依赖,提高内部控制水平,并帮助企业管理层及时了解各单位经营状况,制定合理的政策,完善相关制度。

三、构建财务共享中心对财务管理的影响

(一)积极影响

财务共享中心是一个统一性的平台,能够促进财务管理信息标准的统一,实现财务信息共享。建立财务共享中心平台有助于企业形成一个流程标准的财务管理系统,能够同时集成资金管理系统、前台业务系统和后端账务系统。可以实现企业财务管理智能化、标准化、模块化与集中化,利用财务共享中心平台可以进行各项业务处理。在财务共享中心的平台中可以快速分享财务数据信息,并快速

进行分析与管理。企业的制度框架要覆盖财务共享中心领域和企业内部财务管理职责，保证该平台在实际操作中有理可循。例如将企业中的费用报销与资金管理等规则，加入企业信息管理平台中，使得公司的发展能够拥有强力的数据平台支撑。

构建财务共享中心有助于控制企业运行成本。在日常工作中，一般的总公司和子公司之间的财务管理工作中会存在性质相同或者重合的工作内容。如果没有财务共享中心平台，那么公司就要为此浪费大量的人力资源，财务管理人员工作量也因此增加。然而通过构建财务共享中心平台，可以直接对这些重复的数据进行资源管理整合，减少财务管理人员工作量。信息平台会根据财务人员上传的财务信息，进行数据整理分析，做好记录和存档，这有效简化了财务管理工作流程，让工作流程更规范、更标准。财务管理业务流程规范化可以提升工作人员的工作效率，降低企业人力资源成本。

内部财务人员严格执行财务共享中心制度规范，合理安排相关工作，可以确保各项工作有序推进。财务共享中心的工作人员在录入会计凭证、编制会计分录、会计报表等业务中，以优化业务流程、统一运行维护整个财务管理体系为主要工作内容。对接项目由专人负责，企业总部和子公司的财务人员无须花时间去整理烦琐的账目，在财务数据分析、成本控制、战略工作等方面都可以集中精力。这表明，财务共享中心可以有效地将财务核算和管理核算分离开来，从而使管理人员和财务人员集中精力，各司其职，各自独立。这样企业内部就可以实现有效管控和可持续发展。越来越多的公司随着社会经济的快速进步而扩大规模，把分公司设在了全国各地。而由于地理距离的原因，总公司对子公司的财务状况只能形成一定的约束。但企业可以通过设立金融共享中心，及时了解下属子公司的财务状况，建立信息共享平台，做到决策科学、防范风险。目前已有不少总行配合各分行统一核算账户，以此规范核算流程。同时，总行将配合分行利用财务软件对各分行财务核算、报表编辑、财务信息、资金往来等进行统一管理，对财务信息管理进行有效监管。

建立财务共享影像管理系统，影像系统将纸质单据转换成电子影像数据，可以实现单据线上管理，突破地域限制，缩短单据流转周期，同时可以降低邮费成本，推动财务业务模式向全电子化流程的转变。财务共享影像管理系统主要包含两个管理模块，分别是影像管理系统和扫描客户端，这两个模块的功能各有不同，在工作中起到相互辅助的作用。影像管理系统负责影像相关业务流程的管理，包括任务查询、报账单检索、影像查看、已办工作查询、系统管理等功能；扫描客户端负责影像的扫描、上传以及影像修改等功能。

（二）消极影响

尽管构建财务共享中心给企业的财务管理带来了不小的贡献，但在一定程度上仍存在一些消极影响。在财务共享中心的帮助下，工作人员对整个企业财务管理体系进行管理，在此过程中，财务共享中心的工作人员与相应的企业或子公司等金融机构缺乏沟通和交流，对实际经营情况不能完全了解，进而不能对该公司的财务、经营等情况进行全方位的分析，从而造成对合作公司财务风险的敏感性不足，使企业在生产经营中无法及时、准确地发现财务风险，也无法及时地修复经营漏洞。这些潜在的风险如果扩大了，就会对整个企业的财务造成冲击。

第四节 RPA 财务机器人的应用

在企业财务工作中，智能技术的融合应用逐步深入。从早期会计电算化数据库的建立，到 ERP（Enterprise Resource Planning，ERP）财务系统的运用，再到建立财务共享服务中心。如今，RPA(Robotic Process Automatio)财务机器人的应用"崭露头角"，越来越多的企业将财务数智化转型作为发展目标，追求企业财务与人工智能的深层次结合，以实现从线下到线上、从桌面到云端的协同部署。

一、RPA 机器人概述

（一）RPA 机器人的内涵

RPA 即机器人流程自动化，指通过使用用户界面层中的技术，执行基于一定规则的可重复任务的软件解决方案，是数字化的支持性智能软件，也被称为数字化劳动力或数字劳工。RPA 机器人在财务领域的应用，即基于 RPA 技术，结合企业财务工作环节和业务内容，实现流程节点的自动化，对财务数智化转型有积极推动作用。世界经济论坛《2020 年未来就业报告》研究显示，随着自动化和数字化水平的提高，预计到 2025 年，自动化和人机之间全新的劳动分工将颠覆全球 15 个行业，将有约 8500 万个工作岗位被取代，其中会计师和审计师等 10 种职业面临被机器人取代的较高风险。2017 年 5 月，德勤事务所率先推出自主研发的部署在服务器或计算机上的 RPA 机器人——"小勤人",掀起了财务数智化转型的新一轮浪潮。随后,普华永道事务所推出了 PwC 机器人方案,并将该方案扩展到包含人力资源、信息技术、供应链在内的诸多领域。智能机器人技术的应用,能够替代或协助人类在计算机、RPA 手机等数字化设备中完成大量"固定规则、高重复性、低附加值"的任务和工作。

(二) RPA 技术的优势

1. 全天候待命

RPA 机器人本质上是一段程序,是虚拟的,因此可以实现全天候待命,这对于一些重复性强、标准化高的工作有独特优势。以下载报表为例,下载报表只须登录系统,按照指定路径填写特定参数就能下载成功,整个流程非常标准化,但是一旦下载的量大,不仅占用了大量系统资源,还占据员工大量工作时间。如果此时使用机器人,完全可以利用下班时间下载,不仅高效利用闲余时段的系统资源,还能降低人工成本,进一步提高工作效率。

2. 不改变原有系统和应用流程

RPA 技术不是改造原有系统,更不是打造新的应用,而是通过辅助工具提高原有系统的操作效率,因此投入的开发成本相对于改造系统低很多。同时,机器人不会改变原有的流程。员工不需要花费更多时间学习新流程,仅须简单学习机器人的使用即可,学习成本相对较低。

3. 设计开发门槛低

每一个 RPA 机器人都需要通过设计器进行功能设计,相比 VBA 之类的设计工具,RPA 设计器具有可视化设计的显著优势。RPA 设计器中有一系列模块组件,比如"打开浏览器""打开 Excel"和"复制数据"等,设计者通过拖拽各种组件,就能生成相应代码,不仅设计逻辑直观,还能降低代码学习成本,更能节约人工编写代码的时间。同时,RPA 设计器还支持录屏反向开发的功能,通过记录用户一系列"点击""选取"等动作,自动生成流程步骤,大大提升流程编写的效率。而且,RPA 设计器有丰富的语言拓展,支持 JS、C# 以及 Python 等,还内置错误项智能检查功能,不仅适合新手学习,更对有编程经验的用户非常友好,适合各个层次的用户使用,设计开发门槛较低。

（三）RPA 技术的缺点

1. 环境要求高

RPA 机器人的批量使用要求本地环境一致。许多 RPA 机器人本身是没有经过兼容性优化的，这就导致不同电脑的机器人运行质量不一样。比如同样自动汇总数据功能，某些电脑用的是 Excel 就成功，其他电脑用的是 WPS 就失败。更有甚者，对于屏幕分辨率不同的电脑，机器人抓取网页数据的位置也有可能不一样，进而导致机器人报错。所以，RPA 机器人要想批量运用，首先要求本地环境一致。RPA 机器人需要较多云平台资源进行支撑。虽然 RPA 机器人是虚拟的，但是并不代表其不需要占用资源。如果云平台的资源较少，那么机器人的运行会进行排队，一旦机器人排队过多，就可能导致整个云平台因压力过大而崩溃，最终令全体机器人都运行失败。这种情况在月结中尤为常见，会计常因 RPA 便捷而在某个模块过度使用机器人，从而抢占了其他模块的系统资源，导致整个月结流程效率变低。RPA 机器人受制于外接系统的稳定性，在实际使用 RPA 财务机器人中，机器人获取的数据经常是来源于其他系统，如报账系统等。如果其他系统不稳定，机器人也会中止运行。以报账系统为例，如果其本身稳定性较差，人工操作的时候经常无法响应，那么机器人操作时也一样无法响应，人工会遇到的卡机、闪退等问题，机器人也一样会遇到，因此机器人对其链接的其他系统的稳定性要求很高。

2. 适应性不足

RPA 对流程的标准化程度有较高要求，即使在应用程序中进行了很小的更改，也需要重新配置机器人。严格遵守规则的自动化机器人无法快速适应被改来改去的诸多操作，如果业务流程、操作界面或取数口径的任何一方面发生变化，机器人就会运行报错。财务工作相对于其他业务来说已经是流程标准化程度很高了，但是仍会有会计准则变动、系统升级等事项导致应用程序变化。每当出现变化，都需要开发者重新修改机器人的逻辑，若修改不及时，就会导致机器人流程和内容要求不一致，形成内控审计风险。

二、RPA 机器人在财务管理中的应用场景

（一）费用报销场景

费用报销是企业财务日常工作中最典型、最常见的业务之一。RPA 机器人可应用于费用报销的各个环节中，为企业报销业务提供便利，避免人工审批导致的

重复报销、信息不实等问题，增强报销业务办理的时效性和准确性。

报销单据识别：RPA 机器人通过 OCR（Optical Character Recognition）技术可自动提取报销单据的有效信息，完成报销数据识别与录入，生成报销单。

报销校验审批：通过预设口令对报销单进行检验审批，通过识别二次报销单、识别不规范报销单等功能，对符合规范的报销材料进行智能审批并整合报送财务报销专责。

智能付款：对审核通过的报销单进一步提取生成付款单，根据预设指令发出支付请求，通过网银系统自动完成付款并生成付款凭证。

财务报表生成：自动编制财务报表，报送财务管理专责。

（二）资金管理场景

资金管理是企业财务日常工作的重要组成部分。RPA 机器人的应用能够在较大程度上解决表格比对、信息筛选等耗时耗力工作导致工作人员产生倦怠，增强资金数据的可靠性，降低资金安全风险。

银企对账：RPA 机器人通过预置口令自动登录网银系统，获取企业银行流水信息及企业对账单，通过智能比对，生成银行余额调节表，对差异、异常情况进行识别，并将对账结果反馈至资金管理专责，通过授权完成银企对账操作。

现金管理：在预设的现金区间内，RPA 机器人对企业资金的相关数据进行识别、收集、清理与回流，通过计算对企业现金支出进行评估、检测与指导，科学配置资金，优化资金结构。

支付指令查询：当接收现金支付指令后，RPA 机器人可自动追溯银行反馈的支付结果。

结果反馈：通过电子邮件或短信方式将支付结果反馈给财务管理专责。

（三）税务管理场景

税务管理业务中的 RPA 机器人应用较为成熟。RPA 机器人可以自动对接多个系统端口，高效完成税项调增调减、税目提报等功能，提高涉税信息的真实性和准确性。

获取涉税信息：RPA 机器人自动通过账务系统，以税务主体为单位获取涉税信息。

核验纳税申报信息：应用 OCR 技术扫描涉税发票，提取相关信息，对待核验纳税申报信息进行自动核准，将识别通过的信息自动对接录入到税务局端的增值税发票查验平台。

自动纳税申报：税务数据核实完毕后，RPA 机器人登录系统，智能编制纳税申报底稿，按照底稿数据生成申报单，按照表单内容依规申报。

信息整理入账：按照预设程序自动归纳涉税项目数据，智能编制税务报表，并报送税务管理专责，以待查验。

（四）预算管理场景

预算管理是企业战略执行的重要保障和企业风险控制的重要抓手。RPA 机器人在该场景中的应用能够有效支撑企业预算管理的数智化，从而进行全天候风险监测预警，以及时采取措施避免可控风险。

预算编制：RPA 机器人可根据预置决策指令自动抓取跨系统数据，以全年预算、季度预算、各月预算调整为依据，自动分解企业期间费用及项目费用。

调解与控制：智能调控企业预算，实现跨系统数据汇总、统计需求，并将信息自动推送至预算管理专责端。

预算执行：通过预置口令，RPA 机器人将对预算执行情况进行定时、不定时审计，以确保预算执行到位。

监督预警：实时智能监测企业预算执行情况，对于超限事项及时预警，自动发送警报至相关财务预算管理人员，有效提高企业风险管控水平。

三、RPA 在财务共享服务中心费用报销流程中的应用

近年来，随着企业规模的不断扩大，企业相关的费用报销数量也随之增多。建立了财务共享服务中心的企业在进行报销的时候，可以选择在电脑端或者手机端操作，报销速度和便利性较之前大幅度提升。在财务共享服务模式下，财务组织得以重组优化，费用报销流程得以再造，使得流程化和标准化较强的报销工作完成效率提高。财务共享中心配有费用报销小组，设立了票据初审、单据稽核、费用核算和计算等多个岗位，分公司和分部的员工在财务应用平台上填写报销单据和上传原始凭证以提交报销申请，然后集中在财务共享服务中心进行票据审核、资金结算等工作。但在费用报销流程中，大量使用纸质发票、ORC 扫描技术应用不广泛和存在大量审批流程等原因会导致财务共享服务中心仍存在大量重复性强的工作，提高了企业的人工成本，降低了企业财务管理效率。

（一）财务共享服务中心费用报销流程的问题

1. 纸质单据增加报销成本

目前，仍有很多企业将纸质单据作为报销的主要凭证，各分公司的报销人员在填制报销单后交由部门领导进行审核，再将一段时间内的原始凭证邮寄到财务共享中心，由共享中心初审岗的财务人员审核原始凭证及交接单的一致性和真实性。几年前我国就一直在积极推动电子发票的使用，提倡企业和个人在消费过程中开具电子发票，提高发票的无纸化率，但是目前在企业中依然存在大量的纸质发票。由于需要报销费用的员工与财务共享服务中心不在一个地方，员工必须将纸质发票统一收集起来后邮寄到财务共享服务中心，增加了报销的成本。财务共享服务中心票据初审岗的员工要对纸质发票进行逐一审核，检查发票是否有破损脏污等问题，对有问题的报销单进行退单处理，需要耗费大量的时间和精力。此外，纸质发票可能存在破损、丢失等现象，由于很多发票都具有唯一性，需要妥善地保存及粘贴处理，其过程比较烦琐，会造成资源的浪费。同时，针对一些特殊的业务，比如员工培训通知单需要领导签字之后作为原始纸质报销单据，需要在各部门直接传递审核，也会很大程度地降低报销效率。这种单一、重复的财务工作会耗费大量的资金和人力，从而影响到财务人员的工作效率。

2. 发票关键信息提取工作量较大

随着经济的快速发展，越来越多的集团企业都面临着票据数据和信息采集带来的困难。目前，很多报销人员在填写报销单的时候都是人工填写报销发票的内容，例如发票的日期、金额、事项等。虽然有的公司利用扫描软件等工具能快速识别发票信息，但是应用并不广泛。在税务局的网站，可以根据增值税专用发票和增值税普通发票的代码和号码等信息，实现对发票信息真伪的查询，人工工作量较大。对于定额发票、手写发票、火车票等，无法自动查验发票信息，需要报销人员根据报销事项，逐一填写发票信息，人工填写的错误率较高。此外，由于发票信息是人工录入的，财务共享服务中心工作人员在审核报销单时，需要对比发票信息与报销单的内容是否一致，增加了审核的工作量。并且，传统的报销方式存在重复打印、重复报销等问题，这些都是人工审核过程中难以辨别的。尤其是在对各种类型发票的真实性进行审查时，要花很多时间去扫描、识别、核对等，由于缺乏智能终端，无法提取和处理关键信息，造成了人力资源的浪费。

3. 辨别费用报销附件是否合规有一定难度

费用报销附件为原始凭证，是确认费用真实性的主要依据。报销的附件包括发票、车票、机票等符合费用报销要求的凭证。因为各城市的具体情况不同，必须认真审核报销附件，排除不合格因素。费用报销附件的不合规也分为形式上的不符合和本质上的不符合。形式上的不符合是指附件的种类和其他财务方面的不规范，例如报销人使用无税务监制章的发票；本质上的不符合，比如分公司员工在报销差旅费的时候，提供的车票是否为本次出差的车票，餐饮发票、住宿发票是否符合报销标准，以及同一项目的报销人员与项目人员的名单等。同时要对发票进行真伪鉴定，必须在税务部门的网站进行查询，以防止伪造。财务共享中心工作人员应全面审查发票上的各项内容，报销后的电子发票，依然可以储存在报销人员的电脑、手机或邮箱里，因此可能存在虚报发票、重复报销电子发票等违法行为。当前，对电子发票进行核对的主要方式是由财务工作人员登录国家税务机关的发票核对平台进行人工扫描和核对，从而造成了大量的重复劳动，大大降低了报销的及时率。

4. 费用报销审批工作量大

费用报销审批是报销流程中的关键环节。识别报销项目的辅助材料、发票的真实性和流向，以及审核和记账是财务共享服务中心财务人员的重要工作。财务共享服务中心的稽核人员按报销事由人工选取账目，检查相关资料是否完善、发票日期是否准确等。在这个过程中，财务共享中心的稽查员必须认真处理每一个细节，工作量庞大，会花费更多的时间和精力，导致工作效率下降。

5. 报销款支付不及时

当前，财务共享中心在支付部分没有建立员工信用评级体系，当报销单累积到一定数量时，不能对各部门的资金进行分流，导致员工在报销和领取工资使需要等待很长一段时间。如果没有按时支付报销款，不仅会影响到职工的工作热情，还会严重地影响到公司的人员稳定性。由于在申报和付款时，没有事先对员工的信用级别进行分流，造成了大量未报销单据积压，致使基层工作人员出现了发票与报销内容不一致、循环重复退单、报销单号与凭证混乱等问题。另一方面，由于报销工作很多都累积到月末，短时间内工作量剧增，会让报销工作人员产生巨大压力，可能导致员工辞职率上升，影响财务共享服务中心的人员稳定性。

（二）基于 RPA 的财务共享中心的费用报销流程优化

1. 智能提取发票关键信息

对于纸质发票在保管和邮寄途中可能会出现的丢失及损坏问题，分公司报销人员可以对纸质发票进行扫描整理，并由分公司的财务人员统一汇总，再定期通过电子邮件的形式打包发送给财务共享服务中心。利用 RPA 自动下载、归集、筛选出各分公司的发票报销单据，再通过 ORC 扫描所有的报销单据和发票，经整理汇总，完成初步处理任务。通过 RPA 对重要的发票信息进行提取，实现对报销单据的自动生成。报销人员登录公司支付系统，检查 RPA 自动产生的费用报销申请表，核对无误后可以确认报销申请。通过 RPA 智能提取发票关键信息，可以大大地提高填写报销单的速度、提高录入报销单录入正确率及减少后期核对发票与报销单是否对应的工作量。

2. 智能核验发票真伪

报销发票在费用报销的过程中需要对其真实性进行核验，相比之前需要人工登录税务局网站核验增值税发票的真伪，利用 RPA 技术会极大地提高发票核验效率。RPA 技术可以按照预设的规则自动进行核验，辨别发票的真伪。通过"启动活动"规则，添加国家税务总局的网址，设置登录网站，再通过"ORC 识别"规则来提取报销发票中发票编码、日期、号码等需要录入的信息，最后通过"网页要求"规则接口去自动输入网站中需要填写的验证码，可以自动验证发票的真实性。对于未核验通过的发票，RPA 将发送核验未通过的信息给分公司报销人员，报销人员需寻找未通过原因并重新填写费用报销单。对于核验通过的发票，将跟报销单的相关数据进行一致性对比，一致后将转入下一步费用报销流程。因此，财务共享中心工作人员核验发票真伪的工作量将会大大减少，发票管理的效率显著提高。

3. 智能审核单据及支付报销款

财务共享中心的工作人员通过 RPA，将提交的申请表和附件中的重要资料，例如员工编号、项目编号、报销金额、发票名称等，与系统内的报销标准相比较，判定是否合理；通过采集到的发票代码、发票号、发票日期、购方税号、销方税号、金额、税额等信息，自动登录全国增值税发票查询系统，对发票进行归类；通过对预算表的阅读，确认款项与预算相符，然后自动输入并进行审核。审核完毕，系统会生成一张支付凭证，RPA 机器人会按照订单的要求，将支付信息输入到系统中，然后在网上银行进行付款。一旦审核通过，系统就会自动生成一份付款单，结算中心会根据付款信息在指令池中生成相应的付款指示，将订单发送给相关人员，然后财务人员负责对款项的支付及账户的资料进行核对，审核合格后，将根据信用期限将其归类。按照信用级别的先后次序，实时发送付款通知，将付款凭证送到等待付款中心，如果没有银行和企业的直接联系，财务机器人会自动运行支付流程，再向银行发出付款申请。

4. 智能进行账务处理

在支付之前，相关的报销人员会在支付过程中选择自己常用的一种支付方式，如内转、入卡、电汇、支票等，在支付人确认后，自动生成相应的支付凭证，然后自动提交、审核，由财务机器人提交给公司的管理层进行审核。在报销流程结束后，报销单将会推送给财务共享服务中心的记账会计，RPA可以根据审核通过的报销单自动完成记账业务，极大提高工作效率。

四、RPA在财务共享税务自动化中的创新应用

（一）实时监控和动态调整税务数据

在财务共享服务中心中，RPA在税务自动化中的创新应用之一体现在对税务数据的实时监控和动态调整。传统的税务管理模式往往依靠人工跟踪税法规则的变化情况，并手动更新相关数据和表格。这种工作方式效率较低，而且容易导致信息滞后或出现错误。RPA的引入，实现了对税务数据的实时监控和动态调整，为企业提供了极大的便利，具体表现在以下三个方面：

第一，RPA通过预定的规则和监控机制，能够实时感知税法规则的变化。无论是国家层面的税收政策调整还是地方性监管制度的变化，RPA都能快速响应并捕捉其中的变化要点，这种实时感知能力大大降低了企业因未及时了解税法规则变化而产生的合规风险。

第二，RPA能够实现对税务数据的动态调整。如果计税规则发生变化，RPA能够根据新的规则自动调整相关数据和表格，确保企业财务管理始终符合最新法规要求。这种动态调整能力可使财务共享服务中心避免人工操作造成的延迟和错误，从而保证税务数据的准确性和完整性。

第三，RPA的智能学习能力使其能够根据历史数据和实际操作情况，预测可能发生的税法规则变化，并提前做好相应的准备。这种智能化的预测能力可使企

业在税务管理中更具前瞻性,能够更及时地应对税收政策的调整,从而降低业务风险。

(二)适应复杂的税务环境

在财务共享服务中心中,RPA 在税务自动化中的另一创新应用体现为对复杂税务环境的高度适应性。传统的税务管理往往面临不同地区、不同行业、不同时间点的复杂多变的税收政策,这给企业带来了较大的挑战。RPA 通过其灵活配置和自动适应的特点,为企业提供了应对复杂税务环境的有效方案,具体表现在以下三个方面:

第一,灵活配置和调整税务管理流程。通过预定的规则和参数,RPA 可以根据不同地区税收政策的变化,自动调整相应的税务管理流程,从而保证企业始终遵循法规。这一特性为企业在全球范围内的经营提供了便利,使财务共享中心能够更迅速地适应多样化的税收政策。

第二,快速响应不同行业的税收政策。不同行业往往面临不同的税务要求和优惠政策,RPA 通过预定的规则,能够根据企业所处行业的特点自动调整税务管理流程。这一特性不仅提高了企业对行业差异的适应能力,还有助于其最大限度地利用税收优惠。

第三,实时更新税收政策的相关数据。通过自动化的方式,RPA 可以及时捕捉各种税收政策的变化,从而在最短时间内调整相关数据和表格。这一特性使企业经营无须进行人工干预,从而保证数据的及时性和准确性,同时降低企业因未及时更新税收测算数据而产生的合规风险。

(三)为税务筹划和优化指明方向

在财务共享服务中心中,RPA 在税务自动化中的创新应用之一在于为税务筹划和优化指明方向。税务筹划是企业财务管理的重要组成部分,直接关系到企业财务成本、利润分配等重要方面。RPA 的引入为税务筹划提供了更加高效、精确、智能化的解决方案,从而帮助企业更加科学合理地制定税务策略,具体表现在以下三个方面:

第一,RPA 具备强大的数据处理能力。通过自动化的方式,RPA 能够迅速收集并整合大量财务数据,包括企业的收入、成本费用、利润等关键信息。这种强大的数据处理能力为企业提供了更加全面、深入的数据视角,使企业能够基于更充分的信息制定税务决策。

第二，RPA能够在税务筹划中创新性地应用智能算法和机器学习。通过对历史数据的分析和模型训练，RPA能够识别潜在的税务优惠和减免机会，并提供合理的税务优化建议，使税务筹划更具科学性和前瞻性，有助于企业更好地适应税收政策的变化。

第三，RPA能够对不同税务筹划方案进行模拟和评估。通过模拟不同的税务筹划方案，RPA可以评估每个方案对企业的实际影响，包括对财务成本、税负、风险等方面的影响。这为企业提供了更加全面、客观的依据，有助于企业在众多税务筹划方案中选择合适的方案。

（四）全面优化业务流程

在财务共享服务中心中，RPA在税务自动化中的创新应用之一在于对业务流程的全面优化。传统的税务管理流程往往较为烦琐且容易出错，而RPA通过自动化、智能化的方式，使税务管理流程更加高效、准确、可控，具体表现在以下三个方面：

第一，RPA可以实现数据处理的自动化。通过自动抓取、整合和处理大量财务数据，RPA能够替代烦琐、重复的人工操作，从而大幅提高数据处理的质效。这使企业能够更迅速地完成税务申报，同时缩短了业务处理的周期，从而提高财务共享服务中心的整体业务效率。

第二，RPA可以实现税务报表生成的自动化。通过预定的模板和规则，RPA可以自动抓取并整理财务数据，进而生成各类税务报表。这不仅加快了税务报表的生成速度，还能保证税务报表的准确性和一致性，同时大大减轻了人工负担，使财务共享服务中心的工作人员能够更专注于对业务的分析和决策。

第三，RPA可以实现不同类型财务报表的个性化生成。通过设置灵活的模板和规则，RPA可以根据不同报告对象和要求，自动调整财务报表的排版和格式。这种个性化的生成方式提高了财务报表的适应性，同时减少了人工操作造成的错误，为企业提供了更加灵活、可靠的财务报表生成方案。

（五）智能处理异常情况

在财务共享服务中心中，RPA在税务自动化中的创新应用之一在于对异常情况的智能化处理。税务管理中的异常情况往往是影响税务流程稳定性和合规性的关键因素之一，RPA通过智能化的监控和反馈机制，能够为财务共享服务中心提供强大的异常情况处理支持，具体表现在以下三个方面：

第一，RPA能够实时监控各个税务管理环节。通过建立健全预警机制，RPA能够在发现潜在问题或异常操作时立即发出警报。这种实时监控能力使财务共享服务中心能够在异常情况发生之初及时介入，从而降低业务风险、提高业务流程的稳定性。

第二，RPA能够自动追踪和记录异常情况。通过生成详细的操作日志，RPA能够根据异常情况提供可追溯的数据。这有助于财务共享服务中心更有针对性地分析并处理异常情况，从而提高异常情况处理流程的科学性和系统性。

第三，RPA能够根据预定的规则自动决策并处理异常情况。发现数据异常或报表错误时，RPA能够自动进行修正或发出相应的警报。这不仅加快了处理异常情况的速度，还减轻了财务共享服务中心对人工操作的依赖，从而提高税务管理的质效。

第五章 业财融合的发展应用

第一节 业财融合理论基础

一、业财融合概述

（一）业财融合的含义

业财融合是大数据、互联网、云计算等新技术在企业经营和财会领域应用的必然结果。关于业财融合的定义主要有三种观点：一是组织融合观，即业财融合是业务部门和财务部门组织目的和行为过程的融合，王斌表示业财融合是组织的天然属性和必然要求；二是价值融合观，即业财融合是业务和价值的融合，最终要实现整个业务链和价值链的全面融合；三是信息系统观，主张业财融合是一个管理会计系统，必须引入大数据、云计算、商业智能等信息技术，不断更新系统的内容与功效。

业财融合是以价值创造为目标，以数据为基础，以流程为引擎，通过信息技术和管理工具实现企业的业务流、信息流、资金流、财务流、人员流等数据的共享，为业务经营与发展提供有力支撑的管理活动。业财融合的目的在于为企业创造价值，其内容是大业务与大财务的融合，大业务包括企业的采购、销售、人力资源管理、项目管理等业务活动；大财务包括企业财务会计在内的会计核算、资金结算、费用报销等处理，以及管理会计在内的成本控制、预算编制、风险管理、战略决策等活动。业财融合是一项全方位、全覆盖的双向融合管理过程，既有业务走向财务，支持财务管理，也有财务主动向业务前端延伸，以更好地服务业务。

（二）智慧财务认知

智慧财务是基于先进的财务管理理论、工具与方法，依托大智移云物区等新技术，深度整合财务职能，实现以人机协调合作的方式完成复杂的财务管理活动，从而提高财务工作效率的新型财务管理模式。

从数据处理来看，智慧财务要求企业强化数据资产的价值。从技术运用来看，企业智慧财务建设应当构建一个能够为企业内外部利益相关者提供信息服务的共享系统，对内，企业管理层能实时查询数据分析结果，为规划、管理、预测、决策等提供支持；对外，供应商、客户等能快速了解业务处理进度。从业财融合来看，智慧财务本质上要求业财融合不断优化、深化，实现业务活动、财务活动和管理活动的全功能、全流程智慧管理。

智慧财务具有以下四个特征：

一是数据共享。数字经济时代，信息获取的及时性、准确性、充分性是企业在稍纵即逝的机遇面前取得决策主动权的关键。通过构建智慧财务平台，打通业务与财务之间的"数据壁垒"和"信息烟囱"，业务基础数据在产生时以标准的格式存储在大数据仓库，财务、管理等部门根据需求挖掘利用相关数据，实现数据共享、共用。

二是智能设计。以流程智能化为例，管理人员根据业务特征对流程进行调整和优化，灵活定义企业流程，使流程具备自适应、自学习能力，解决企业内部业务流程效率偏低问题，达到柔性管控业务的目的。

三是深度融合。在新型的财务管理模式下，企业目标、机制、标准、组织、流程相互交融，并内嵌于业务、财务、管理等各智慧平台，实现真正意义上的业财融合，解决财务只能被动地接受业务数据的难题，提高财务监督效力。

四是高效协同。借助智慧财务平台，有效连接上游供应商、下游客户、税务、审计等外部用户，并不断规范业务管理，优化完善财务与管理的工作内容、体系架构，形成部门间精细协同、工作无缝连接的管理模式。

二、业财融合理论基础

（一）流程再造理论

流程再造理论（BPR）于1990年被提出，根据BPR理论，流程设置与再造的目的是重组和设计一个企业的操作流程，固化企业业务活动的标准化流程，提高业务运作的效率和绩效，从而推动企业的发展和价值创造。企业再造的关键是选择重要的业务指标，对其进行再设计。从关键指标到相关流程，最终达到提高业务效率的效果。Omar ElSawy 将 BPR 的过程划分为三个阶段：

阶段一：确定业务流程再造的范围。在这一阶段，需要明确定义需要优化的业务环节以及期望实现的效果。这一阶段的工作需要关注和并从头梳理企业的全套业务流程。

阶段二：建模、分析和重新设计阶段。在此阶段，要建立当前业务流程的模型，对现状进行分析，然后对未来的流程备选方案进行建模分析，以确定最优方案，继而制订第三阶段的计划。

阶段三：规划整合阶段。这一阶段的工作是整合各业务环节的优化方案，形成一套整体的流程规划，使新的业务流程能够顺利、无缝地衔接到当前的组织架构中。

BPR 理论强调以客户为中心，不再拘泥于按照职能划分企业组织架构，转而以业务流程为核心，重新规划企业的制度和组织架构。BPR 理论在 20 世纪 90 年代就盛行一时，但至今也鲜少有企业能真正地做到完全忽略职能部门的划分，纯粹依靠业务流程来支配企业的各项经营管理活动；更多的企业选择将多部门的组织架构与业务流程结合起来，以重构之后的流程为基础，按照不同的业务环节重新规划组织架构。

现代的业财融合理论正是由 BPR 理论衍生而来，一方面承袭 BPR 理论中打破各部门壁垒的观点，要求以核心业务流为驱动，重新规划和设计企业业务流程和组织架构；另一方面，结合现代信息化技术和管理思想，要求以财务共享为基础，以对数据的分析与运用为核心，建立起一套覆盖业务全流程的财务管理系统，为企业的运营管理和战略决策提供及时、准确和可视化的信息，帮助企业实现价值最大化。

业务流程重构并不是一个一蹴而就的阶段性任务，而是一个不断修正和优化的过程。当外部环境或企业业务模式发生改变，现有业务流程开始僵化，抑或信息技术发生了巨大变革，企业都需要考虑现有的流程是否仍然能够适应当下业务活动的需要，并不断调整和优化各业务环节，以确保企业业务流程的高效运转，提升运营管理的效能。

（二）TOC 约束理论

TOC 约束理论（Theory of Constraints）于 1989 年由 Eliyahu Goldratt 提出，该理论假设每个复杂的系统（包括制造过程）都是由多个链接的活动组成，其中至少存在一个环节对整个系统构成约束，可以将约束视作系统流程上最薄弱的一环。TOC 理论旨在确定妨碍实现目标的最重要限制因素（即约束），然后系统地改进该约束条件,直到它不再成为限制因素为止。

TOC 理论的核心概念是:每个流程都具有单个约束,并且只有在改善约束时才能提高总流程的产出。由此可以进一步推断,花时间优化非约束条件不会带来显著的收益,唯有针对约束条件做出改进才能推动目标的实现,进而创造更多利润。因此,TOC 理论寻求在改善当前约束条件方面提供持续和精确的关注,直到环节不再对流程产出构成负面影响为止,此时,关注的焦点将转移到下一个约束条件。TOC 的潜在力量来其将强大的关注力集中到单个目标(利润)并消除主要障碍(约束)的能力,从而实现整个流程的优化和总体利润的增加。

TOC 理论为识别和消除约束条件提供了一套特定的方法,被称为"五个重点步骤"。步骤一:确认约束条件,即确定当前系统流程中的约束条件(该环节已经成为目标实现的障碍)。步骤二:开发约束环节,即充分利用现有资源,挖掘约束条件的潜能,快速改善约束环节的产出。步骤三:非约束条件的迁就和同步,即检查流程上的所有其他环节,确保它们与约束条件的需求保持一致,使非约束条件迁就约束条件。步骤四:解放约束条件,如果约束条件没有移动,就需要考虑采取进一步措施,将其从约束状态中解放出来。一般而言,在这一步骤将一直持续到约束条件被打破或者转移至其他环节为止,有时可能还需要通过资本投资来解放约束条件。步骤五:重复和循环上述步骤。五个重点步骤构成一个持续的改进周期,一旦解决了一个约束条件,就应立即将焦点转移到下一个约束条件。

TOC 理论的思维方法已经在众多企业的实践中得到认可。企业的运营本就涉及一系列环环相扣的业务流程,业务链的任何一个环节变为约束条件,都将对整体产出产生负面影响。因此,企业更需要梳理业务流程,紧密融合业务流程与财务管理,充分发挥管理会计对业务的监督和指导职能,并借助信息化手段协调企业各部门,使各部门紧紧围绕共同的总体经营目标而努力。

(三)价值链理论

价值链理论(The concept of value chains)是 Michael Porter 和 Tillman M. Kilpailuetu 于 1985 年提出的,他们将企业的生产经营活动视为一个动态的、创造价值的过程,一个组织创造的价值越多,它就越能获利。价值链就是组织为客户创造价值而进行的一系列活动。Michael Porter 提出了一个通用价值链,用以描述企业的所有活动,并将其分为主要活动和支持活动。

主要活动与产品或服务的生产、销售、维护和支持直接相关。包括入库物流、运营、出库物流、市场营销与销售活动以及服务；支持活动为则包括采购、人力资源管理、技术开发以及其他基础支持活动（如会计、法律、行政等）。企业将这些主要活动和支持活动作为"基础"来创建有价值的产品或服务。

价值链活动的执行方式决定了成本并影响了利润，利用价值链理论可以了解企业各项活动之间的联系，从而发现组织的价值来源。价值链理论强调的是价值创造的全局性，将财务管理的融入企业活动的方方面面。业财融合强调对业务流程的全面覆盖，包括战略、执行、评价、报酬、人员及整个系统，故而也可以视为企业的全价值链管理。

第二节 信息时代业财融合的发展

一、业财融合的发展难点

（一）业务与财务信息整合难度高

1. 业务人员与财务人员思维逻辑不同

社会经济发展促使个体的劳动不断分化，并向着精细化、专业化发展。精细的分工有利于提高各项工作的专业性和社会总体生产力，但与此同时，也将导致不同职业间沟通协调出现障碍。财务人员在日常工作中强调专业化，容易忽视与企业业务人员的沟通和报表数据的有用性和可理解性。同样地，业务人员也难以理解财务人员的思维逻辑和目标。因此，很多业务部门不理解也不配合财务工作。加上业务部门和财务部门的思维逻辑和目标都存在巨大差异，故而业务人员和财务人员的沟通协调存在较大的障碍。

2. 业财融合需求的数据信息不明确

许多企业虽然能意识到业财融合的重要性，也决心进行信息化建设以推进业财融合，但是因为国内外鲜少有业财融合的信息化系统范式可以借鉴，很多时候企业在设计系统时并不清楚需要录入多细颗粒度的数据才能支持业财融合。这就造成做分析决策时需要用到的数据可能并未录入业务、财务系统的情况，此时就需要重新对信息系统进行升级迭代。

（二）业财融合信息系统建设水平有待提高

1. 企业财务管理信息化投资高昂

信息技术在企业中的应用可以极大地提升企业管理的效率和效果，越来越多的公司进行集业务信息、财务信息等所有信息模块于一体的企业资源计划（ERP）信息系统建设。但实践中许多财务人员表示财务信息系统与其他管理信息系统没有集成，财务很难得到及时的业务信息。企业的财务信息化是一个有层次的系统工程，不可能一蹴而就，而是需要综合考虑方案设计、软件开发、数据定义、权限管理等因素，此外，信息系统的建设还要考虑人才培养、资金投入、系统维护等问题。对于民营企业来讲，花费高昂的费用进行持续的信息化建设未必能得到管理层的支持和认可。

2. 财务部门未能充分参与公司信息系统建设

在信息流中，绝大多数经济活动信息流向的终点在财务部门，因此，需要财务部门从信息终点的角度来看信息生成过程及流经途径的设计，从而融入公司信息系统建设中，推进公司信息系统的不断完善。但从财务部门在公司信息系统建设中的作用和角色看，企业无论是选择外购还是选择自建财务信息系统，财务人员在其中参与度都十分有限。在互联网经济迅猛发展的今天，许多企业的财务部门无法借助信息系统融入企业的管理中去，这是一个值得财务和会计专业人员深刻思考的问题。

（三）业财融合中财务部门职能定位不明确

1. 财务部门对企业经营管理活动影响有限

会计本质上是一种经济管理活动，但许多公司管理层对财务部门的定位不明确，或定位在传统的会计核算层面。这不免造成业务部门比较强势、财务部门比较弱势的情况。现代企业的部门通常是按照职能划分的，企业规模越大、分支机构越多、组织架构越复杂、部门之间分工越专业化，部门间的沟通协调成本就越高；同时也很容易产生数据采集成本高、数据口径不一致、管理成本高昂等问题。

2. 财务人员的业务参与度不高

从业务人员对财务部门主要工作职责的界定来看，业务人员对财务的认识还是比较全面的，绝大多数业务人员认为财务部门在进行账务处理并编制公司财务报告以及预算管理等传统的财务会计工作之外，还应该参与到公司战略规划、重大投融资决策、确定公司经营目标、公司营运管理、绩效考核和激励、流程设计和风险防范、通过财务分析改进业务等全方位的公司管理活动中。财务人员通过财务分析发现业务管理中的问题所在并提出改进建议，但改进建议往往很难及时得到业务部门的执行，这种情况下财务部门具备了融入业务管理的积极性、主动性，但是业务部门和财务部门之间的互动性不够，财务部门影响业务部门的能力比较欠缺，只能达到一般程度的财务部门和业务部门的融合。

二、业财融合的发展机遇

（一）数据资源共享

新一代信息技术可以建立更高水平的业财融合共享信息平台，将财务与业务分离后重新有序融合，优化企业内部业务与财务流程，促进数据融通流转，能够更高水平地实现信息数据的传输与共享，企业可以及时、准确、全面地掌握数据信息，降低数据信息的传递成本，提高企业运营和决策效率。智能时代的多系统数据共享平台，能进一步加强业务链和财务链的直接关联，实现企业内部会计信息、业务信息、资金信息的集中统一，快速提高企业资源的配置效率。

（二）数据深度分析

数据是数字经济时代的生产要素，积极构建强大数据共享平台，形成多维度多层次的海量财务数据，可以为管理会计功能的发挥奠定基础。大数据最大的功能就是数据分析。通过大数据强大的数据分析能力，系统全面地核算互联网大数据的产品和服务成本，对数据库重点信息加以分析、整理，能最大限度帮助企业规避发展风险，以期为企业管理者确定战略规划、投资决策、营销策略等提供有力支撑。

（三）数据价值创造

精准的大数据分析，有利于提高企业经营决策信息的科学性和有效性，充分发挥会计数据在资源优化配置和企业经营管理中的作用，拓展会计对内对外职能，为企业创造价值。企业应抓住大数据优势，构建业财融合的管理模式，充分发挥财务分析在企业经营管理中的价值。这样才能帮助企业增强决策信息的科学性，有效提高企业的整体竞争力，促进企业经济的发展。此外，大数据、人工智能、云计算等技术的智能化应用，可以帮助财务人员摆脱重复低效的工作，从而使财务人员有更多的精力为业务提供服务支持和决策支持。

三、业财深度融合的意义

（一）有利于提升企业财务管理水平

企业经营的终极目标就是追求价值最大化，而财务管理是价值管理的重要内容，只有提高财务管理水平，才能确保企业资源得到优化配置，实现精细化管理，实现价值最大化。企业管理层应加强财务管理与经营业务的有机融合，实现流程再造，提升企业财务管理水平，进而提高企业经营管理效率，有力助推企业发展壮大。

（二）有利于增强企业自身凝聚力

业财融合不仅是业务和财务的双向融合，也是企业内部管理模式的一大升级。大数据背景下，利用业财融合，能更有效地实现企业资源的精准投放，创造更多利润空间和更大价值。业财融合加强了企业各部门之间的沟通，增强了彼此间的了解。财务部门提高服务意识，主动走向业务，去学习和探讨，挖掘各环节业务逻辑，帮助和指导业务；业务部门也主动走向财务，通过学习税费、绩效等知识，引导业务拥抱财务，理解每一次生产活动与财务结果的关联关系，认可财务的重要性。两者以企业价值最大化为目标导向，互相支撑、互相成就，加强企业内部沟通效率，有效提高企业战略执行力。

（三）有利于提升企业风险管控能力

业财融合要求财务人员积极深入到业务前端，有利于将风险管控从业务末端向业务前端和业务过程延伸，更好地做好风险预警。借助大数据中心系统，实现管理协调、运营透明、数据整合，加强了对业务内容的分析和管控，更容易发现风险事项，并及时向业务部门和管理层传递和报告。如此能将财务专业知识转化为对业务和经营决策的重要支撑，把握好数据的真实性、准确性、合理性、安全性，有效监控流程风险，提高数据处理效率，加强内部控制信息化建设，提出解决方案，降低财务风险或损失，增强了财务控制，为企业创造出良好的运营环境。

（四）有利于推动企业数字化转型升级

业财融合不仅是大数据时代对企业财务提出的新要求，也是大数据时代带来的必然结果。财务管理作为企业管理中的重要内容，财务数字化必然助推企业数字化。财务人员应当加强流程化、信息化、数字化管理意识，以及主动掌控数据流的能力，有规则地管理和吸取有效数据，通过财务专业处理后再回馈给业务，使财务工作变得更有价值。业财融合让经营决策更科学，促进产业转型升级，赋能企业数字化转型，提升企业内生动力，有助于提高企业市场竞争力，加速产业数字化步伐。

四、业财融合的管理体系设计

（一）基础信息收集单元

该单元主要通过 EPR 系统、客户管理系统、品牌管理系统、业务交易系统等信息管理系统进行财务数据和非财务数据的采集。通过 ERP 系统采集库存和采购、供应、生产等信息；通过客户管理系统获得客户的基础信息，并作为业财信息归集的微单元颗粒基础；通过品牌管理系统获得服务和产品的类型、价格体系等信息；通过业务交易系统获得业务与收入信息、成本与耗费信息，获得与客户的产品和服务的交易信息，以及具体到所有单个客户的产品和服务的交易量、交易价格等信息。通过业务交易数据、采购和供应数据、成本和费用结算数据以及收益数据，企业的成本费用和收益可以根据客户对产品和服务的消费汇总到一起，从而获得每个客户的成本费用和收益信息。作为整个业财融合管理系统运行的基础，每个子系统收集的信息越精细，信息收集的质量越高、速度越高快，越有利于评估和判断客户的价值。最终，进行有针对性的精细化营销，实现精准服务，提升客户的满意度，增强客户黏性，进而实现更大的营销价值。

（二）自动对接的大数据支撑单元

大数据支撑单元需要对搜集的基础信息进行进一步存储加工。大数据思维下业财融合管理体系以海量数据为基础进行信息加工，必须搭建基于自动对接的大数据系统支撑体系。将业务、财务信息体系化、规整化，实现业财信息多维反映。完善集客户信息、交易信息、收入信息、费用信息、利润信息、反馈信息、运营信息等于一体的管理信息系统。从信息提取和整理、大数据存储到数据与信息的应用，充分有效地利用各系统的信息，利用大数据和云计算相关技术对数据进行系统加工处理，并将其集成在数据库中，方便精确化的客户信息检索，以提高企业管理者决策的准确性。

（三）业财融合管理应用单元

通过业财融合管理系统，依托大数据信息基础，对以单个客户为微观单元的管理体系进行精细化分类，对精细化数据进行综合分析，为生产经营管理决策提供有力支撑。企业可以利用业财融合信息进行可靠的预测，根据不同客户的特点精准制订营销方案，利用业财融合管理系统的精细化数据支持，对各业务单位运营状况进行分析，制订有效的营运资本管理方案。通过将业务与财务相融合，构建基于不同业务特点的筹资和投资方案以及进行业绩评价等。

五、企业业财深度融合策略

（一）重视人才培养，促进企业转型发展

对于企业发展来说，人才是重要资源，要想积极打造战略品牌、真正实现战略目标，必须将人才培养工作落到实处。为了提高财务人员的专业水平，应当拓宽财务人员的交流途径。财务部可以举办税收研讨会，积极邀请一些税务专家解答各种问题，建立良好的平台进行学习交流。集团每个子公司财务人员都可以主动参加，将自己的想法大胆表达出来，在各种思维的相互碰撞以及沟通讨论中积极加强业务能力。不断强化对标学习，结合有关文件的规定，将先进的管理流程以及管理工具作为重要导向，不断发现差距，选择和确定对标对象以及提高目标，合理制定有效的措施，使财务工作更加合理化以及规范化、提升财务管理工作的有效性。除此之外，企业也要积极宣传和学习成功的财务管理经验，将长期总结得来的财务管理类工作成本，编制成小册子。每个子公司都应该在总公司交流学习以及推广，将强化综合能力建设作为重要导向，组建懂得运作优秀的财会团队，以更好地促进企业转型发展。

（二）构建财务智慧系统

1. 加强财务共享系统的建设

财务共享系统，是财务部门参与业务部门工作的重要载体。为实现智能化系统的建设，企业应做好财务共享系统建设工作，搭建财务共享系统框架，结合业务、财务工作流程，确定财务共享系统数据处理标准与工作流程，为财务数据处理与运用提供便利。企业财务共享系统，应不断升级与完善，保证财务共享系统的先进性，使企业业务与财务工作有序进行，创造更大的效益与价值。

2.建立电子会计档案

智慧财务背景下，财务人员需要转变传统思想观念，做好会计数据信息管理工作，将会计信息保存在电子档案中，为会计使用、保存等工作提供便利。电子会计档案系统的建设，促使企业票据电子化，提升了票据管理工作效果。在具体操作中，企业应以信息技术为载体，对档案管理模式进行创新，构建信息化档案管理系统，将财务部门产生的数据信息融入档案管理系统中，为会计信息使用者提供便利。

3.建立全面预算管理系统

全面预算管理作为财务管理工作的一部分，具有控制成本、降低财务风险的作用。企业在建设财务智慧化系统过程中，应当明确预算管理工作的重要性，将此纳入企业的战略管理中，利用全面预算管理对业务、财务进行控制，促使业财融合的同时，提升企业对各项工作的管控效果。企业可以根据自身经营管理情况，建立覆盖企业所有业务的全面预算管理系统，并组织相关的培训，提高预算管理人员信息技术操作能力，使全面预算管理系统发挥作用。

4.建立智慧财务系统

以企业财务管理为入手点，发挥大数据、云计算等技术手段的优势，建立智慧财务系统，可以对企业内部所有经济活动进行动态管控，为企业决策、资源分配、风险防范工作的开展提供依据。智慧财务系统的应用，能够降低财务人员工作压力，提升数据处理效果，为提升企业综合管理水平提供保障。当前市面上有较多类型的财务系统，企业可以根据自身经营特点，与第三方建立合作关系，通过与软件开发商之间的互动，明确信息系统建设的标准，督促软件开发商建立具有企业特色的智慧财务系统。

（三）业财融合数字化实施

首先，企业可以利用信息技术搭建财务共享平台，将非核心财务流程进行外包，降低财务操作成本。自身技术薄弱的企业还可向外采购专门化的共享平台应用软件，实现统一的信息系统，将企业制度与财务准则嵌入平台中，围绕业务形成容易理解和有用的财务信息，掌握财务资源在数据平台上的有效配置，促使企业战略业绩目标、衡量指标与经营计划之间紧密相连。

其次，将企业的各项制度与审批流程节点设计到共享平台中，对业务流程进行再造，设置灵活的线上审批流程，并可根据不同业务模式配置不同的审批流程，提升审批效率。将财务结果置于业务活动之前，通过财务结果来管控、辅助、分配业务的全过程，实现从业务过程到财务核算的全流程协助和管理。

另外，在共享平台搭建过程中还需要考虑企业制度与系统规则的时效性和特殊性，为系统修改和创造留存一定空间，才能不断通过系统迭代与创建新模块去开发更实用的共享价值系统。

再次，构建数字化语言转换体系，实现财务与业务语言实时转换。业财融合需要企业重点关注标准化信息体系建设，充分利用数字技术的高效与智能，实现财务数据和业务语言的实时交互转换，实现跨部门的快速信息数据收集。在数据标准上，需要确保整个企业的业务信息、财务信息、其他部门管理信息标准化和统一化，例如员工姓名、工号、供应商、客户、业务线、合同的全称或简称的统一、专业术语的定义和信息录入的统一。在此标准化的基础上，才能顺利实现业务行为数据和财务信息的便捷转化。

最后，打造数字化生态系统理念，实现供应商、客户之间生态共赢。打造数字化生态系统理念，旨在借助多方优势，以博采众长的方式，通过数字化探索，加强对会计大数据分析与处理技术、商业智能、流程自动化的全方位应用，以连接为核心，使供应商、客户、财务、业务、员工形成一个整体，形成数字经济的动态圈和利益共生共赢的生态圈。例如现在有部分财务集成系统供应商能够全面集成数据互联的费控平台，能够对接发票平台、网银平台、财务平台、第三方消费平台、移动办公平台等，实现报销费控、消费聚合、业财一体、数据互联。

（四）做好财务风险防范与控制

1. 建立完善的规章制度

企业应当建立完善的规章制度，从预算、资金管理、税务管理、核算等方面入手，确定各个工作的流程、标准与工作要求，促使财务管理规范化发展。在信息化财务管理工作中，应建立智能财务管理制度，基于智能财务工作流程、工作标准等进行详细的说明，明确财务管理标准。

2. 建立资金管理机制

企业资金管理十分重要，也是提升资金管理效益的关键。完善的资金管理制度，能够有效预防资金沉淀或者资金浪费，对提升业务部门工作效率具有积极作用。企业应当从筹资、现金管理、银行存款管理、资金使用审批、资金预算五个方面入手，制定可行性管理制度，确定每个环节工作流程、相关人员的责任，为进行有针对性的管理工作提供保障。

3. 加强财务智慧系统的运用

财务智慧系统功能强大，可以为管理者掌握企业资产、负债、经营性现金流、投融资、盈利能力及风险防范情况提供渠道，优化财务管理工作实施效果。实际工作中，企业灵活运用财务智慧系统，对系统中自动生成的报表进行分析，可以了解企业综合管理情况，使企业风险防范与控制工作有序进行。为提升企业风险防范效果，财务人员可以借助智慧财务系统，建立监督管理体系，对企业的存货、应收账款、经济活动等进行全过程监管，及时发现问题、解决问题，提升企业风险防范能力。

4. 提升成本控制效果

成本控制工作是降低企业支出成本，提升效益的有效手段。实际工作中，企业可以采用滚动预算的方法进行预算编制，这要求业务部门根据预算方案进行成本管理，严格执行预算管理方案，提升资金利用效果。与此同时，企业应当建立成本费用管控机制，控制职能部门支出费用，以此提升各部门工作的效益。成本控制是企业业财融合的重点，实际工作中，企业可以借助信息技术手段，对原有的成本控制方法进行创新，采用全过程成本控制的方法，使企业经营活动拥有足够的资金。

5. 加强税务管理

企业业财融合实施过程中，不仅要做好财务、业务管理，同时也要利用业财融合强化税务管理工作效果。若企业税务管理不到位，会出现税务风险，从而影响业务、财务工作效果。因此，企业应当提升对税务管理工作的重视度，并借助业财融合系统，规划业务工作模式。税务管理与企业财务、业务工作具有十分紧密的关系，业财融合的实施能够提升税务管理水平，及时发现税务风险，降低税务风险对企业发展的影响。此外，企业还应强化管理人员的税务管理风险防范意识，根据流程与岗位工作要求开展相关的工作，以此提升税务管理工作效果，促使企业税务管理工作有序实施。

6. 提升监督管理效果

企业应当发挥审计工作的作用，对经营管理活动、管理模式等进行监督，针对管理中存在的问题制定解决措施，防止在后续工作中出现同样的问题。此外，企业应当要求内部审计人员借助智慧财务开展工作，利用智慧财务资源共享、全过程管理的优势，对财务、业务工作情况进行监管，强化审计工作效果，促使企业经营管理工作顺利进行。

六、业财融合的价值创造方向

（一）数据资产的价值衡量

在数字经济时代，数据已经成为一种资产，这种资产与传统的资产有着截然不同的特征。传统的资产一般产权明晰，如果符合企业资产的定义，是可以体现在资产负债表中的；而数据作为资产，具有事实主体和控制主体。所谓事实主体就是产生数据的主体，比如消费者，消费者在移动终端的点击行为产生数据，是数据的事实主体。而控制主体则是数据的记录主体，比如移动终端APP的所有者，APP将数据沉淀下来，就是数据的控制主体。这就造成数据权具有二元共有的新型权属。

就企业而言，如何界定数据资产，如何衡量数据资产给企业带来的经济利益，这是在数字经济时代无可回避的问题，而且企业单独的数据资产产生的价值远远小于数字经济时代企业自身的数据资产和外部或者产业链的其他数据资产一起产生的价值，这在数字经济时代是显而易见的。如果要衡量数据资产的价值，企业自身的数据资产充其量也是价值模型的一个因子，其他外部数据资产的规模远大于企业自身的数据资产；此外，企业数据资产也会被外部其他企业所使用，外部企业使用企业自身数据资产产生的经济利益也是企业数据资产价值的一部分。在数字经济时代，数据资产的价值呈现一种胶着融合的态势。就企业自身而言，数据资产尽管不具有稀缺性、可复制性、无限供给等特点，但事实是数据资产确实能够产生价值。2023年8月21日，财政部印发了《企业数据资源相关会计处理暂行规定》（财会〔2023〕11号），该暂行规定的出台为数据入表提供了指导。数据入表体现为企业的资产，但是数据资产和实体资产是彼此互为映射，或者说是孪生的，如何衡量数据资产的价值是一个值得探讨的课题。

（二）基于跨边界资源配置的企业全面预算管理

全面预算管理是一种资源配置手段，在企业资源有限的前提下配置企业资源，以实现企业战略和阶段性经营目标。在传统环境下，企业的全面预算管理分为经营预算、销售预算、生产预算、人力资源、采购预算、资本预算，最终形成财务预算，并作为年度绩效考核目标，定期追踪、分析和管理，年末根据完成情况实施绩效奖惩。

首先，数字经济时代企业的目标是用户或者消费者价值的实现，只有这个目标达到了，才有可能谈股东价值、利益相关者价值和企业价值，在这个目标导向下，企业的战略目标甚至经营目标，必须是围绕用户或者消费者制定的。

其次，数字经济时代，企业的资源边界被打开，企业不再是一个封闭的组织，而是一个扁平化、开发化和协同化的组织，这个资源边界包括人力边界、生产边界、研发边界、上下游边界、数据资产边界等。比如人力边界，企业不再局限于自己的员工，一部分标准化、重复化、流程化的工作交由机器人处理，还有一部分工作可以采取灵活用工、外包等模式解决；再比如生产边界，企业原来被生产设计的产能限制，无法满足动态化、个性化的生产要求。但是在数字经济时代，生产边界被打破，企业可以很快地找到个性化的生产设施，随时满足企业动态化的生产需求。更重要的是，企业的资源中增加了具有可复制性、并不稀缺的数据资产，由于这个数据资产的资源导入，再加上"数据+算法+算力"的驱动，企业其他资源的配置和调配更加实时化和可视化，这使得企业的资源配置更加高效。

最后，基于资源配置的全面预算滚动管理提供了前所未有的数据支撑。滚动预算是基于已经发生的事实来管理未来一定期间的经营预算目标，在数字经济时代，由于资源配置被"数据+算法+算力"驱动，所有资源呈现即时化和可追踪化，企业资源配置的效率更高，对未来经营目标的滚动管理就更有针对性。

在数字经济时代，基于资源配置的全面预算管理一定是建立在"数据+算法+算力"的基础上，财务部门无须为预算的组织、编制、执行、追踪以及绩效奖惩而"自娱自乐"，所有这些一定是以数字化、智能化驱动，而业财融合的价值则是使得财务更贴近业务，贴近用户或者消费者。

（三）数字经济时代的企业成本管控

企业成本管控是一个永恒的财务话题，而在数字经济时代，企业的成本控制不仅仅是挖潜的问题，也是资源配置的问题。数字经济时代最显著的特点是企业的产品或者服务价格不再是秘密，由于数据信息的共享，企业产品或者服务价格是透明的、可比的，消费者可以快速地对他想要的产品或者服务进行比价，尽管服务、售后和物流对消费者有影响，但是价格仍然是最重要的关注因素，这就导致在数字经济时代企业的产品或者服务的定价权不在企业，而在消费者或者用户。企业想要生存和发展，就要不断提供物美价廉的产品和服务，这就限定了企业销售价格的变动余地，企业的重心将变为如何组织资源，以更低的成本生产出用户或者消费者想要的产品或者服务。

数字经济时代，企业成本管控成为一个非常关键的问题。企业的资源配置呈现跨企业、跨产业链、多样化的特点，如何组织资源，使得资源的效率更高，使得企业的产品或者服务的成本管控更有力？比如人力成本，数字经济时代的人力成本一部分被机器人所取代，一部分被智能合约驱动所取代，一部分则要继续在高智力人才方面投入，这些成本一部分可以对象化，另一部分不能对象化，而要通过一定的方法逐步转化到产品成本中，这就需要企业对成本归集对象、成本分类以及成本习性进行更进一步的探索。在数字经济时代，用户的消费呈现个性化的趋势，企业的产品生产也要适应用户的需求，呈现版本化、订制化的趋势，在这种版本化、订制化的生产模式下，如何组织资源，如何核算成本，如何控制成本，以及如何运用成本为订制化的产品定价，是企业需要探索的方向。

（四）数字经济时代的企业价值管理

企业价值管理是衡量企业存在是否有意义的标准，一个企业如果没有任何价值，这个企业存在的意义也就没有了，每一个企业存在的意义就是不断使企业价值最大化。企业通过三张报表传递了创造价值的过程。资产负债表反映了企业过往每一个时点的资产结构，利润表体现了在这种资产配置结构下的经营成果，现金流量表则是以收付实现制为基础反映企业产生现金流的能力。企业价值创造源于资产，如果资产不产生价值，那就成为不良资产，但是企业的很多隐性资产或者创造价值却没有在资产负债表中体现，比如企业的品牌、声誉、供应链关系等，在数字经济时代，最重要的数据资产也没有体现在资产负债表上。《企业数据资源相关会计处理暂行规定》（财会〔2023〕11号）的出台，对数据资源相关交易和事项进行会计确认、计量和报告提供了依据。在传统企业中，几乎没有企业持续亏损但投资人还愿意投资的情况，而在数字经济时代的平台企业，即便是持续亏损，投资人仍趋之若鹜。事实证明，数字化、智能化程度越高的企业，真正的价值不是显性的或者看得见的资源所创造，隐性的资产或其打造的生态体系才是企业价值之所在。这就对数字经济时代企业价值管理提出了一个问题，企业的价值到底如何去评估，如何去管理？对数字化转型中的企业来说，企业的价值不仅取决于现有资产的结构，而且取决于企业在数字经济时代生产数据、管理数据、应用数据的能力，这个能力恰恰是企业价值管理的重点所在；同时，数字经济时代，用户价值的彰显，使得用户不断和企业产生互动和交流，而用户数据又成为企业为用户创造价值的驱动因素，用户的参与也成为企业价值管理的重要因素。

（五）数字经济时代基于价值创造的第四张报表

所谓"第四张报表"，就是在传统的利润表、资产负债表、现金流量表之外形成的数据报表。就"第四张报表"来说，有学者认为是通过非财务数据，以用户为核心，建立涵盖用户、产品和平台三个维度的企业价值评估体系，为企业管理层提供更深入的洞见；也有学者认为"第四张报表"提供了新技术条件下财务业务的边界日渐模糊，会计工作如何书写未来并成为CEO的战略伙伴等问题的答案；还有学者认为"第四张报表"符合会计界从货币计量向价值计量演变的大趋势，"第四张报表"弥补了三张报表的不足，将战略、业务、数据治理、数字化转型紧密结合，通过业财融合，增强企业不同层级间的信息传递。

"第四张报表"是源于海尔的共赢增值表，海尔集团已经构成了一个平台生态，在海尔的平台生态上，创造的共赢增值表反映了战略、业务、数据智力、数字化转型以及平台价值的关系，这种报表是业财融合的报表融合和数据融合。在数字经济时代，企业内部的治理结构、股权关系、内部管理、外部协同都被以"数据＋算法＋算力"为基础设施的数据所改变、颠覆，企业的"第四张报表"将不再局限于企业的战略、业务、数据治理，而是产业生态、产业全链路的全要素的融会贯通，改良的"第四张报表"不仅仅包括企业的战略、业务，还包括企业的所有要素（包括但不限于阿里巴巴提出的11个要素），同时还包括数据资产的价值创造和协同，还有基于"数据＋算法＋算力"驱动的智能化的价值创造。应该说改良的"第四张报表"更能全方位、全要素地体现基于用户的价值创造过程。

数字经济时代业财融合是一个天然的融合，如果站在"大财务"的视角，需要研究的问题随着数字技术的发展层出不穷。就企业个体而言：第一，需要管理并评估自身的资产，了解资产是否有创造价值的能力；第二，企业的战略决定了企业不可能什么都做，资源永远是稀缺的，企业要基于自己的核心能力和可配置资源来决定自己做什么，但是数字经济环境下，企业资源配置的边界被打开，企业需要站在产业链的视角看待资源配置；第三，企业资源配置的效率需要在运用过程中得到验证，在数字经济时代，企业竞争的透明化，导致企业的收入或者定价几乎是不可控的，企业需要不断在成本管控、运营管理上狠下功夫，以更低的成本实现更高的产出，才能立于不败之地；第四，企业价值管理是一个永恒的话题，由于数据要素的加入,以及数据要素与实体要素的融合和叠加,使得企业价值管理更具有不确定性,这是企业需要关注的;第五,我们以何种形式为企业的股东、管理层、员工等一切利益相关方提供一个可视化的报表,反映企业价值创造的内在逻辑?由于传统三大报表的局限性,企业需要探索传统三大报表之外的其他报表,至少"第四张报表"给了我们一些探索和洞见,我们需要研究探索能够反映价值创造内在逻辑的"第四张报表",这是企业管理的需要,也是企业价值呈现的需要。

七、业财深度融合发展方向

(一)价值深度融合

业财融合的根本目的是全面提升企业价值水平,满足企业精细化管理需要。要实现财务管理与业务发展的紧密融合,首先需要实现二者目标的有机融合、统筹兼顾,加强价值驱动。虽然业务和财务这两个部门存在着目标分离、界限明显等问题,但二者具有的高度契合点就是追求企业价值最大化,这也是业财深度融合的基础和本质要求。充分发挥业财融合的价值引导、价值保障、价值反映、价值评价功能,不断寻找价值创造点,业务精细化管理不断驱动财务发展,包括风险管控手段日益完善、管理工具与方法日益丰富等;财务的发展也规范并有效支撑业务的经营,让业务和财务像"齿轮"运转形成合力,"双轮驱动"共同促进企业价值创造。

(二)认知深度融合

认知深度融合,是指加强业财融合意识的培养、管理理念的转变,做到每位领导、每个部门、每个员工都具备业财融合意识。能够意识到业财融合在企业经营管理中的重要性及其价值,转变观念、提高认识,在实践中树立业财融合意识,这是做好业财融合的前提。把业财融合作为"一把手"工程,企业高层领导需要足够重视,并大力宣导,号召企业全员共同参与,转变传统财务思维和业务管理理念,全力支持业财深度变革。让业务和财务认识到双方的优势和益处,互相熟悉了解,加强业财协同,使业财数据分析结果反哺业务,助力业务风险管理,支持企业经营决策,提高共同价值效益。

（三）管理深度融合

管理深度融合，是指加强组织、流程、制度保障，夯实业财融合基础，勇于打破业财之间的管理壁垒，实现管理有序衔接，通过管理合力助推企业财深度融合，整合资源、集聚力量、创造企业价值。首先，重构企业内部架构，做好组织机制的深度融合。由企业一把手牵头，联合财务部门、业务部门、综管部门，共同组建业财深度融合组，协调推进业财融合的总体计划和分阶段计划，让部门之间像齿轮一样互相咬合、互相掣肘、互相助力。还要建立完善的合作机制、效果评价机制，深化绩效考核制度改革，推动业务指标与财务指标的全面融合，使业财融合发挥更大的管理合力和价值创造效用。其次，做好流程制度的深度融合。放眼企业全价值链，可以在会计信息化中引入区块链技术，建立统一的制度和标准，梳理好业务流程，推动企业流程再造，实现流程的系统化、集成化，以及制度的程序化、标准化。同时，完善企业各项管理流程的内控制度，积极落实职责，确保管理方法有效实施；把控关键环节和核心步骤，加强风险识别，完善风险应对策略。

（四）信息深度融合

信息（即数据）深度融合，是指充分运用适配企业发展的采购、市场、营销、网络、财务等系统和新型信息化工具，搭建多维度多层次的业财融合管理体系，打造信息数据共享平台，深化系统集成，高度实现业财信息数据的实时共享、互融互通，充分发挥数据信息的联动效用，加快会计信息化精准化建设，为业财融合提供强有力的信息化系统支撑，从而更好地为企业生产经营决策服务。如应用"大智移云物区"技术，即基于大数据的新技术，使企业业务活动全过程、全环节、全要素、全角度信息化，成为一个内外相连、内部各层级相连的统一网络平台，能够对企业内外部信息、各层级信息进行网上收集、传输、加工、分析、整理和运用，实现企业内外资源互联互通和共享，消除资源孤岛，为企业决策提供分析依据。此外，信息高度集成的业财融合需要有安全、稳定、可靠、畅通的运行网络环境做载体。需要按照"统一规划、统一标准、统一设计、统一建设、统一管理"的原则，从主数据管理和安全网络环境融合出发，构建业财融合信息集成的绿色数据环境和畅通网络环境，构建安全高效的网络融合环境。

（五）人才深度融合

人才深度融合，是指加强业财复合型人才的培养，为业财深度融合提供智力支持。在业财融合过程中，复合型的专业人才是企业高质量发展的最大推动力量，而业财融合也是新时代财务人员转型的方向。企业应当做好"外引内培"，善于发现和培养企业内部人才，加强专业化复合型人才的引进力度，不断充实业财融合的专业团队，加大教培力度，制订企业内部财务人员成长规划和业务学习方案，开展数据技能、专业技能双重技能的专题培训，加强业务和财务部门之间的轮岗交流，让财务人员参与到业务、融入进业务、服务于业务，成为业务经营方案的提供商和问题解决商；让业务人员更重视财务、理解财务、遵守财务。内外协同的培养，目标和方向主要包括专业技能转变、沟通能力转变、眼界转变。

首先，加快专业技能的转变，尤其是要求财务人员增强商业敏感度、逻辑分析能力，从浩瀚的数据中敏锐捕捉到业务信息，进而提炼为决策信息。其次，加快沟通能力的转变，提高财务人员的业务意识、业务人员的财务思维，站在双方角度综合考虑、专业考虑，客观接受信息和意见。最后，加快眼界的转变，培养全局观，财务不局限于报表数据、会计准则，要扩展到客户、供应商、商业模式、行业政策及形势等；业务不局限于销售总量最大化，要扩展到效率最大化、价值最大化。业财融合是大趋势，企业要持续提升业财人员的整体专业素质，将个人目标的实现和企业价值的创造相统一，打造一支适配企业发展，懂会计、懂业务、懂信息技术的业财复合型人才队伍。

八、财务共享与业财融合的智能财务系统构建

（一）财务共享与业财融合

在企业发展过程中，实现财务共享与业财融合是迈向高效、透明和灵活的财务管理模式的关键步骤，智能财务系统为实现这一目标提供了强大的工具和机制。通过智能财务系统实现财务共享与业财融合的具体方法如下：

第一，统一数据源是实现财务共享的基础。企业需要在一个集中的平台上整合所有的财务和业务数据，从而消除数据孤岛，确保数据一致性并提供统一的真实视图，加速数据的访问和处理速度，为跨部门合作提供一个共同的数据参考基准。

第二，通过自动化工作流来优化业务和财务流程。自动化工作流确保了业务流程的连贯性和效率，同时可以在流程中自动汇集财务数据。例如当销售部门完成一笔交易时，与之相关的财务条目可以自动录入到会计系统中，从而实现业财融合。

第三，角色权限管理是财务共享的另一个重要方面。智能财务系统可以为不同的用户或团队设定访问权限，从而确保只有被授权的人员可以查看和操作特定的财务数据，既保障了数据的安全性，又支持了跨部门的数据共享。

第四，为了进一步强化业财融合，企业应当加强财务与业务的沟通和协作。智能财务系统提供了多种协作工具，如共享的看板、实时的聊天和注释功能等，使得财务人员与业务部门能够即时交流和共同解决问题。

第五，数据分析与洞察是智能财务系统的另一个核心功能。智能财务系统提供了丰富的分析工具，如数据挖掘、预测分析等，帮助企业洞察数据背后的模式和趋势。通过这些分析，企业可以基于真实的业务情境做出更加精确的财务决策，进而实现业财融合。

第六，为了确保财务共享与业财融合的可持续性，企业需要定期评估和优化其智能财务系统，包括检查数据质量、流程效率、用户满意度等，从而不断适应和满足企业的发展需求。

（二）基于财务共享与业财融合的智能财务系统构建策略

1. 数据一体化整合

在当今的市场环境中，数据是最宝贵的资源之一。但对于很多企业而言，由于数据散落在各个部门、应用程序和系统中，让数据真正发挥价值面临诸多困难。因此，数据一体化整合成为企业构建智能财务系统的关键步骤。首先，为了实现数据一体化，企业需要进行数据清洗，删除重复的、过时的和不准确的数据，确保数据的质量和准确性。通过高效的数据清洗工具和方法，企业可以确保使用的是最新、最准确的数据。其次，数据标准化是整合的另一个关键组成部分。对于跨部门、跨系统的数据，确保它们遵循统一的格式和标准是至关重要的，不仅有助于数据的分析和存储，还确保了数据的一致性和完整性。最后，企业还需要考虑数据仓库和数据湖的建设。这些是集中存储和管理数据的系统，它们提供了统一的数据视图，支持数据分析、挖掘和可视化。与传统的数据库相比，它们更加灵活、可扩展并可以处理大量的结构化和非结构化数据。

2. 技术与流程创新

技术与流程的创新是发挥智能财务系统潜力的关键环节。将传统的以纸为基础的财务流程转化为全数字化的流程，可以确保数据的实时性、准确性并减少人为错误。数字化转型还包括使用移动设备和云技术，以支持远程工作和实时数据访问。同时，为了确保流程的持续改进，可以引入 Lean 和 Six Sigma 等，帮助企业识别流程中的冗余和瓶颈并持续地改进。此外，在技术方面，新的技术手段如区块链、人工智能和物联网正在改变财务管理的方式，例如区块链可以为交易提供透明度和安全性，而人工智能可以帮助企业分析大量的数据。

3. 人才能力培养

智能财务系统的实施不仅依赖于技术和流程，而且与人才的能力和培养密切相关，构建和维护智能财务系统的成功很大程度上取决于员工的技能和知识。首先，财务专业人员需要掌握基础的财务和会计技能。随着技术的发展，他们还需要对数据分析、编程和系统集成有一定的了解，跨学科的技能组合使他们能够更好地理解、运用和维护智能财务系统。其次，软技能的培训同样重要，包括批判性思维、沟通和团队合作等能力。在多学科融合的团队中，有效地沟通和协作对于确保项目成功至关重要。最后，随着人工智能和自动化技术在财务部门的广泛应用，对技术培训的需求也在增加，员工需要了解如何配置和使用这些先进的工具，并了解其背后的原理和逻辑。

4. 安全与合规性强化

随着数据量的增长和技术的发展，确保财务数据的安全和合规性变得越来越重要。智能财务系统虽然提供了许多优势，但也带来了新的风险和挑战，数据安全是最大的挑战之一。财务数据通常包含敏感的个人和企业信息，如果被未经授权的人访问或泄露，会导致严重的后果。为此，企业需要实施强大的数据加密和访问控制措施，以保护数据的完整性和隐私。另外，随着经济全球化和数字化的加速推进，财务合规性也变得越来越复杂。不同的国家和地区有不同的财务和数据保护法规，企业需要确保其系统和流程符合所有相关的法律和法规要求。为了应对这些挑战，企业需要建立一个内部审核和合规团队，负责定期审查系统和流程，确保它们的安全性和合规性。此外，实时监控也可以帮助企业及时发现和解决任何潜在的问题。

5. 持续优化反馈机制

智能财务系统是一个动态的、持续演进的体系，为了确保其长期的效益和成功，企业需要建立一个有效的反馈机制。首先，持续的性能监控是关键。通过使用性能监控工具，企业可以实时了解系统的运行情况，识别任何潜在的漏洞或问题并及时进行调整。其次，员工和其他用户的反馈是宝贵的资源。通过用户满意度调查和反馈会议，企业可以了解系统的优点和不足以及任何潜在的改进领域。再次，为了持续优化系统，企业还需要跟踪和评估最新的技术和行业趋势，了解新的工具、技术并将其纳入自己的系统和流程中。最后，建立一个内部创新团队也是一个好方法，可以专门负责探索新的技术和方法，进行试验和测试，并为整个组织提供指导和建议。

第三节 业财融合的应用领域

一、在应收账款管理中的应用

（一）业财融合在应收账款管理事中控制中的应用

1. 建立科学的内部控制机制

第一，企业应该制定应收账款管理制度，明确应收账款的管理流程、责任和权限，规范应收账款的核销和调整流程，以确保应收账款管理的合规性和有效性；第二，企业应该建立应收账款管理流程，包括客户信用评估、销售合同签订、发票开具、收款确认、应收账款核销等环节，以确保应收账款管理的全过程可控；第三，企业应该明确应收账款管理的责任和权限，建立应收账款管理的责任制和考核机制，确保应收账款管理的责任到人；第四，企业应该加强内部审计和监督，并建立内部审计机构和监督机制，对应收账款管理进行全面监督和审计，及时发现和纠正问题。

2. 加强信用管理制度建设

第一，企业应该建立完善的信用评估体系，包括客户信用评估、信用额度控制、信用风险评估等方面，以确保客户的信用状况得到充分评估和控制；第二，企业应该加强对客户的信用监控和风险预警，并建立客户信用档案，及时掌握客户的信用状况和风险情况，采取相应的措施防范风险；第三，企业应该建立信用风险控制机制，包括信用保险、担保、抵押等方式，以降低应收账款的风险，提高企业的收款效率。

3. 加强业财融合的应用

第一，企业应该加强业务部门和财务部门的协作，共同制定应收账款管理策略和措施，以确保应收账款管理的有效性和准确性；第二，企业应该建立应收账款管理信息系统，实现业务数据和财务数据的共享与交互，从而提高应收账款管理的效率和准确性；第三，企业应该加强业财融合的培训和教育，以提高员工的管理意识和风险意识，增强业务部门和财务部门的协作能力与沟通能力。

（二）业财融合在应收账款管理事后控制中的应用

在企业应收账款管理中，事后控制是非常重要的一环。通过对已经发生的应收账款进行监控和分析，可以发现问题并及时采取相应的措施，避免损失扩大。业财融合在应收账款管理事后控制中的应用主要包括以下四个方面：

第一，建立科学的应收账款监控机制。通过对应收账款的回收情况、账龄结构、坏账率等指标进行监控，及时发现问题并采取相应的措施。通过建立应收账款的风险评估模型，对不同客户的信用状况进行评估，以便及时调整信用额度和付款方式，降低坏账风险。

第二，加强应收账款的核销管理。建立完善的应收账款核销制度，对已经核销的应收账款进行记录和归档，确保核销的合法性和准确性。加强对应收账款核销的监控，防止出现虚假核销和重复核销等问题。

第三，建立应收账款追偿机制。对于已经逾期未付的应收账款，企业应建立应收账款追偿机制，及时采取法律手段进行追偿。建立应收账款追偿的档案管理制度，对追偿过程进行记录和归档，以确保追偿的合法性和有效性。

第四，加强应收账款的风险管理。建立应收账款的风险评估模型，对不同客户的信用状况进行评估，以便及时调整信用额度和付款方式，从而降低坏账风险。建立应收账款的风险预警机制，对可能出现的风险进行预警和控制，避免损失扩大。

二、在预算管理中的应用

（一）企业预算管理概述

企业预算管理体系主要是由预算周期、预算主体、预算维度、预算指标等维度组成。企业的总预算反映的是企业未来的总产量（不超过一年或一个营业期限）、管理活动的财务规划、企业目标利益（企业收益的周期性预期、企业奋斗的目标、基于目标利益的工作收支）、销售额、生产量、成本、融资额等。在销售预测的基础上，对生产、成本和现金余额进行估计，编制损益表、现金流量表和资产负债表，反映企业未来的财务状况和经营成果。全面预算管理作为一种管理制度，是企业内部控制的主要方式之一，对现代企业的成熟和发展具有重要的推动作用。在当前的预算管理方法中，最为成熟有效的两种方法分别为"滚动预算法"和"零基预算法"。企业运用不同的预算方法，能够产生不同的编制效果。若企业选择"滚动预算法"对内部各项预算管理方案进行"规定时限"设置，不仅能够清晰了解企业内部实际预算执行环节中的实际情况与诸多问题，同时更能够在适当的预算管理范围内对预算管理流程及管理规范进行及时调整与优化，以此不断强化预算管理实践与企业发展规划之间的契合程度，从而通过"滚动预算法"的综合分析，不断调整企业内部的运营管理策略与预算管理决策。相比之下，若企业采取"零基预算法"，则能够在更理想的优化效应下，提高各部门在全面预算管理中的积极性与主动性，更重要的是能够通过企业内部各部门之间的联动，在经济新常态背景下优化资源配置。

（二）企业预算管理现状

1.企业预算管理目标不够明确

在当前的经济新常态背景下，企业预算管理目标不仅决定着其传统非财务资源与财务资源的有效利用，同时更关系到其客户价值、企业创新、组织创新、管理创新、产品创新、制度创新等方面的预算决策。但当前很多企业在预算管理目标方面均未将现阶段目标与战略目标结合起来，从而使其定性目标与定量目标无法形成总体规划与阶段计划，这也使得其经常会出现企业预算管理目标模糊不清的现象。这样不仅会直接影响企业未来的可持续发展目标，同时更会使其企业预算管理与战略发展目标、战略发展规划"脱节"。

2.企业预算组织结构不健全

从企业预算管理组织机构来看，很多企业都在生产、销售、采购等环节上制定具有宏观性的财务预算汇报体系。通常是由企业内部的生产部门、销售部门、采购部门对季度或年度财务运营情况进行数据总结，再由财务部负责预算管理数据及结果分析，最后再上交给企业管理层或领导层。虽然这样的企业预算组织结构能够保证企业内部的预算管理工作形成一个较为流畅的工作体系，但这样的企业预算组织结构弊端在于，对企业财务部门的依赖程度过重，使得其他职能部门的工作人员无法在企业预算管理组织结构中充分发挥作用，也容易导致企业预算组织结构出现系统性不足。

3. 企业预算执行不到位

企业预算执行力度与预算管理成效有着必然的内在关系。企业领导者与管理者若想要使企业预算管理成效不断优化提升，必须在预算执行方面进行综合考量与实时监督。然而，在实际的预算管理实践环节中，很多企业领导者与管理者在各部门预算执行管理方面，依旧缺乏整体性与综合性的实践标准。这也使得企业内部很多工作人员在进行预算执行的过程中，经常会出现主观意识下的预算执行行为，这样不仅使企业预算管理结果出现纰漏，同时也会影响企业预算管理分析与战略制定。

4. 企业预算管理体系不健全

从国内诸多企业的预算管理体系构建现状来看，很多企业在预算管理体系方面仍延续着由企业财务部门所主导的"单项预算模式"，除了无法实现企业预算管理的科学性管理模式，同时也会在信息反馈环节中造成不同程度的延迟问题。这样除了会直接影响到企业预算管理体系的内在构建逻辑，也会使企业面临更多的经济风险。

（三）业财融合下的企业预算管理特征

1. 系统性

企业基于业财融合思维开展经营管理，实际上就是一个持续创造价值的过程。在此价值链上，不仅存在材料供应，还能够体现出企业生产与销售成果，具有循环性与复杂性特征。为了保证价值链条正常运转，企业必须制订合理的预算方案，考虑各种复杂的影响因素。这也侧面体现了业财融合思维模式下企业预算管理的系统性特点。

2. 结合性

从本质来看，企业生产经营始终保持供货、生产与销售这一流程，财务与业务部门需要在整个过程中履行自身职责。同时，基于业财融合下的预算管理工作也需要二者在创造价值链上实现密切配合与相互支持，确保预算管理水平能够得到显著提升，所以结合性也是业财融合思维下的一个明显特点。

3. 导向性

企业预算一旦发生偏离或与年度经营计划不符，那么就无法将预算管理优势发挥出来。因此，基于业财融合思维下的企业预算管理要与财务信息之间实现高效共享与融合，进而为企业战略发展提供可靠支撑，将导向性特点充分体现出来。

4. 全员性

在企业预算方案编制过程中，需要全员参与其中，才能够保证业务与预算方案紧密结合在一起，进而更好地落实预算计划。同时，在预算考核过程中，凭借全员性特点，财务人员可以及时获取预算相关资料，有利于提升考核结果的客观性与真实程度。

（四）业财融合在企业预算管理中的应用策略

1. 提高企业对预算管理的重视度

业财融合思维下的企业预算管理与传统预算管理之间存在较为明显的区别。以往企业开展的预算管理主要是以企业财务数据信息为基础。而业财融合思维下的预算管理模式则重视投资、资金以及生产经营成本等多方面信息管理要点，是一种综合性的管理模式。在此预算管理模式中，企业各生产经营流程与各层级管理部门可以实现高效结合，预算管理成果也会更加可靠且合理。因此，企业管理人员与一线职工都要认识到业财融合理念的重要价值，提升思想层面的重视度，进而可以通过理论指导实践，促使企业经营战略转变为实际行动，最终实现预算管理模式的创新转变。

2. 强化预算管理信息化建设

在业财融合思维与预算管理工作结合过程中，需要将信息化建设作为基础条件。如果信息化建设水平不理想，将会对信息传递效率和传递质量造成影响。因此，企业要积极开展信息化预算管理，构建理想的预算管理环境，通过信息共享与大数据等先进技术，将业财融合思维模式引入其中，进而实现企业预期发展目标，将业务数据进行深度整合与分析，挖掘其中有价值的信息内容。例如：可以在构建数据库过程中应用 XBLRL 技术，对该技术的集成优势充分发挥出来；也可以建立 ERP 预算管理系统，在财务与业务工作之间建立起串联关系，结合财务信息化建设目标构建闭环系统，使财务信息可以纳入企业各项经营业务当中，打破传统预算管理模式的局限性，构建一个全新的信息技术管理平台，进而在业财融合思想配合下提升预算管理工作效率。

3. 针对预算管理实施全方位制度保障

企业的预算管理制度保障内容较多，一是资金层面的保障。预算管理能力提升需要大量资金支持，不管是人才建设还是软硬件升级，都需要充足的资金支持。二是组织制度保障。构建完善的组织制度可以帮助企业将各项制度方案精准落实到位。目前，绝大部分企业重视制度建设，因为内部组织机构完善程度直接影响业务工作质量。构建完善的制度，可以为业财融合下的企业预算管理提供有力支持与保障。

4. 建立预算反馈机制

企业财务部门要对各个业务部门实际工作情况进行深入了解，了解不同部门之间存在的关联特征，进而结合预算管理期间出现的各种问题提出科学合理的反馈建议。企业财务部门还要结合具体情况对预算内容进行合理优化，确保预算管理工作能够发挥出自身优势，为企业各项经营活动提供高效服务。对于企业预算管理执行工作，相关部门应当及时与财务部门展开沟通，及时反馈有价值的信息内容，确保相关数据信息能够实现同步更新。

5. 重视全面预算管理体系建设

业财融合背景下的企业预算管理工作关键要点就是构建全面预算管理体系。在此过程中，首先，要分析企业实际发展情况，根据内部各个部门与经济活动的开展状态，将财务与业务数据信息聚集在一起，建立一个初始信息资源库。同时，还要正确区分这些数据信息的来源和特征，利用合理的方式进行加工处理，最大限度地实现统一化与标准化。其次，要想实现各项业务数据之间的高效转换，还要验证数据信息的真实性，加强企业与业务经济部门之间的交流。最后，信息数据可以帮助企业做出正确商业决策和风险管控，因此企业要采取预算管理措施，将不同的信息数据传递到相关部门，为后续各项工作顺利开展提供基础保障。

三、在营运管理中的应用

（一）营运资金特点

1. 周期短

流动资产在占用时间方面都以短期为主，通常都在1年以内或1个营业周期以内。此特征也体现出对该要素管理的重要性。从营运资金角度来考虑，企业想要实现"供血"，可以用短期贷款或商业信用贷款等方式来实现目标。但是，如何筹划好资金使用、偿付工作，如何最大限度强化资金流动效能，是现阶段营运资金管理的重要问题。

2. 变现能力强

营运资金拥有较强的变现能力，在资产负债表结构中涉及货币资金、交易性金融资产、应收账款、预付账款以及存货等项目。例如在货币资金方面，可实现直接性支付交易，无须做变现、变动处理。而交易性金融资产可以界定为企业主体持有且具有交易目标的一种金融性质的资产要素，主要是通过交易赚取中间差价，当企业闲置资金较多，且没有合适的投资项目时，可以考虑将资金投入到金融性金融资产方面来扩增盈利渠道。持有适度的营运资金在经营管理中有重要的作用，在出现资金缺口时能够用最短的时间通过变现化解资金压力。

3. 波动性较为显著

营运资金流动性较大，涉及方方面面的业务，在波动方面较为显著。其波动性主要体现为两个方面：一是实物形态；二是持有数量。企业营运资金的形式不是固定不变的，并且形态变化频率较高，因此在实践管理方面，应当充分考虑流动资产各要素，在优化资产负债结构的基础上，确保各流动资产的高效配置，维持资金周转处于最佳水平，避免由于配置不合理给企业造成损失。

4. 来源具有多样性

在营运资金结构中，流动负债同样占据着重要的地位，即在短期内筹集到可用于生产运营环节的资金。开展投资活动的基础就是实现对营运资金的有效筹集。从筹资角度来说，筹资模式种类较多，例如自有资金和融资资金，其中自有资金又可以细分为股东投资、预收，融资资金又可以细分为短期借款、长期借款和商业信用等。筹资方式较多，例如国家信用、企业信用、贸易信用与商业信用等。针对营运资金特征，必须进行科学管理，包括对流动资产与流动负债之间的配比关系进行管理。在实际管理方面，企业高层应当树立三种基本观念，即成本观、风险观以及效益观，要求决策者从以上三种维度去制定相关发展决策或管理策略，通过风险、收支的权衡，尽可能地压缩成本支出空间，对各类经营风险做到最佳管控，推动企业向持续稳定之路前行。

（二）业财融合在营运资金管理中的应用

1. 加强财务人员与业务人员的信息共享

加强财务人员与业务人员的信息共享可通过建设业财融合的数据共享平台实现。在建设过程中可采取"事件驱动"方式实现对各部门业务的串联整合，从而构建起覆盖全面、高效共享、即时沟通的ERP系统，不断提高数据运营质量和效率，从而促进财务、业务数据的有机融合。这不仅有利于提高业务数据提供速度，还有利于提升其质量，实现业务与财务数据的统一，提高财务人员与业务人员在表达方式和内容方面的一致性，同时，通过该系统建设，能够有效保障预算管理的贯彻实施，并促进绩效考核真正落实。通过建设 ERP 系统，能够促进各部门间的有机协调，实现各方数据信息的沟通交流，有利于数据高效共享。同时，还有利于业务和财务的有机融合，促进各环节紧密协作、高效统一，实现业务与财务一体化发展。ERP 系统实现对数据信息的整体化分析、科学化比较，提高数据精准性和高效性。不仅会对销售数据进行读取分析，还会对回款情况、成本支出、预算落实情况等进行动态化调取、分析与比较。既有利于企业大幅降低人力成本，提高数据分析质量，还有利于向决策者提供更为及时、准确的数据信息，从而提高决策科学性。在该系统中，各部门可以随时分享、使用相关数据，提高了数据信息的时效性，并最大限度减少或避免了信息失真情况的出现。

2. 通过系统智能开发及时反馈业财信息

在复杂多变的经济形势之下，必须以业务流程作为基本点，通过引入财务数据信息，立足企业自身现状和发展需求，制定更具针对性和实效性的企业发展战略。以业务为基础，充分利用智能处理模块，引入科学分析方法，对相关数据信息进行科学分析，做好成本估算、风险预测、利润计算、薪酬计算等一些基础性数据处理工作，为决策层制定战略提供科学可靠数据。可在开展 ERP 信息共享系统的同时加入智能分析模块，借助计算机的智能分析能力来对决策做大数据支撑。通过对互联网技术、电子智能系统的深度应用，解决融资方案的可行性、企业资金投资的总体回报率、企业的各类账款管理等问题。如银企互联模块，不仅有利于资金的集中管理，还有利于实现企业与银行的高效对接，促进双方借贷合作的有效实施，对企业所需资金形成有力保障，同时提升资金配置能力和质量。通过该模块能够实现基础财务工作的智能化处理，可以最大限度减少财务工作者这方面的工作量，并引导他们将更多时间、精力投入到提升公司决策质量上，有效缓解企业规模化发展过程中财务人员匮乏的问题。

3. 人工管理的柔性化和制度硬性化相结合

通过构建与共享业财信息系统相统一的流程体系，从而实现柔性管理与硬性控制的有机结合，体现人性化引导与制度化规范的统一，是现代企业管理发展的基本趋向，能够有力提升企业管理水平和控制能力。运用该系统，深度整合各个方面、流程和环节等子系统，并按照发起事件情况对经营活动实施分类，使之更具具体性，形成更为丰富多样的"业务事件"，从而提高事件预测、应对和处置能力,构建起有效应对措施和运行机制。在业务人员发起财务要求时,需要以自身授权情况向财务部门提出申请,财务部门会依据有关规定和要求,调取业务数据,对申请合规性进行有效审核与管控。就员工而言,可以借此免除监督人员的监管控制,避免了以往按期收集整理相关数据并上报的烦琐工作,同时,还可充分利用即时反馈机制实现对本岗位节点工作的及时反馈,从而提高工作责任心和使命感。除此之外,制度性规范流程可有效避免人为操控的情况出现,提高管理的科学性和可靠度,为高层决策提供更为及时、科学的数据信息,从而提高决策的科学性。

4. 构建完善的财务内部控制制度

在实践工作中,企业应将财务内部控制制度全面贯彻到各个环节中,在完善的内部管控制度中,进行风险评估控制活动,以保证业财融合信息的有效性。要以业财融合为前提,鼓励财务部门与业务部门进行沟通与交流,通过积极参与各项管理活动,对各个部门的数据进行全面了解与掌握,以分析预算执行环节为切入点,深入监督各项工作的实际开展情况,以充分发挥内控效用。在对各个环节展开监督控制之后就能够让预算计划的实行尽量减少偏差。需要重视并强化内控管理,形成更为科学严格的应付账款管理制度,构建起有针对性的审核流程,建立科学监管运行机制。采购员需要及时将应收账款相关凭证提报财务部,由财务部进行审核,确认相关信息后登记备案,及时装订、定期复核。建立与供应商定期联系机制,在一定周期内及时对账。此外,要明确应付账款过程中各环节经办人,不断完善主体责任框架,从而有效保障应付账款的真实性。

四、在财务分析中的应用

(一)业财融合背景下企业财务分析的原则

财务分析的目的是通过对企业经营活动的具体情况进行了解,从而更好地分析企业的经营情况,进而为企业的发展提供合理的建议,所以在业财融合背景下财务分析人员需要遵循以下原则:

第一,全面性原则。财务分析是在业财融合背景下进行的,财务分析人员需要通过对企业内部以及外部相关情况的了解来进行分析,这样才能保证财务分析工作的全面性,有助于企业管理层制定相应的决策。所以财务分析人员在开展工作时,需要将财务分析工作和业务分析工作结合在一起,这样才能保证财务分析的全面性。另外，在开展财务分析时，还需要了解企业的内部以及外部相关信息，这样才能为企业制定合理的决策提供科学依据。

第二，前瞻性原则。财务分析人员在开展工作时，需要从长远角度出发来考虑问题，这样才能对企业未来发展的情况进行准确把握，并为企业未来发展提供科学合理的建议。另外，财务分析人员还需要结合企业的具体情况，这样才能更好地对企业未来发展进行预测，进而为企业管理提供科学合理的建议。

第三，客观性原则。财务分析人员在进行工作时，需要以企业真实的数据为基础，这样才能保证财务分析工作的真实性，同时也是为了保证财务分析工作能够满足企业发展的需要，从而更好地为企业提供相应的建议。

第四，合理性原则。财务分析人员在开展工作时，需要对数据进行处理，这样才能保证数据的准确性和真实性，同时也要考虑到企业发展过程中出现的各种问题和影响因素，这样才能保证财务分析工作能够更好地为企业发展服务。

（二）业财融合背景下企业财务管理的对策

1. 强化业财一体化观念

为了更好地完成业财融合，更好地开展自己的工作，单位管理人员必须对业财融合的重要性有足够的认识，强化财务部门和业务部门等的协作和交接，尽可能地在工作上保持及时的沟通，避免各个部门之间的工作零交流，促进业财融合工作的顺利进行。此外，企业内部的员工总是关注着业财融合的重要性，并在这个基础上进行引导，如果员工对这一点认识不清，那就难以实现高质量的管理。企业可以通过编制业财融合的有关手册，提高员工对业财融合的理解，尽量对业财融合的实质内容进行宣传，让员工在会议工作中经常进行沟通，让员工们意识到业财融合在未来工作中的重要作用，继续充实自己的专业知识，以最佳的状态投入到工作之中。

2. 规范管理，完善管理制度

在经济全球化的今天，无论是企业自身还是企业的经营方式，都在面对一个共同的问题，那就是转型升级。业财融合对于企业的转型升级起到了非常关键的作用，但是当前最大的问题是管理体制不够健全，不能实现业财融合的高质量发展。因此，健全管理体系十分重要。在建立新的会计核算体系时，应注意以下几个方面：

首先，要优化和调整财会部门的人员结构。企业要对各岗位的人员数量进行合理的分配，对主要财务人员（例如成本预算人员）进行有效的补充，使业财融合工作能够顺利进行。

其次，要持续改进监管体系，确保监管体系的有效执行。企业可以建立一个激励机制，通过划分团队，选出组长，实时地监控组员的日常工作。小组在团队中可以互相竞争，设定时限，在最后期限之前总体表现较好的小组将得到奖励，以此激发工作热情，为公司的发展做出贡献。

最后，要有效地执行问责制，将责任划分清楚，划分好各自的岗位，并对负责人进行详细划分，这样，在以后的工作中，就可以迅速地将责任落实到每个人的身上，有效地约束员工的不规范行为，提高他们的责任感，使管理更加标准化。

3. 构建企业内部信息平台，促进企业财务一体化、信息化

对企业的经济活动中所生成的各种信息进行集成，组成一个信息系统，进行综合管理，从而为提高企业的管理水平提供信息基础，也就是企业信息化。企业信息化并不是简单地购置软硬件系统，也不是一味地照搬企业的全套系统，更不是对采购计划进行简单的计划，这样既浪费了资源，又达不到预期的整合效果。

企业根据自身的经营流程和经营情况，基于财务软件，建立一种新的、适用于本公司的管理体系，其中包含每日的报销、合同的审核、财务的收支、经营分析等。利用这一制度，使相关各方积极地参与到企业的生产管理之中。例如项目预算的控制，使财务和生产紧密结合起来。而已搭建好相关平台的企业，则可以利用外部软件，将企业的业务系统与财务系统进行对接，并对其进行更新与重构，从而做到统一管理。业务人员只须将基础数据录入前端，即可实现相关数据的实时处理，高效准确地分析与控制。这样，财务部门就能为业务部门提供准确、有效的数据，并能对经营中的隐患进行预警，降低风险。企业可以在财务部门中，培训一名与第三方公司进行对接的员工，同时，公司还配有一名专职的电脑维修人员，以确保企业内部资料库的安全。在此基础上，对业务流程、业务流程、培训手册进行规范化，以实现财务管理体系的规范化。

第四节 促进企业业财融合的保障

一、信息技术保障

在推进业财融合的过程中，公司应做好信息技术保障工作，做好备选方案，避免因系统问题导致人员对改革提出质疑。针对信息系统的管理风险，公司应制定风险防控制度，注意对设备的维护。同时应完善内部学习制度，紧跟经营发展需求，不断更新系统，确保系统的正常运行。智能化的信息系统实现了数据的跨区域共享，增强了数据的可靠性，打破了区域数据割裂的情况，为企业的有效管理提供了技术支持。保障公司信息化平台建设，可以从以下方面入手：

第一，建立健全信息化基础设施。在业务活动中从合同签约到交付，货品管理上从原材料采购到销售出库等各项业务场景，都离不开互联网技术的支持，因此，大力开展信息技术建设是保障业财融合信息化平台开展的首要工作。

第二，增强信息技术应用，创建多渠道的沟通方式。比如利用视频会议、电话会议等工具，可以满足移动办公的应急需求，应对突发事件，提高工作效率。随着业财融合进程的推进，信息技术被大量应用，智能化财务系统能更好地实现信息互通，可以有效避免人为因素导致的财务风险。

第三，技术员工的信息化水平，可以匹配业财融合的要求。智能化系统的加入业财融合的实施方案中，这对员工的技术要求也更高，员工需要熟知新技术、新流程，这样才能更好地解决其他部门人员的信息系统问题，保障企业信息系统的先进性，增强企业的竞争力。

二、财务职能转型保障

传统财务的工作主要集中于事后核算，对工作职责的认识不足，工作重点不在预算及战略支持上，而且数据的时效性也不能得到保证。由于人为因素，以及数据误差，烦琐的统计工作大大消耗了人力资源。在大数据时代，财务人员必须转型，利用信息技术来保障数据的及时性和准确性，避免影响管理层的业务分析和规划。首先，财务人员应根据公司要求，学习并熟练掌握财务共享流程及新的操作系统，并在实际工作中不断总结，完善业财融合现有路径。利用财务共享平台，从大量机械重复的工作中解脱，向综合型管理人才转型。其次，增强财务人员工作中的洞察力。新型财务人员不仅要能依据以往及目前数据进行财务分析，还要能对企业战略决策、风险把控提供合理化建议。新的管理模式下，提高员工综合素养、加强员工专业水平及精神层面建设，也是企业实现可持续发展的必经之路。最后，加强财务人员的沟通能力。推进业财融合的过程中，需要业务人员协同作业，面对晦涩难懂的专业术语，财务人员需要以深入浅出的方式呈现给大家，使大家能在轻松有趣的环境中推进业财融合的实施，有利于增进业财融合小组的团队精神，更有利于加强业务人员对公司改革的理解。

三、业财协同支持保障

业财协同思想是从一种新视角来分析业财融合，在新的项目中，业财人员需要有换位思考的态度，从组织管理、资源配置等方面来提升契合度。通过协同思想对零散的信息进行资源整合，突破孤岛效应，有效地沟通交流，提高工作效率。业务人员需要在做好本职工作之余，学习有关财务知识，同时在工作中从财务角度出发，有意识地进行成本分析，给出可行性建议，实现自我及企业价值最大化。推进业财融合过程中，财务人员起带头示范作用，积极沟通，及时了解业务人员工作的实际情况，当出现问题时，及时梳理流程，及时解决，确保业务质量，保障后续业财融合工作的顺利进行。保障协同作业，需要一定的制度去规范，财务人员更应该起模范带头作用。企业的长远发展离不开员工的共同努力，财务人员不仅要提高专业技能，更要提高精神层面，试着站在企业的角度考虑分析问题，共同推进业财融合的顺利进行。

四、管理层协同支持保障

良好的内控系统可以有效地提升公司应对风险的能力，例如预算管理系统中的监督职能就是内控模式的一种。企业改革想要取得成功，领导层的支持是必不可少的，并且领导要以身作则，引导基层人员有效地配合。目前，企业管理制度中有一些与基层情况适恰度较差的情况，与企业的经营目标不相符，企业的奖励目标对基层人员并无太大激励效果，从而导致经营的效果较差。另外，在推行业财融合的过程中会对原有的组织结构有所调整，需要各部门管理者带头支持，否则改革更是举步维艰。业财融合是在变化中发展的，具体问题具体分析，需要在探索中不断优化调整。

第六章　企业财务管理技术创新

第一节　智慧财务管理概述

在数字化快速发展的背景下，财务管理系统的核心已不再是简单的账务处理，而是辅助企业进行决策。为了满足这一需求，智能财务系统必须具备独特结构和组成要素，使其能够应对复杂的财务任务，同时提供即时、准确和有洞察力的分析。首先，智能财务系统的核心结构通常基于一个集中的数据平台，该平台可以实时地聚合、处理和分析各种来源的数据，不仅确保了数据的完整性和准确性，而且还使得多元的数据能够相互关联，为高级分析提供了可能。其次，系统的组成要素必须完全满足财务流程的各个环节，包括但不限于会计记录、资产管理、财务报告、预算与预测、风险管理等。为了确保流程的连贯性和效率，这些组成要素需要通过高度自动化的工作流进行连接。再次，除了基本的财务处理功能，智能财务系统还需要具备高级分析工具，如数据挖掘、机器学习和预测分析，能够帮助企业洞察数据背后的模式，预测未来的趋势并为决策提供有力支持。为了实现真正的业财融合，系统还需要与其他业务系统（如供应链管理、客户关系管理、人力资源管理等）进行高效集成，确保财务数据与业务数据的同步更新，使得财务决策能够基于全面和最新的业务情境。最后，考虑到全球化的挑战，智能财务系统还需要具备跨地区和跨货币的处理能力以及符合各地区的税法要求。

一、智慧财务管理的特点

人工智能时代下，智慧财务管理具备去中心化、信息资源高度共享、财务管理边界模糊化、以企业价值最大化为目标、人类思维、人机协同、财务管理场景多样化和前瞻性决策等特征。

去中心化。在传统财务管理模式下，财务信息的收集和整理都是由专门的财务管理人员进行，形成了以财务管理部门为中心的财务信息平台。这需要花费大量的人力、物力和时间成本，且工作较为烦琐和冗余，导致员工工作积极性不高、工作效率下降、信息准确度降低等问题频频出现。而在智慧财务管理模式下，人人都可以借助"大智移云物区"等技术在财务管理平台的终端进行财务信息的录入和共享，同时借助相关技术在海量的数据中精准、快速地捕捉到需要的信息，并形成个性化的订制报告，在减少成本支出的同时还进一步提高了工作效率。

信息资源高度共享。智慧财务管理平台通过"大智移云物区"技术将企业的财务部门、业务部门和其他管理部门有效整合，实现了企业内部"业""财""管"信息资源的高度共享。同时将企业内部资源与社会相关部门的相关资源融合，实现企业内部信息资源与外部信息资源的互联互通互动及高度共享。

财务管理边界模糊化。在财务管理边界的界定方面，智慧财务管理模式的应用会打破企业财务部门、业务部门与其他管理部门之间的边界，实现"业、财、管"三者协同，即各个部门与财务部门之间的边界将趋向于模糊化，减少跨部门沟通受阻、信息传递失真等现象的发生。同时，智慧财务管理平台还将实现企业财务部门与社会相关部门的协同融合。随着"智慧体"建设的兴起与发展，整个社会的行为将通过"大智移云物区"技术形成一个互联互通互动的智能关系网。财务场景的存在将不再局限于财务管理人员以及企业等组织部门，而是会出现在每个人的身边，未来每个人都是智慧财务管理平台的数据信息提供者、使用者和管理者。

以企业价值最大化为目标。实现价值最大化是企业经营发展的终极目标。财务管理贯穿企业的整个价值创造活动过程，智慧财务管理同样是为企业的经营发展而服务，为实现企业价值最大化保驾护航。因此，智慧财务管理的建设也必须以实现企业价值最大化为目标，通过用智能机器人代替人类从事烦琐而又高重复性的工作，并模拟人类进行智慧化的决策，既减少了企业不必要的成本支出，又提高了决策效率、生产经营效率，从而推进企业价值最大化目标的实现。

人类思维。智慧财务管理相当于"会思考的机器"，具备独立思考、自我学习、自我优化、模拟人类进行逻辑推演等"意识形态"方面的能力，能够基于海量的数据基础集成人类智慧并模拟人的思维和逻辑推理能力进行自主决策，实现"1+1>2"的效果。

人机协同。据2019年上海国家会计学院的刘勤教授公布的《中国企业财务智能化现状调查报告》显示，91%的被调查对象认为未来"人机一体化"将是最终的财务管理模式。智慧财务管理是以"人"为中心，并基于"大智移云物区"等技术将"人"的智慧与具备智能的"物"进行有效结合,进而搭建物与物、人与人、人与物之间的信息桥梁。因此,简单来说,智慧财务管理具有人机协同的特征,是最终的财务管理模式。

财务管理场景多样化。随着智慧城市、智慧旅游、智慧社区和智慧图书馆等智慧体建设战略的推进和发展,未来整个社会将通过"大智移云物区"形成互联互通、信息资源高度共享的智慧体。因此,在智慧财务管理模式下,财务管理场景不仅出现在企业内部的财务管理人员和其他相关人员眼前,还会出现在企业外部的各个利益相关者眼前。智慧体的打造将使得人人都是智慧财务入口的信息提供者,同时也是智慧财务管理系统终端的消费者、使用者和管理者。

前瞻性决策。智慧财务管理的目的在于为企业决策前瞻性提供支撑。在"大智移云物区"等技术的应用下,智慧财务管理不仅能够自动化、智能化地替代财务管理人员对简单、重复、烦琐而冗余且高度结构化的工作进行集中处理,还能够通过相关技术对财务机器人进行赋能,使其具备与人类相似甚至同等的智慧,智慧性地对相关的数据进行高度精准化的捕捉、处理和分析,并基于人类赋予的智慧模拟人类进行智能化、智慧化的决策和预测,从而达到提高企业决策效率和预测精度的目的。

二、智慧财务的实现模型

如果说财务共享服务是财务的一场"工业化革命",智慧财务则是面向财务的"数字化革命",是财务从流程化、信息化向数字化迈进的过程。智慧财务的实现模型是通过重塑一个驱动、建成两个中心、发展三种职能、打造四项能力,进而实现五个全面(全流程系统支持、全系统自动连接、全信息智能采集、全场景数据洞察、全业务价值重构),促进财务运营方式的转型、升级和突破,从而完成先知、先决、先行的财务智慧化转型。

重塑一个驱动。实现智慧财务,企业需要完成从流程驱动到数据驱动的转变。流程驱动是用工业化生产理念拆解企业运营模式,以标准化、精益化、集约化为目标,将价值链分解为一个个流程节点,由专门的组织负责对应节点的工作,明确权责利关系。然而,流程驱动已经无法满足企业快速发展的需求,一是由于被信息系统"固化"的流程灵活性较低,难以依据不断变化的局势随时进行调整;二是随着企业的不断发展,部门增多,重视流程设计的企业很可能产生细致且冗长的流程，必然影响流程运行效率。对比流程驱动，数据驱动使企业管理更敏捷。数据驱动形成从数据采集、数据建模、数据分析到数据反馈的闭环，意味着深入业务前端，将数据转化为产品，如同房屋的"水、电、气、路"，形成全面的企业数据价值网络，应用到企业的方方面面。数据价值网络的建立从财务指标结果数据拆解出发，追溯至业务运营指标，从大量的过程数据、行为数据中寻找深层次的价值驱动因素，并提出相应的优化提升策略，真正实现"决策革命"。

建成两个中心。在数据驱动型企业中，数据从企业经营的"副产品"转变为核心战略资产，企业数据组织、服务对象、数据能力和技术能力亟待重构。企业需要在以核算事务为主的交易处理中心的基础上，设置专门的部门和岗位，逐步建成兼顾数据产品事业的数据处理中心，即建成"财务共享服务中心（SSC）+企业数据中心（EDC）"的双中心格局。从"SSC"到"SSC+EDC"须经历三个阶段的转型：一是服务于财务部门的财务数据中心（FDC），负责提供所有财务数据及与财务相关的业务数据；二是服务于企业内部全部门的管理数据中心（MDC），汇集所有内部数据，负责为财务和业务提供口径一致的财务管理和业务管理数据产品；三是服务于企业内外部客户的企业数据中心（EDC），通过对内外部海量数据进行挖掘，提供口径一致的企业内部数据产品和标准化、可盈利的外部数据产品及服务。

发展三种职能。智慧财务的职能范围，除了传统的财务核算职能、财务管理职能，还包括运营管理职能。作为智慧财务演进过程中产生的新型职能，运营管理职能覆盖的范围超出财务本身，需要财务与各类场景连接，诸如前端的业务场景，客户的消费场景，供应商场景，外部的政府、银行、投资者等，通过充分打通数据信息，实现全场景化的数据分析，完成对公司管理层的决策支持和建议。同样，在整个职能转化的过程中，也需要同步扩充财务人员的能力框架，既需要财务会计与管理会计相关知识，还要对行业和市场、商业模式、业务逻辑等有所理解，具备一定的政策、金融、法律、管理和技术知识，形成财务专业能力、商业领导能力、人际交往能力和数据价值发现能力的有机结合。

打造四项能力。要实现智慧财务，除了观念和组织的转变，技术和系统的支撑同样重要，企业需要具备以下四种能力：一是数据采集汇聚能力，即通过高效集成的系统和智能技术应用，打通系统间的数据链路，消除数据孤岛，实现跨系统在线互联，进行更广泛、更及时、更准确的数据采集；二是数据算法应用能力，即构建"数据+算法+算力"集成的数字化底座,打造更稳健的算法和更强大的算力;三是数据服务提供能力,是指发展数据资产场景化应用的快速输出,提供更及时、便捷、准确的数据服务;四是新兴技术融合能力,是指能够将数据技术、智能技术融合应用于实际业务,为数据价值探索发掘提供支持。这四项能力共同构成实现数字驱动的动力引擎和助推器,实现从前单个部门或业务单元无法实现的数据价值最大限度变现。

三、智慧财务管理的形式

(一)从理念层来看

智慧财务管理不仅仅是对传统财务方法的变革,同时更是对思想的转变,从思想层面的高度分析智慧财务管理,也正是对智慧财务内涵的重新解读。而大数据等信息技术的产生与应用,使以往信息收集、管理、分析的方法产生了变革,也让我们的观念产生了变革。马云曾讲过,未来是能够利用好互联网的企业的时代。智慧财务的诞生是财务变革的一个主要体现,它将旧有的书面化、局域性、单一的财务管理形式变更为数智化、不受地域限制、多样化的管理形式。智慧财务管理可以具体分为使命、控制以及标准和规则三个方面,其中,使命可以被看作企业一些财务活动的起点,而控制则是企业财务管理系统良好运转的基础,也是智慧财务管理建立的重要环节。标准和规则则是物理基础运行的"语言",目前,智慧财务管理的标准和规则体系正在不断完善中。

(二)从方法层来看

企业财务管理对于技术要求比较高,综合性较强,依附于互联网技术,形成了各种财务管理方法体系,这种财务管理方法体系最终形成了智能财务的基础。智能财务必须和社会形势相结合,必须以客户的需要为基础,准确地了解顾客的思想与需要。在当前的市场经济背景之下,客户的需求是非常重要的,是企业实现良好经营管理的基础。智慧财务管理者应当意识到自己的定位,具有良好的责任意识,要以客户为中心,并且结合自身情况来构建起符合现实情况的财务管理方法体系。同时,企业在经营管理过程中,还需要结合自身情况,对投资、融资政策等做出调整和规范,确保企业各项业务可以得到良好发展,实现可持续发展。

(三)从物理层来看

财务管理决策的制定必须以大量真实、可靠的数据作为基础。传统财务管理中,数据的收集、处理等环节都要依靠人工操作,导致数据的传递出现滞后,不利于企业财务管理决策的制定。而在智慧财务管理的应用之下,数据的收集等活动完全可以依靠各种智能装置来实现,提升了数据的及时性和可靠性,也有利于企业财务管理决策的制定,同时还能够更好地规避财务舞弊情况的出现。在互联网背景之下,各类业务单据也实现了信息化,如电子发票就是典型的表现,为实现数据挖掘提供了基础条件。智慧财务管理中,财务云是核心。在当前的形势下,传统财务管理逐渐显现出来一些弊端,无法适应企业财务管理的需求,所以,企业必须应用智慧财务管理来提升决策和管理的科学性,而这种科学性的基础就在于基数庞大、真实可靠、一定范围可以共享的数据库。

四、智慧财务的应用场景

(一)费用报销

费用报销作为企业中最为普遍、人员参与度最高的流程,借助智能技术可以实现流程的移动化、便捷化、智能化,为员工提供更为流畅的报销体验。技术的应用一方面提升了流程效率,发票信息被高效采集,员工利用语音或简单勾选即可完成报账,单据审核也更为快速准确;另一方面从源头上加强了费用管控力度,实现数字化报销流程,进行成体系的数据分析。

发票智能采集。票联系统内嵌光学字符识别(OCR)技术,通过混合拍照、微信或支付宝卡包获取电子发票、纸质附件影像扫描等形式获取发票结构化数据,自动完成发票查重验真。员工能够直接基于发票发起报账,系统自动识别所属费用类型,并将信息自动填入报账单。

语音智能填单。在单据填报方面,常见的实现方式包括两种:一种是员工采用交互对话方式下达操作指令,由机器人完成单据的自动填制;另一种是员工在系统内操作填报,在填单界面可利用语音识别技术将语音转化为文字,领导也可以直接通过语音补充审批意见。

单据智能审核。单据智能审核通常基于规则引擎和机器学习来辅助人工审核。智能审核系统对接智能采集系统及其他系统获取单据信息、合同文件信息、发票查验信息等结构化数据,依据系统预置的审核规则校验报销规范性、数据合规性与逻辑一致性，利用机器学习对不合规单据进行特征总结学习，有效减少人工审核的错误和疏漏，保障财务审核的效率和质量。

费用数字化分析。费用报销涉及业务类型较为丰富，需要定期对数据进行监控和汇总，通过部署费用分析机器人，及时高效地输出费用报销全景图。机器人定期导出费用报销数据，并依据规则对数据进行清洗和转换，形成基础数据表，自动实现费用类型、变化比率、费用分布、流程效率等多维度分析报表的出具，财务人员基于分析报表，结合可视化界面对结果进行直观展示。一方面，实现对费用报销流程数据的及时监控，不断优化员工报销体验；另一方面，敏锐识别异常费用，关注重点费用类型，提升员工报销合规性，强化费用支出管理科学性。

（二）收入收款

系统规则库、机器人、自然语言处理、知识图谱等先进技术的使用，能够显著提升收款流水和票据从接收、认领、入账到客户对账的处理效率，提升应收账款管理效率，强化客户风险管控。

收款自动认领。收款认领系统获取交易流水数据后根据配置好的规则进行高效匹配；利用自然语言处理与规则引擎，智能识别来款类型，匹配客户、合同、项目等业务信息，快速完成回款自动化确认。利用机器人同样可以根据来款中信息及辅助字段进行匹配认领，配合人工认领补充机器人无法识别的部分。

应收自动对账。在应收账款对账环节，机器人定时触发对账流程，对接客户系统及本公司系统获取债务和债权数据，根据收付款逻辑进行对账，依据对账结果向存在对账差异的客户发送对账邮件，并向对账无误的客户发送无误确认邮件。

客户风险雷达。客户风险雷达主要依赖知识图谱技术，在获取大量客户相关数据的基础上对内在联系进行挖掘，经过数据的抽取、融合、加工等步骤完成理解、推理和计算，形成客户信用档案，对目标企业信用风险、舆情风险、债务风险、关联风险等进行分析和风险管控。

（三）采购付款

应用自动化、智能化技术能够显著提升采购付款流程的连贯性和整体效率，实现供应商协同智能结算和账务处理，加强供应商风险管理，合理制订采购计划。

供应商智能结算。企业利用供应商结算平台实现电子化、协同化的供应商结算流程，应用电子签章支撑合同在线签订，进一步推动采购流程无纸化，所有发票结算处理和支付进度可查、可视、可追溯。企业收到发票后，应用 OCR 实现发票数据线上流转，减少人工操作；结算协同便捷对账，自动完成线上三单匹配，降低沟通成本；匹配信息传递至报账系统，业务人员确认后提交付款申请，财务完成后续资金支付。

应付自动核销。在应付核销环节，企业可以利用机器人自动获取银行流水单并上传至收付系统，系统根据汇款人、金额等关联业务数据进行智能匹配，需要人工匹配的则根据付款人找到对应客户经理，发起线上确认流程，并将确认后的信息推送至核算系统，完成核销、自动制证及入账。

供应商风险管理。与客户风险雷达类似，知识图谱技术同样可以应用于供应商关联关系的发掘和问题排查，结合机器人对供应商档案信息进行及时维护，对接外部网站进行供应商信息动态监测，及时感知风险，提升监控效率。

采购预测。主要包括采购需求预测、价格预测等模型构建。其中，采购需求预测模型基于产品或项目物料清单，细化切分产品生产场景，利用大量数据进行建模和分析，从而实现从产品列表到物料需求的自动计算。采购价格预测同样是利用数据建模对大宗原材料、关键物资等进行合理预测，实现成本优化。

（四）工程资产

在工程资产方面主要涉及工程立项或资产采购、建设、盘点、减值、处置等过程，当前企业正在探索和实践的智慧应用场景体现在工程智能结算和资产智能盘点两方面。

工程智能结算。工程智能结算以资产全生命周期管理为核心，依托信息系统，实现统一化、集成化、信息化管理，对项目建设过程中产生的费用进行控制、分析和预警，完成成本自动归集、费用分摊和资产价值组合，并自动生成竣工决算报告。

资产智能盘点。射频识别技术（RFID）是一种自动识别技术，能够通过射频信号实现目标对象的自动识别和信息采集。实施 RFID 物联资产管理，在资产设备上放置物联芯片后，即可按照一定时间周期自动上传位置、设备使用状态等信息，实现了固定资产的实时监控，保证账实相符，大大降低了人工资产盘点和巡检的工作量。

（五）资金管理

机器人、系统规则引擎、机器学习建模等技术的应用，对于减少人工劳动量、确保安全、进行更稳健的资金管理有明显促进作用。

资金支付与付款失败重付。机器人自动从核算系统中获取待付款信息，整理成标准付款文件，自动执行网银登录及付款录入程序，提升付款效率与准确率。对于未成功支付的款项，通过内嵌规则引擎技术，以支付状态、指令状态、银行返回信息三项内容的支付指令状态实现付款失败原因的分类，在提升流程效率的同时避免重复支付资金。

支付欺诈扫描。实现支付欺诈扫描需要借助机器学习技术，生成欺诈特征识别模型，提取反欺诈规则并部署反欺诈规则引擎，系统智能审查预警支付指令，实现事前防范和事后审查的有机结合，规避支付欺诈及支付风险问题。

银企自动对账。机器人自动登录网银抓取账单数据，登录核算系统抓取账务数据，执行对账操作后输出银行余额调节表，确保对账工作及时、规范地完成，及时监控资金状况，反馈对账状态结果。

资金自动预测。企业借助数据建模实现对短期现金流的滚动预测，并从长期沉淀的历史数据中捕获趋势规律，预测整体资金水平，针对不同业务单元的业务模式和资金特点，建立业务到资金的明晰传导关系，优化资金配置效率。

（六）税务管理

税务管理是目前机器人应用较为成熟的领域，智能硬件及数据分析在税务核算方面也不乏应用，税务管理流程整体效率得到明显改善。

发票自动开具。机器人根据待开票订单数据信息自动完成发票开具，并将开票信息传递至相关业务人员，结合智能硬件，可以在任何时间完成发票的自动开具、打印、切分和盖章。

发票自动认证。发票自动认证可以通过系统接口或应用机器人实现。在系统接口形式下，进项认证系统直联税局系统，通过税号获取底账库中的发票数据，财务人员勾选符合条件的发票或进行一键抵扣，也可以通过机器人获取可认证清单，匹配发票清单并勾选，最后上传勾选清单完成自动认证。

税款自动计提。作为企业月结的重点工作之一，税款计提需要财务人员手动查询每项提税基数，完成税款计算，再将各税种税额录入计提单，工作量大且难以保证及时性。利用机器人能够自动进行信息提取、税金计算、计提单据录入和传递，取代繁复的手工操作。

纳税自动申报。当企业集团纳税主体数量多、发票数量庞大时，需要人工收集大量数据并编辑复杂计算公式。应用机器人能够快捷地完成进项发票信息的采集，批量生成指定纳税主体的纳税申报表并导入税局端系统，完成开票数据与申报数据核对、自动扣缴税金、核对申报结果等操作，大大提升了整体申报效率。

税务数据分析。企业沉淀汇集经营生产过程中涉及的发票票面信息、状态信息、关联信息等，搭建税务数据分析体系，例如基于进销项发票数据进行的成本收入分析、关联交易分析、抵扣分析等企业涉税分析，配合可视化动态展示分析结果，实现税务数据价值深度挖掘，辅助企业管理决策。

税务预警。税务预警主要通过利用数据统计及算法模型建立税务预警模型，为相关人员提供智能预警，包括到期未申报预警、滞纳金和罚款提示预警、税额未转出预警等，进一步地对关键指标进行监控，分析税务的整体走势，追溯并查明原因，及时采取措施，降低税务风险。

（七）总账报表

通过"系统+机器人"的模式，财务部门自动化能力得到提升，如今机器人在往来余额自动对账及合并报表自动出具流程中的应用已比较成熟。

往来余额自动对账。往来余额对账是年度例行报表审计的重要环节，财务人员需要对各家关联企业进行循环操作，检查往来科目余额是否一致并调整差异，工作机械性强且易出错。应用机器人能够实现全过程自动化，减少对财务人员的时间占用，降低出错率。

合并报表自动出具。合并报表机器人能够完成系统数据的导出、处理和计算，生成子公司单体报表，汇总单体报表并根据抵销规则生成合并抵销分录，最终形成合并财务报告。机器人缩短了单体及合并财务报告编制时间，增强了报告时效性。

（八）其他方面

除按财务职能进行划分外，其他方面的应用场景包括档案自动归档、智能问答、机器人管控平台和智能运营监控，它们是整个智慧财务应用的重要支撑。

档案自动归档。当前已有企业研发出智能硬件实现实物档案的自动归档，财务凭证单据通过智能硬件中的低负载机械臂代替手工归档，财务凭证实现自动送单、扫码核销、编号贴标和分拣归档，大大节省了人力投入。此外，还可以利用电子档案归档和查询机器人提升电子档案的归档和管理效率。

智能问答。智能问答是通过语音交互进行关键信息检索，例如查询某段时间内某地区产品的销量、各下属公司成本等数据，并根据指令理解生成对应的列表或图表。整合人机对话、知识图谱等人工智能技术，服务于管理者、业务人员和财务人员，能够快速提供管理报告相关业财数据支持，加速企业数字化转型。

机器人管控平台。随着企业成功部署机器人的数量不断增多，统一的机器人管理中心对保障稳定运行发挥着重要作用。机器人管控平台通常通过本地部署或云服务，对机器人进行灵活、便捷、可扩展的一站式管理，关注机器人规模化上线后的流程运行与监控、事件管理、配置管理、性能管理等，与前端机器人实施共同形成生命周期管理闭环。

智能运营监控。在财务运行效率方面，企业通过设计共享服务中心运营监控看板，及时掌握基础工作处理状态，为运营优化和其他管理提供支持。为了更好实现企业数字化管理，越来越多的企业也开始部署数据中台，结合可视化的管理驾驶舱，打造数据采集、分析、可视化的一体化平台，展示财务现状，并对业务进行监控预警、动因分析和预测。

五、智慧财务管理模式创新原则

大数据时代智慧财务管理模式创新虽然没有固定的路径，但是以下三个原则是在这一工作推进中必须遵循的：

（一）系统性原则

智慧财务管理模式创新牵一发而动全身，这一工作的系统性、整体性很强，这要求在开展此项工作的过程中，既要做好各项细节性的工作，又需要着眼全局，注意不同工作之间的整合、协调。从财务管理工作模块来看，智慧财务管理创新需要统筹兼顾会计核算、预算管理、成本归集、报销管理等不同的模块。另外，智慧财务管理创新不仅要考虑财务管理信息系统的创新，而且应考虑财务管理流程的创新。系统性原则要求智慧财务管理模式的创新需要处理好整体与局部的关系，充分考虑创新涉及的诸多内容，从而推动各项创新工作有序推进，顺利达到创新目的。

第六章 企业财务管理技术创新

（二）效率性原则

智慧财务管理模式创新需要遵循效率原则，将提升财务管理工作的效率、质量等作为出发点和立足点。传统财务管理模式工作效率偏低，仅仅依靠人工来对数据进行统计、核算、分析，非常耗费时间和精力，这影响到了财务信息的及时性、准确性。智慧财务管理模式的创新，能够充分利用大数据技术，借助人工智能、云计算来对财务信息进行自动、批量的处理分析，这样可以大大提升财务工作效率，确保企业经营情况得到及时反映，同时也可以将财务人员从繁重的、琐碎的日常统计核算工作中解放出来，这有利于提升企业财务与经济效益。

（三）持续性原则

大数据时代智慧财务管理模式创新并没有终点。一方面，大数据时代各类新技术层出不穷且不断演化升级，如人工智能、云计算等技术，这些技术成了推动智慧财务管理模式持续创新的内在动力；另一方面，企业经营环境发生变化，财务管理领域不断出现的新情况、新问题迫使智慧财务管理的创新不能停滞。基于上述分析，企业需要在智慧财务管理模式创新方面永不停步，不断去反思、剖析智慧财务管理模式的问题所在，并及时制订以及实施解决方案，确保这一财务管理模式更加完善。

六、智慧财务管理的应用框架与应用岗位

（一）智慧财务管理的应用框架

智慧财务管理应用框架是一个结构良好、有层次、有逻辑的架构，旨在将智慧财务管理的各个组成部分有机地聚合在一起，确保每个部分都在适当的层级和逻辑框架下发挥其最大功能。在智慧财务管理中，我们需要明确其内涵和外延。内涵指的是智慧财务管理的概念和本质属性，包括其基本理念、目标、原则等核心要素。而外延则指的是智慧财务管理的适用范围和实际运用功能，涵盖了具体的应用场景、技术工具、管理方法等方面。应用框架以内涵为基础，将外延囊括其中，形成了一个完整而有体系的结构。在框架中，各个外延因其与内涵的关联而被划分在相应的层级和逻辑中，使得每个外延都能在适合的位置充分发挥作用，同时与其他外延相互协调，实现整体智慧财务管理的目标。

智慧财务管理应用框架的三个层级（数据基础层、智能技术引擎层和综合应

用层）构成了一个闭环运作的系统。每个层级都承担着特定的功能和任务，共同为智慧财务管理的实现和发展提供支持。在数据基础层，重点是对海量数据的处理和管理，这包括数据的对接、采集、交换和存储。数据基础层的建设为后续的智能技术引擎层和综合应用层提供了坚实的基础，是智慧财务管理的数据支撑。

智能技术引擎层是智慧财务管理的核心部分，通过结合智慧技术，实现财务情景感知、决策者情感计算、前瞻性分析、智能报销、对账和合约等功能。在这个层级中，人工智能、大数据分析等技术被应用到财务管理的各个环节，提升了财务管理的智能化水平。综合应用层是智慧财务管理的顶层，将数据基础层和智能技术引擎层的成果综合应用，实现全面而广泛的财务管理活动。这包括业务财务、战略财务、区块链共享财务和生态圈财务等多个方面。综合应用层是智慧财务管理的终极目标，也是最能体现智慧财务管理本质属性的层级。在这个框架中，每个外延都被合理地置于不同层级，并与其他外延相互关联，形成层层递进、环环相扣的结构。每个外延都在合适的层级和逻辑下发挥自身功能，形成了一个有机整体。这样的应用框架使智慧财务管理更具实践功能和价值，为财务管理领域的发展带来了全新的可能性和机遇。

（二）智慧财务管理的应用岗位

智慧财务管理模式的推广带来了财务管理领域的巨大变革。通过引入智能技术和财务机器人，传统财务岗位的基础性工作得到了自动化和智能化处理，财务人员可以更专注于高级管理工作，如预测、决策、执行和评价等。这种模式提高了财务管理效率和准确性，同时也为财务人员提供了更广阔的发展空间。随着智慧财务管理的推广，新兴岗位逐渐崭露头角。信息需求岗的出现是为了满足企业对财务和非财务信息的需求，为企业决策提供有力支持；数据信息安全岗负责保障财务数据的安全，防止数据泄露和出现信息安全风险；数据资产岗则专门负责管理企业的数据资产，包括数据的收集、整理、分析和利用；算法设计维护岗则致力于智慧财务工具的算法研发和维护，保障智慧财务工具的高效运行；人机交互岗的角色则是协调财务人员和财务机器人之间的合作，确保二者能够有机结合，实现企业价值最大化。

智慧财务管理模式的发展，将财务管理带入了一个全新的时代。财务人员的职责和角色正在发生转变，他们将更多地成为决策者和战略规划者，参与企业发展和战略制定。财务机器人的普及使财务管理更高效、准确，大大提升了企业的竞争力和运营效率。这种融合了人工智能和财务管理的智慧财务管理模式，将会持续推动财务管理领域的进步和创新。

七、智慧财务的发展

（一）财务信息化发展历程

信息化技术是实现财务共享和智能财务的必备手段。张庆龙认为，建设一个良好的财务共享信息化平台是财务共享服务体系构架得以实现的基础技术支撑和先决条件，系统平台的统一搭建和整合是实现共享服务的关键环节。财务领域的变革，从最开始的会计电算化到会计信息化，再到财务共享和智能财务。20世纪80年代，我国计算机技术处于起步阶段，计算机设备等硬件比较昂贵，会计电算化未得到很好的发展。改革开放后，市场经济的发展对会计核算的效率、质量都提出了新的要求，会计电算化开始进入蓬勃发展时期。1997年，中国软件行业协会举办了"向ERP进军"发布会，标志着我国会计核算软件正式进入向管理软件转型的新阶段。21世纪，我国内需急剧扩大，经济快速增长，企业集团业务规模不断扩张，提效率、降成本、强管理成为企业发展所关心的问题。2005年开始，中兴通讯开始建立财务共享服务中心，2008年XBRL（可扩展商业报告语言）中国地区组织成立，我国会计信息化进入了标准化阶段。2016年德勤和Kira Systems联手宣布将人工智能引入我国会计、税务、审计等工作中，标志着我国进入了会计智能化阶段。随着网络技术的发展，财务信息化建设的技术支撑从基于C/S结构发展为基于B/S结构。C/S结构（Customer/Server）即客户机/服务器结构，它分为客户机和服务器两层，客户机通过一定的数据处理和数据存储能力，把应用软件的计算和数据合理地分配在客户机和服务器两端。它可以有效地降低网络通信量和服务器运算量。B/S结构（Browser/Server结构）即浏览器和服务器结构，软件应用完全在应用服务器端实现，减轻了客户端工作量，降低了客户成本，更能保证数据的安全性，更加适合大规模跨区域经营的集团企业。

（二）我国智能财务的发展

RPA、OCR等技术在财务共享中的实现，大大提高了财务效率，强化了执行标准，是信息化手段在财务上的一次完美结合。但是这两种技术手段较多运用于财务核算板块，没有深入业务分析层面，在业财融合方面效果仍不明显。但是，随着人工智能、大数据、云计算等技术手段的发展，这些手段在财务领域萌发了许多新的应用场景。吴践志等认为，我国一般企业对于业财大数据的运用尚处于起步阶段。有个别企业对大数据的运用比较深入，这些企业通过搭建大数据平台等方式，基于互联网运营数据和业务运营需求对数据进行治理、挖掘、运用。在人工智能方面，我国智能财务运用主要停留在感知智能层面，尚未进入运算智能、认知智能阶段，主要以 RPA、OCR 等实现手段为主。在移动互联网方面，因移动互联网技术比较成熟，近年来发展较为稳定，大部分企业对该技术的运用没有本质区别，主要集中在业务移动报账、在线审批审核、实施校验发票等方面。云计算的运用目前主要依托于各家财务软件开发实施公司。物联网的技术运用比较多，主要通过条形码、二维码等形式，对资产全生命周期进行管理。区块链技术的运用还未普及，以京东为代表的部分网络电商利用了这项技术给消费者带来品质保证。

未来智能财务的发展主要有两个方面：第一，目前智能财务的发展还在低智能阶段，今后将向着强智能阶段发展，即现阶段对 RPA、OCR 等技术运用较多，今后会在智能财务分析、预测、评估、模拟等方面有更多的突破与发展；第二，现阶段智能财务的运用前期需投入大量人力、财力，所以主要在大型企业、集团企业运用，随着技术的发展，"轻智能财务"的运用会普及至中小型企业，全社会智能财务的运用将迈上一个新台阶。

（三）智能财务体系及其应用

智能财务体系的构建包括业务流程设计、财务组织规划、制度体系设计、运营管理设计四大方面。业务流程的设计最主要的工作就是对业务流程进行梳理，在梳理过程中介入智能财务的运用思路，从而发现值得优化、改进的地方。以差旅报销为例，传统报账方式以员工自行订票再用纸质单据报销的形式开展，但结合智能财务后，可以引入商旅平台，为员工提供一站式差旅服务，这从根本上改变了业务的开展方式。财务组织规划重新划分了财务工作领域、人员职责，这是智能财务建设中的难点。尤其是大型国企，人员的变动与调整是一项跨部门的复杂工作，企业文化、组织结构、公司治理结构都会对其产生重要影响。对于跨区域企业，采用远程办公的形式，可以解决人员调动问题，而且通过目前的技术完全能够实现，不失为实现智能财务的一种较好方法。制度体系设计旨在保障智能财务的运用与实施。明确各部门、各岗位的职责，规范财务流程，防范财务风险，提高工作效率，确保财务信息质量。运营管理设计主要包括目标管理、质量管理、人员管理、服务管理。企业的首要目标仍是盈利,在不同阶段会有不同的战略任务,智能财务的运营管理目标应紧密围绕企业战略展开,并根据战略变动进行相应调整。质量管理是智能财务实施的根本,在企业中任何变革都应以保证质量为前提,一切会影响质量的变革都不可取。人员管理是智能财务实施的保障,对于智能财务能否顺利运行至关重要。企业要加强对人员的培训,敢于用具有前沿思维的人才,疏导部分员工的心理堵点,提高财务人员的整体素质,改变传统财务思维,积极拥抱新时代、新技术。

第二节 大数据技术在财务管理中的应用

一、大数据概述

大数据是信息技术中比较新颖的技术之一,具有极高的应用价值,目前已经被广泛应用到现代企业管理工作中,并发挥了积极作用。大数据能够将数据信息的收集、存储、分析、利用等方面大规模统一处理,真正做到有效信息的"量产",从而对企业经营生产起到推动作用。大数据提高了对数据和信息的加工处理能力,不再从浅表对数据信息进行分析,而是从深层次挖掘数据信息。目前对于大数据还未形成极为明确的定义,但无论从哪个角度分析,大数据的核心作用都是强化对数据能力的分析与利用,使数据信息价值最大化体现,这一点是毋庸置疑的。

大数据在实际应用过程中展现的优势特征极为明显,例如能够对庞大的数据信息进行整理和分析;可以对文字信息、图像信息、数字信息等数据信息类型进行准确分析;在对数据信息进行处理时,具有速度快、准确率高的特征;可以对繁杂的数据信息进行抽丝剥茧,从而找出最有价值的信息,并且可以从多个角度进行数据信息的搜集,数据信息来源渠道非常广泛;大数据可以用低廉的成本,换回数倍价值的数据信息,具有投入低、产量高的特征。这些优势特征无疑为现代企业的经营发展带来了积极影响,更使得大数据成为企业管理的核心技术之一。

二、财务管理使用大数据技术具备的优势

提高了财务数据的精准度与时效性。真实可靠是财务数据最基本的要求,在传统财务管理中,人工核算占据主导地位,相较于软件系统核算,更容易出现错误。

而且财务数据核算一环接一环，环环相扣，倘若某个环节出现错误未能及时发现，所造成的影响将扩散至多个环节，通过人工查找难以较快确定错误来源并及时进行更改。在大数据背景下，计算机取代人工成为主要的核算工具，只要将特定的算法程序输入软件，财务数据的核算便能在确保准确率的条件下迅速完成。

实现财务信息实时共享。在企业日常经营过程中，需要纳入财务管理中的数据非常庞大，类型复杂且规模巨大，数据收集存在较大难度，且难以做到实时共享。大数据技术很好地解决了这一问题，通过构建信息化平台，企业内部所有部门通力合作，各部门将内部发生的业务，录入同一个系统，供财务人员和管理者使用。这样不仅可以提升信息的收集效率，实现实时共享，还能提升数据的准确度，避免企业各部门频繁对账、复查赊销款项。此外，在传统财务管理中，原始数据往往不能将自身的价值发挥到最大。决策者所获得的数据多是层层处理后的数据有以下缺点：一是时效性有所欠缺；二是掩盖了原始数据存在的问题；三是该数据多是财务管理人员认为重要的，易受财务人员的主观影响。企业各部门借助计算机实时记录与传输原始数据，使数据核算更加精准，决策者更能及时掌握企业的全部经济状况。

提升财务管理风险控制能力。借助于大数据技术，企业财务风险预警准确率相较传统的依赖于财务指标进行预警的准确率大幅提升。财务管理相关人员可以通过网络爬虫技术及时、全面地获取人们发布在网络上与企业相关的信息，对企业舆情进行全面监控，还可以将获取的舆情信息在简单处理（去掉不具有分析价值的信息）之后进行情感倾向分析，形成确切的舆情指标，与财务指标结合起来，进行财务危机预警，提升财务风险预警的准确率，从而帮助风险管理人员制订更有针对性的财务风险管控计划和应急方案。企业的风险管理所依据的信息全面、及时，财务管理风险控制能力才会更上一层楼。越来越多的企业尝试引入大数据技术设立独立的财务风险控制中心，我国企业财务风险管理系统得到进一步优化，财务管理风险控制能力以及风险预测准确率得到显著提升。

提升企业财务分析工作效率。随着大数据技术的发展，企业财务分析工作受到了深刻的影响，其中最显著的变化之一是财务信息的透明度得到了明显提升。以往，企业往往只公开有限的财务报表信息，而对于大量更有价值的财务信息则严格保密。但在大数据时代，企业必须公开更多的财务信息，以维护自己的声誉和信誉，同时满足投资者、监管机构和股东的要求。大数据技术不仅使得财务信息的公开更加全面，还使其更加及时，企业可以借助大数据技术实时获取财务数据，并根据实时数据进行及时的财务分析，这样企业不仅能够迅速发现财务问题，还可以快速制订出解决方案。

提升财务预测能力。传统企业财务分析工作主要以事后分析为主，对事中分析与事前分析则缺乏应有的重视。借助大数据技术，可以在系统当中获取海量的数据信息，并且显著提升数据处理效率，为企业财务分析工作转型与升级提供必要的支持。同时，逐步改善传统财务分析工作滞后性问题，将更加先进的大数据技术合理融入企业财务分析工作当中，构建更加科学合理、行之有效的财务预测模型，从而显著提升企业对财务信息的科学预测能力，这也使得企业财务分析工作突破传统财务预算限制，顺利实现财务综合预测与财务综合分析目标。财务信息预测能力不仅可以显著提升企业财务管理工作效率，还可以节约大量的财务成本支出，因为大数据技术能够收集并处理各种类型的数据，包括结构化数据和非结构化数据，这些数据可能来自企业内部系统、外部市场、行业趋势等多个方面。通过分析相关财务数据、消费者行为数据和市场竞争情况等数据，企业可以发现未来的销售趋势，从而更准确地预测未来财务状况，使企业在经营管理过程中少走弯路，降低成本，确保企业可以在激烈的市场竞争环境当中脱颖而出，赢得良好的发展前景与广阔的发展空间。

显著提升信息分析工作效率。大数据技术应用于财务分析环节，可以科学分析、科学处理各式各样的财务信息，信息处理效率明显提升。由此可见，大数据技术有着传统财务分析工作模式难以媲美的优势与作用，可以显著提升财务分析工作效率。以BI数据分析软件为例，可以通过以下四个方面实现提升财务分析工作效率：第一，数据采集与整合，使用BI数据分析软件，可以从各种数据源（如客户关系管理系统、办公自动化系统）收集到结构化和非结构化的数据，如表格、图表、文字报告等，这些数据可以通过软件进行整合，保证数据的准确性和一致性；第二，数据探索与可视化，利用BI数据分析软件，可以快速地探索数据，发现隐藏在数据背后的趋势和规律，软件可以将数据转换成易于理解的图表，使财务分析师能够更加直观地了解数据；第三，数据分析与预测，软件可以使用机器学习和人工智能算法来进行数据分析和预测，如可以使用回归分析来预测未来的销售收入，使用聚类分析来识别不同的客户群体，使用决策树来制定预算和费用预测模型等；第四，提出业务优化建议，基于数据分析的结果，财务分析师可以向管理层提出业务优化建议，如制定新产品定价策略、优化营销预算、调整库存管理等，这些建议可以帮助企业更好地实现业务增长和利润最大化。

三、大数据技术在企业财务分析中的应用

（一）重视大数据技术的应用

当前，社会经济水平不断提高，企业财务分析越来越受到企业重视，而大数据技术在财务分析中的应用，对企业财务分析的质量与效率有积极影响。因此，企业财务工作人员应充分认识到大数据技术在财务分析中应用的价值与意义。首先，要重视大数据技术的应用，不仅要将其应用到财务分析中，还要将其应用到其他领域中，为企业发展提供数据支持。其次，企业应加强对大数据技术的资金投入。通过加大对大数据技术的资金投入，为企业财务分析提供更多支持。最后，企业应制定相关政策，鼓励财务工作人员学习大数据技术。

（二）建立完善的大数据技术应用机制

企业需要建立完善的大数据技术应用机制，明确各项工作内容，不断提升数据分析效率，保证数据信息的真实性。企业需要积极引进优秀人才，利用先进技术对财务数据进行分析处理，提高财务数据质量。企业还需要定期开展大数据技术培训工作，提高相关人员的综合能力，提升其分析能力与水平。企业还需要建立财务信息共享平台，利用大数据技术对企业各部门的相关数据进行整合与处理，减少数据传输的时间，提高工作效率。

（三）增强大数据技术在企业财务分析中的安全保障

首先，企业财务分析人员要对大数据技术进行深入了解，掌握大数据技术的基本应用原理与方法，从而保证企业财务分析工作能够顺利开展。在应用大数据技术进行企业财务分析时，要重视数据安全问题，及时对数据进行加密处理，并且要确保数据的安全性与完整性。其次，在进行企业财务分析时，要加强对相关人员的培训力度，提高其综合素质。同时，企业要加强对财务人员的管理力度，避免出现财务人员滥用权力现象。最后，在企业财务分析时要确保数据的安全性。另外，还要建立健全大数据技术在企业财务分析中的安全保障机制。企业财务分析人员要利用大数据技术对企业业务活动进行动态管理与监控。

(四)构建更加完善的应用管理体系

企业针对财务大数据应用开展管理工作,需要更加完善、健全的财务管理制度与财务管理体系作为支撑,保证财务大数据应用具备有效性与规范性。首先,不断优化、完善财务大数据信息管理工作体系,将其作为大数据技术应用的核心参考依据,确保大数据技术在财务分析工作当中的应用具备规范性与科学性,避免受到各种外界因素以及不稳定因素影响,保证财务分析工作效率与工作质量。具体而言,需要构建更加科学合理、行之有效的管理体系及管理制度,针对财务大数据信息开展全方位的建设工作,确保其与企业经营分析管理工作建立有效联系,体现出在战略性方面、可持续性方面及前瞻性方面的优势与作用,确保大数据系统应用环节执行能力稳固提升。

(五)合理引入大数据技术,显著提升财务分析工作效率

首先,企业在财务分析环节为充分发挥大数据技术在信息挖掘方面、信息整合方面及信息输出方面的优势与作用,需要结合市场发展规律及企业自身实际财务工作发展需求展开深度分析与综合性考量。在此基础上,确保大数据技术应用从关键层面逐渐转化到实施层面,借助大数据技术针对财务分析系统开展优化与调整,确保财务分析工作效率与工作质量稳步提升,显著提升财务人员的信息分析能力。其次,加大对大数据分析相关系统的预算投入力度,不断更新大数据技术设备,显著提升财务分析工作效率。在企业合理引入大数据技术的基础上,也需要定期针对财务分析系统进行优化与更新,随着大数据技术的不断更新换代,财务分析系统也将随之更新。通过此种方式,确保财务分析效率、分析质量稳步提升。同时,企业应当深度探索、合理应用大数据技术,推动财务分析工作智能化发展、自动化发展,充分发挥大数据技术的功能优势。

(六)提升财务分析工作认知能力,构建科学合理的管理理念

企业需要针对财务分析工作保持高度重视,突破传统财务管理观念的限制与制约,企业管理工作者需要将转变传统工作思路与工作观念作为优化财务分析工作的首要任务,从思想层面提升对财务分析工作的认知,构建更加科学合理、行之有效的财务分析理念,用于指导企业的一系列发展实践。除此之外,需要针对财务分析工作的开展及创新保持高敏感度,推动企业财务分析工作创新与发展。在此基础上,显著提升财务分析工作的整体认知水平,企业需要做到勇于创新、

不能墨守成规，要用发展性眼光分析问题、看待问题。针对财务分析工作的认知不能停留在基础层面，更不能停滞于最为基础的财务核算阶段，而是需要随着时代发展、企业改革工作的逐渐深入及大数据技术发展而做出优化与调整。确保企业财务分析工作实现与时俱进，不仅可以满足市场整体发展规律、企业自身发展需求，还可以为大数据技术提供广泛的应用空间，推动财务分析工作转型与升级，为企业重大经营决策提供核心参考依据。

四、大数据技术在企业财务决策中的具体应用

（一）企业融资、投资决策方面

1. 掌握更多融资渠道，选择最佳筹资方案

大数据时代下，企业可以获得的信息数不胜数。大数据环境给企业提供了信息优势，提高了企业与市场间的数据信息共享性。企业财务决策的根本工作就是收集有效的信息，进行信息之间的比对和分析，选择最优、最适合企业本身的信息，进而利用此信息进行决策。利用大数据技术，企业可以改变过去单一的筹资模式，利用资本市场的信息平台收集信息，利用企业内部的数据库分析信息，通过多种形式拓宽筹资渠道，降低筹资成本，进而提高企业的经营利润。与此同时，企业可以获得的信息量之大，也在一定程度上减少了因为信息不对称产生风险的可能性，为企业融资筹资提供了更多的可实现路径。

2. 进行市场信息筛选整合，选择最优投资决策

大数据技术为企业提供丰富的数据与市场信息。企业可以借助丰富的数据进行分析，结合市场的具体情况，确定原材料最佳投入量、生产最高产量等，再整合市场供需的要求，得到最优的销售方案，并且推动企业内部制订与之相匹配的存储、生产、运输、销售等计划。利用大数据的优势，企业可以减少成本浪费，严格规划企业运营的具体流程和规章制度，不仅提高了企业经营利润，还有效地提高了公司管理效率。

（二）企业适应外部、调整内部方面

1. 紧跟市场节奏，有效调整内部政策

大数据技术的应用为企业的分析能力奠定了夯实的基础。企业不仅可以利用大数据技术对生产资料的配置进行优化，还可以在市场未来前景预测方面进行分析规划。比如利用前几年的市场需求函数，再假设理想状态，对未来几年的市场

需求进行预测，从而据此调整企业内部的生产销售策略。就目前而言，这是一种最客观、最完善的预测手段。随着大数据技术的不断发展，相信未来会有更加精准的预测手段。

2. 及时吸引、培养高端人才，适应市场发展变化

在大数据时代，企业越来越多的财务工作需要与大数据技术相结合。若企业的相关财务人员不与时俱进地学习与大数据相关的知识，就无法及时处理当前企业财务方面的问题。若企业可以及时发现市场与时代的飞速发展变化，则可及时吸引和培养相关具体领域的专业人才。一方面，利用大数据技术，及时发现企业所需的人才；另一方面，及时引入和培养人才，可以进一步帮助企业持久地良性运行，由此形成良好的运营循环模式。幸运的是，随着2017年国际四大会计师事务所逐渐推出财务机器人，在给会计实务界带来冲击的同时，也为会计教育界带来了思考。越来越多的学校选择将会计实务带进课堂，摆脱过去枯燥无味的单一书本知识，将"活学活用"深刻融入教学理念。不仅如此，更多的学校还开设计算机与财务复合类的课程，如智能会计课程等，认真落实培养复合型财务人才的理念，为社会复合型人才的需求做出了保障。

第三节 人工智能在财务管理中的应用

人工智能技术是世界尖端技术之一，通过融入"智慧财务"管理，不但能够保证财务管理的安全，还能在很大程度上提升财务管理的工作效率。当前，人工智能得到了迅猛发展，各类新型商业模式也应运而生，这使得传统的企业财务管理已经无法满足人工智能视域下现代企业对财务管理新的需求。现如今，人工智能技术作为现代计算机信息技术的一部分，已有先例将这项技术成功地应用到了银行等金融机构中，还有部分企业也将其融入了财务管理模式中，用于追踪企业经营过程中各部门产生的相关财务信息。人工智能技术不仅可以用来分析企业财务报表，还能根据财务报表做出正确的决策。总的来说，智能化财务管理侧重于协同、信息共享，其更关注高价值流程领域的拓展延伸。通过"智慧财务"管理系统，企业资金与各类投资都能得到最优保障。

一、人工智能对"智慧财务"管理的影响

（一）人工智能特点

高效性。人工智能技术的快速发展，不仅优化了人们的工作形式，对财务管理方式的影响也较大，相比传统财务管理需要人工进行数据分析和处理的方式，人工智能技术可以通过算法和模型快速分析大量数据，从而达到快速决策的目的。这种方式不仅大大提高了决策效率和准确性，也极大地减少了人力资源的浪费。比如通过建立财务预测模型，可以预测公司未来的业绩和经济状况，通过对历史数据的分析和对未来市场趋势的预测，可以制订出更加科学的财务决策方案等。人工智能将对未来的财务管理模式产生深刻的变革影响，在不久的将来，人工智能技术将成为财务管理领域的重要工具，为企业的发展注入新的活力。

自主学习能力强。随着科学技术的不断发展，人工智能已经成为现代社会不可或缺的一部分，其可以通过自主学习来提高自身的准确性和可靠性，通过对历史数据的学习，可以不断优化自己的算法和模型，从而提高预测的准确性，这种技术已经被广泛应用于各个领域，如金融、能源等。在金融领域，人工智能可以通过对股票价格的历史数据进行学习，从而预测未来的股票价格走势，这种技术已经被广泛应用于股票交易和投资管理；在能源领域，人工智能可以通过对能源消耗的历史数据进行学习，从而预测未来的能源需求量。总之，人工智能的发展已经成为现代社会的一个重要趋势，通过不断地学习和优化，人工智能可以为各个领域带来更高的效率和更好的结果。

减少人为错误。在现代社会中，财务管理越来越成为一个重要的议题，人工智能技术可以自动进行数据处理和计算，降低了人为错误的风险，提高了财务管理的效率。在实际应用中，人工智能技术可以通过深度学习和机器学习等算法，对财务数据进行分析和预测，如对于企业的财务数据，人工智能技术可以通过对历史数据的分析，预测未来的收入和支出，提高企业的预算管理能力。此外，人工智能技术还可以通过对财务数据进行大数据分析，发现数据潜在的规律和趋势，为企业的决策提供更加可靠的依据。当然，人工智能技术并不是万能的，它仍然需要专业人士的指导和管理，因此，在运用人工智能技术进行财务管理时，专业人员必须保持谨慎和透明，确保数据的准确性和安全性，避免出现重要的风险和误解。降低人为错误的风险，提高管理效率和决策能力。

多维度分析。人工智能技术的广泛应用正在改变着人们的生活，尤其是在企业决策方面，其优势更是得到了充分发挥，与传统决策方式相比，人工智能技术不仅可以从财务角度对企业进行分析，还可以从市场、客户、竞争对手等多个维度进行分析，提供更全面的决策支持。通过对市场和客户行为的分析，人工智能技术可以为企业提供市场营销的建议，帮助企业更好地了解消费者需求，提升产品的市场占有率。通过对竞争对手的分析，人工智能技术可以为企业提供竞争战略方面的建议，帮助企业更好地应对市场竞争。从财务角度来看，人工智能技术可以通过财务数据分析，帮助企业进行财务预测和风险控制，为企业的财务管理提供有力的支持。此外，还可以对企业的投资决策进行分析，为企业提供科学的投资建议。人工智能技术的应用为企业决策提供更全面、更科学的支持，在不久的将来，人工智能技术将会在企业决策中发挥越来越重要的作用。

降低成本。随着人工智能技术的不断发展，越来越多的企业开始采用人工智能技术来优化财务管理，利用自然语言处理技术，可以对财务报表和凭证进行自动化的处理和分类，从而降低了人力成本和错误率。人工智能还可以帮助企业制定更加精确和高效的财务策略，例如通过对市场趋势的分析和预测，进行更加合理和准确的投资和融资决策，从而提高企业的市场竞争力和盈利能力。由此看出，人工智能在财务管理中的应用，为企业财务管理带来了更加高效和智能化的解决方案。

智能化决策。在现代社会中，人工智能已经成为一种趋势，不仅仅是因为它可以提供数据分析和预测支持，更重要的是它可以自主进行决策，从而提供更智能化的决策支持。智能化决策的出现，使得人们可以更好地利用历史数据和实时数据，更加准确地预测未来，并做出更为合理的决策。在这一过程中，人工智能扮演了非常重要的角色，它可以通过分析大量的数据，提供更为全面和准确的信息，从而更好地指导人们的决策。

（二）人工智能对"智慧财务"管理的影响

第一，突破人工劳动的时空限制。通过"智慧财务"管理能实现全天候高强度工作，并在保证工作准确性的情况下大幅提高财务服务效率。第二，可以做到严格规范服务。通过"智慧财务"管理能实时掌握最新财务数据库，并能囊括所有的财务管理制度，做到随时使新出台的规定迅速生效，还能有效规避因人工认知有限而导致的失误，同时节省业务人员与财务人员交涉时间，提高效率，也能改善单位工作氛围。第三，帮助实现自主办公。财务人员能够通过"智慧财务"管理系统，自主、灵活地选择业务办理时间，无须考虑空间限制，在线完成自主审批、凭证管理等多项工作。第四，帮助减少业务流程。"智慧财务"管理可以改变以往人工模式下需要层层复核的模式，将各项烦琐的财务手续转为计算机后台运行，从而减少财务业务的流程，同时还能减小人工工作负荷，降低人工成本。第五，推进信息共享。实施"智慧财务"管理，在网络平台上就能实现各部门财务数据实时共享。不仅如此，还能帮助财务人员对各类财务信息加以筛选，并予以整合。有了这一功能，可以大大缩短财务数据的处理时间，只需财务人员审核后，便可及时交给上级部门参考。

由此可见，人工智能时代的"智慧财务"管理发生了翻天覆地的变化。这对企业决策者和财务从业者而言既是机遇也是挑战。成功运用人工智能技术后，既减轻了财务从业人员的工作压力，又对财务人员的工作能力提出了新的要求。对企业决策者而言，这不仅减轻了其管理压力，而且增强了抵御风险的能力。

二、人工智能视域下"智慧财务"管理模式构建策略

（一）构建"智慧财务"架构

第一，建立数据基础层。对"智慧财务"而言，直截了当的数据就是最有力的支撑，与此同时，掌控大量财务实时数据也是人工智能技术发挥其应有效用的体现。因此，建立数据基础层的意义非同一般。在人工智能时代，财务工作不仅包括处理结构化数据，还要将非结构化数据的影响也纳入综合考虑范围。这是因为结构化数据通常以标签的形式存在，而非结构化数据需要根据现有的具体情况实现管理与储存。

第二，建立智能技术引擎层。构建数据基础层是构建"智慧财务"模式的基础，而财务工作智能化的进阶版本则是建立智能技术引擎层。引擎层是专业的技术操控平台，能够根据具体使用情景灵活地对业务流程进行调度安排。相比传统技术引擎，智能技术引擎是以深度学习为依据，形成新光学字符识别（Optical Character Recognition，简称OCR）技术引擎，通过对两种不同数据的统筹，实现图像提取。

第三，建立综合应用层。作为"智慧财务"模式中的重要环节，应对四个方面予以重视。一是专业财务。作为财务工作中的根本任务，专业财务是其他财务

工作顺利进行的必要前提。就这一方面而言，区域链技术将起到非常重要的作用，其因账簿的分布式特点，能够在很大程度上降低资金运转的风险。二是**业务财务**。作为专业财务的拓展部分，业务财务囊括了大量的财务管理流程，如产品营销等。企业可以通过二维码、传感器等手段将产品大量投放进市场，再对获取的相关产品营销情况进行统筹分析，了解大众消费者对此产品的需求。三是**战略财务**。就企业财务的整体情况而言，战略财务覆盖了企业财务管理的方方面面。例如价值管理，它是利用大数据的技术优势，从而深层次挖掘智能情景。四是**智能财务**，涉及的方面主要包括建立智能财务管理组织、维系财务系统运转智能化及加强对人员的智能化管理。从财务共享服务中心来讲，企业决策者应充分考虑人工智能技术给企业财务管理带来的各类影响，在保证控制好负面影响的前提下最大限度地实现"智慧财务"工作流程的自动化。

（二）具体开展路径

依据数据标准化打造数据"云化模式"。"智慧财务"使得财务管理工作越来越规范，流程也更精简有序。为成功打造"智慧财务"模式，其中数据标准化就是一项重要参数，同时也是实现"智慧财务"管理的有效途径。只有通过对财务数据的标准化设置，才能在此基础上打造好数据"云化模式"。此模式能方便财务部门及时获取来自其他部门的相关财务信息，更快整合提取可用信息。实现财务信息标准化不仅可以提高财务数据的实时有效性，还能为企业管理者进行决策提供重要参考。除此之外，云计算也为企业在财务工作中实现"云化"提供了技术保障。但对中小企业而言，打造"云化模式"的前期投入很容易使他们望而却步，从而成为发展过程中的硬性障碍。相反，对较大规模的企业而言，"云化模式"在经过前期投入后，反而能极大降低管理运营成本，进而加强自身财务业务建设。

构建内外联动、虚拟交互的开放型财务架构。要实现开放性财务架构，需要"云化"企业内部各部门财务数据。为达到真正破除物理壁垒这一目的，还需要建构能够同外部财务信息进行沟通的系统联动机制，从而建立能够进行深度交互的虚拟共享平台，就像国内在建的电子营业执照系统，即通过网络这个虚拟平台，足不出户即可在线完成企业执照信息的审核过程，接着自动生成相关企业的电子营业执照，再通过网络虚拟平台面向大众进行公示，最后完成社会监督后，向企业下发电子营业执照。信息共享的重要性也在这个内外联动、虚拟交互的开放性网络中体现了出来，倘若没有这一开放性网络，工序流程将会非常复杂，不仅耗费大量的人力物力，还会耗费更多的时间与耐心。

积极建立智能化财务运作模式。"智慧财务"的本质是帮助现代企业实现财务管理工作中的智能化运转。财务智能化运转不仅是指企业资金的自动运转，还包括对企业财务业务及风险的自动化管理。智能化财务模式的建立不仅可以进一步整合财务管理职能，还能精简传统财务业务流程，为企业创造更大的价值。在智能化财务运作模式中，财务管理不再是一项简单机械的操作，而是需要结合市场调研、售后服务等多个环节，与企业经营产生密切联系，并维系企业的整体运转。不同的企业有着不同的具体情况，智能化财务能有针对性地为企业提供不同的解决方案，并积极建构适应企业财务情况的相关财务组织。

三、人工智能背景下智慧财务的管理方式

（一）在智慧财务管理中应用专家系统

在智慧财务管理中所应用的专家系统，从本质上来说，是指在财务管理领域具有专家水平理解能力的程序系统。通过在财务管理中运用该系统，为财务管理系统赋予专家的工作经验和专业知识，便可以让财务系统像该领域的经济学专家一样工作，这样就可以在财务管理过程中，短时间内对相应的问题进行较高水平的解答。从专家系统上的结构来分析，专家系统主要是由一个专门领域的数据知识库构成，同时该数据知识库还配套了相应的推理机制和识别机制，这主要包括数据知识、推理系统、财务工作数据库、财务工作业务界面、解释程序、系统知识获取程序。

在智慧财务管理中运用专家系统主要可以通过以下四种途径，即人工智能通用的程序设计语言、计算机专用知识表示和处理语言、高级程序设计语言、专家系统自带语言。财务管理专家系统可以将相应的财务管理知识、财务管理经验和财务管理功能组合成一套完整的程序系统解决财务管理过程中出现的各种问题。

从通常意义上来说，智慧财务管理过程中的专家系统可以替代传统的财务管理专家来做一些相对复杂的财务管理工作，也可以对财务管理中的相关数据进行准确描述，对企业的经营报告进行诊断，对企业的经营效益进行分析，通过一系列实证来验证企业的财务数据。同时，专家系统还可以结合企业的经营过程中所处的市场环境和财务管理环境，以企业自身的经营理念来对财务报告做出最终的抉择。智慧财富管理中的专家系统在处理财务问题的过程中，可以将相对比较复

杂的财务问题分解成比较容易的多个子问题，然后再对每一个子问题进行单独的数据搜索，再进行求解。

智慧财务管理中的专家系统，还可以根据财务管理的相应内容分化为企业筹资管理专家系统（对资金进行管理）、企业投资管理专家系统（对资金进行投资）、企业运营管理专家系统（调控企业经营过程中的风险和危机）、企业分配管理专家系统（维持企业内部的联合运营）。

同时，上述的各个专家系统又可以被分化到财务管理规划中的各个部门，甚至专家系统还可以进入相应模块的子系统中，或与预测子系统、财务预算子系统、财务分析子系统、财务管理子系统、财务控制子系统等相应的子系统进行整合工作。通过系统与系统之间的整合工作，便可以在智慧财务管理中将专家系统的功能发挥得更加全面，这样就可以在财务管理中通过专家系统对财务进行准确的预测，使企业的财务预算更加贴合企业实际的运行情况。此外，通过智慧财务管理中的专家系统在财务管理中进行准确的财务决策，进而确保对财务进行全面的管理和控制。在上述保障专家系统正常运行的系统中，财务决策系统处于核心地位，其他相应子系统在财务管理中对财务决策系统起到辅助作用，因此又可以称为智能财务决策辅助系统。通过这套系统就可以在企业财务管理过程中，对企业的内部控制进行准确的评估，对企业的资产配置进行大致的评估，然后还可以通过相关的企业财务信息来预测企业的投资时间、贸易活动，或对市场投资过程中的投资方案进行优化和改进。

（二）在智慧财务管理中应用模式识别系统

在智慧财务管理中应用的模式识别系统，主要是指对在财务管理中对具有一定特征或各种形式的信息进行分类处理，再对这些信息进行逐个分析。而这些信息大致都包括数值类信息、文字类信息、逻辑关系类信息等，通过对这些信息进行处理和分析，便可以对财务管理中的相应事实现象进行解释和辨认。

目前，在智慧财务管理中应用的模式识别系统，通过以下七个方式进行识别工作：统计模式识别法、结构模式识别法、模糊模式识别法、多元数据图形特征、模式识别法、多元信息融合模式识别法、仿生模式识别法。下面介绍常见的三种模式识别方法。

统计模式识别法。在应用过程中，主要是通过财务信息中的特征向量进行描述，将财务信息中的每一个特征向量的元素，代表模式的一个特征或者属性。然后通过这些特征向量来构成相应的空间，通过该模式进行数据的自行获取、数据的处理、数据的特征性选择、数据的分类抉择。这样就可以通过计算机对财务信息中的各种数据特征进行分类识别，并对财务信息中有用的数据进行特征归纳，对相应的数据进行复原。

模糊识别。在智慧财务的应用过程中，主要是建立在最大隶属原则的基础上进行识别工作，然后通过计算机中相应的标准模型、数据库所提供的模型，对各个财务数据模型进行分类。模糊识别基本的运作思想是通过对已知的若干训练样本进行聚类模糊判断，再获取相应的标准样本信息，然后识别与计算待选择样本在各个模式中的相对隶属度。但是在实际应用过程中，模式识别系统易受人为干扰因素影响，这主要是因为模糊隶属度和可信度都是由财务工作人员事先确定的，因此在财务数据判断过程中存在着较大的主观性。

仿生模式识别。在智慧财务应用过程中，主要是对事物进行认识而不是对事物进行区分，该模式识别更接近于人类认识事物的特性。由于传统财务工作中的模式识别和分类算法都是基于确定了样本的前提下，对假定同类样本的互相之间关系进行判断，但是在客观意义上这些样本信息都具有一定的联系，所以部分样本信息无法被清楚地识别。但是通过仿生模式识别系统便可以发现每一个样本信息之间存在的关系，同时还可以通过仿生模式识别系统中的特征空间，将样本化为某种多维几何图形，从而对样本信息特征进行识别。

通过这些模式识别在智慧财务管理中的应用，可以更好地改善财务管理过程中的管理环境，同时还有效地识别了财务管理中的管理目标。在财务管理中，这些模式还可以识别出目前企业在经营过程中面临的金融危机和财务管理过程中的风险因素，这样企业管理者便可以针对这些风险因素，提出有针对性的解决策略。同时，在公司的财务管理过程中应用这套模式识别系统，可以对公司财务管理中的结构进行有效识别，这样就可以更好地帮助企业进行现金的管理，保障企业的资金安全，降低企业经营过程中的风险，从而化解企业的经营过程中潜藏的财务危机。

（三）在智慧财务管理中进行资源规划与配置

智慧财务管理系统通过对企业财务信息的有效识别和判断，便可以对企业内部的资源进行有效规划和配置。例如拜尔公司在2002年接受了大量的商业订单，超出了企业正常的业务处理能力范围，导致公司在经营过程中在存货管理上出现了一定的滞后。但是该公司通过财务管理上的思路，研制了相应的动态规划与配置工具，通过该套配置系统在短短几个小时内完成了传统资源配置过程中需要几个星期才能完成的任务。同样，如果将该套配置系统应用于企业财务的动态规划和管理过程中，那么必然也会大大提高企业财务管理的效率。

第四节　区块链技术在财务管理中的应用

一、区块链技术概述

（一）区块链技术的特点

区块链是一种数据库，它是通过自身形成的各个节点，对数据库上的数据进行存储、点对点传输、互相验证等，是基于互联网时代发展起来的创新应用模式。区块链的本质是一个去中心化的数据库，数据库里的信息一旦形成，便会一直留有记录并无法篡改，所有内容都可追溯其来源。区块链具有去中心化、不可篡改性、可溯源性、公开性等特点，这些特质使得在区块链不同节点间建立信任成为可能。

1. 去中心化

区块链网络由数量众多的节点组成，各个节点信息可以互相验证，而中心化信息局限于一个区域，信息有效性有待考证。去中心化是区块链技术的本质特点。

2. 不可篡改性

财务信息技术一旦在区块链中被记录之后，就会形成一个单独的信息区，该条信息将会被永久储存。区块链中的任何财务信息，都无法轻易被改动。从理论上来说，只有获得区块链的控制权之后，才有权限对数据进行更改，一般情况下需要同时控制住超过51%的节点才能获得控制权。这就在一定程度上增大了信息数据篡改的难度，而且即使篡改成功也会留下相应的痕迹。因此可以说，区块链上的信息具有不可篡改性，而这种不可篡改性，极大程度上保障了财务信息数据的真实、可靠。

3. 可溯源性

区块链采用了分布式账本，所有节点共同参与记账。一旦发生交易，区块链上的各个节点就会根据其权限，对相关事项进行记录，而各项记录在节点上相应地形成信息区，各节点可以互相印证，保证其信息的真实性，确保了交易信息的一致性和唯一性，从而实现了数据的可追溯性。

4. 公开性

区块链的整体运行都处于公开透明状态，每个区块链上具有权限的人员都会看到自己权限范围内的信息，并且这些信息都是实时备份，如果想要更改，需要各个节点拥有授权的人员共同同意，所以区块链上所有的信息都是公开并且可以相信的。

（二）区块链技术的优势与挑战

1. 优势

（1）增强安全性与防篡改性

区块链的核心优势之一是强大的安全性。每一笔交易都被加密并链接到前一笔交易，形成不可篡改的区块链。这使得数据更加安全，防范了潜在的欺诈行为。在财务管理中，这意味着财务数据和交易记录不容易遭到篡改，为企业提供了更可信赖的财务信息。

（2）减少交易成本与时间

传统的财务交易通常需要通过中介机构，涉及烦琐的验证和结算过程，导致交易成本高昂，交易周期较长。区块链技术通过去中心化和智能合约的应用，消除了中介环节，加快了交易的执行速度，并显著降低了相关成本。企业可以更迅速地完成支付、结算和其他财务活动。

（3）提高数据准确性与实时性

区块链建立在分布式账本上，确保了每个参与方都拥有相同的财务数据副本。这种实时共享的特性消除了信息不一致的可能性，提高了数据的准确性。企业可以更可靠地进行决策，基于实时更新的财务数据，而不必担心数据差异或延迟。

（4）促进透明度与信任

区块链的透明度是其独特之处，所有参与方都可以访问完整的交易历史记录。这种透明度有助于建立信任，减少了信息不对称的问题。在财务管理中，企业和金融机构之间的交易变得更加清晰可见，有助于构建更加稳固的商业关系。

（5）增强反洗钱（AML）与合规性

区块链技术具有不可篡改的特性，有助于增强反洗钱（AML）和合规性方面的工作。每一笔交易都可以被追溯到其起源，从而提高监管部门对交易活动的审查效率。这为企业在复杂的法规环境中更好地履行合规责任提供了支持。

（6）创新金融产品与服务

区块链为创新金融产品和服务提供了广阔的空间。例如基于区块链的智能合约使得金融产品的设计更加灵活，可以实现自动化的财务交易，从而推动金融行业朝着更加智能化和个性化的方向发展。

2. 挑战

（1）法律与监管环境的不确定性

当前法律和监管环境对于区块链技术的应用尚处于相对不确定的状态。不同国家和地区对数字资产的法规存在差异，缺乏一致的法规框架可能限制了区块链技术的普及。解决这一问题，需要国际社区合作制定清晰的法规和监管准则。

（2）技术标准与互操作性问题

区块链领域存在多种技术标准和不同的区块链平台，这导致了互操作性的问题。企业在不同平台之间进行数据交互和资产转移时可能面临困难，因此建立通用的技术标准和提高不同区块链系统之间的互操作性是一个亟待解决的挑战。

（3）社会接受度与教育障碍

广泛采用区块链技术需要公众和企业对其有足够的理解和接受度。目前，一些人对于区块链的理解仍然停留在数字货币的层面，而对于其在财务管理中的更广泛应用可能存在认知差距。教育和宣传工作是提高社会接受度的关键。

（4）隐私与安全性问题

尽管区块链本身具有较高的安全性，但隐私问题仍然是一个挑战。在财务管理中涉及敏感信息的情况下，如何平衡数据透明度与隐私保护是一个需要深思熟虑的问题。新的隐私保护技术和方法的创新对于解决这一问题至关重要。

（5）能源消耗问题

某些区块链共识机制，如工作量证明，存在大量的能源消耗。这不仅对环境造成压力，也增加了运营成本。因此，需要寻找更环保、高效的共识机制，以减轻区块链系统对能源资源的依赖。

（6）技术成本与复杂性

区块链基础设施的建立和维护可能涉及较高的技术成本和系统复杂性。企业需要投入大量资源来建立和维护区块链基础设施，这对于中小企业而言可能是一项巨大的挑战。

(7)沟通与合作问题

在区块链网络中，不同的参与方需要达成共识，而这往往涉及复杂的沟通和合作问题。构建共享的区块链生态系统需要各方积极参与，解决不同参与方之间的合作难题。

二、区块链技术在财务管理中的应用

(一)区块链技术在财务管理领域的应用现状

1.区块链技术对企业财务系统进行重塑

传统的财务管理，一般采用集中记账的模式，不同的岗位和人员拥有不同的岗位权限，在处理财务数据时，需要各个岗位协作分工，各岗位拥有的权利不平等。区块链技术会对各财务岗位进行重构，不设相关的中心节点，使业务操作无须授权，各个节点之间拥有相同的权限。所有的记账规则都是在区块链的底层协议中搭建好的，不再需要人工操作。由此，简化了财务系统的操作流程，提高了财务效率。

2.区块链技术对企业财务造假起到了遏制作用

财务造假一直是财务报告相关使用者最关心的问题，但是由于相关信息的不对称，财报使用者无法确定自己得到的报告是否真实、可靠。由于区块链技术的不可篡改性的特点，每一笔经济业务的发生，都会自动形成相应的财务数据并记录在各个节点上，形成相应的时间戳，若要更改数据信息，需要获得51%以上节点的同意，造成了财务数据造假的难度急剧增加，在很大程度上遏制了财务造假的问题。

3.区块链技术的应用促进了财务人员的职能转变

传统的企业财务管理往往是针对业务发生后的一些核算及分析，大部分都是机械重复地记录企业的经营成果。区块链技术的应用，将简化重复性、机械性的财务管理工作，使财务工作人员可以从原本烦琐的会计核算工作中解脱出来，将更多的精力投入到更高价值的工作之中，比如财务分析、战略分析等，有利于财务工作效率的提升。

4.降低了企业的运行成本

区块链技术的应用，降低了企业收集数据所耗用的时间成本，实现了企业对经营数据的实时监控。企业财务部门可以事先设计好标准化数据技术，有相关业务发生时，可以自动通过预先设计好的数据技术，将数据传输给业务部门，与企业发展的各个阶段的利益相关者进行关联,减少企业在一些标准化流程中所耗用的时间,进而可以有效降低企业的各项成本,节约人力、物力、财力,提高运营效率。

(二)区块链技术的具体应用

1. 财务管理信息审批的应用

财务管理信息审批是指企业或组织在财务管理过程中,对需要进行审批的财务信息进行审核和批准的流程和程序,是现代企业财务管理中极其重要的环节。在传统的财务管理信息审批流程中,以资金支付单审批流程为例,首先需要经办人填制单据,并在OA上提交,需要银行转账的业务,必须提供准确的账户信息;再由部门负责人审核本部门人员填制的资金支付单;公司审计审核事项及价格的合理性;财务内控按照财务规范审核单据,打印审核流程完毕的单据;财务主管按照规范复核单据;由副总经理审批;最后财务出纳进行报销、付款、挂账。在此传统流程下,参与人员过多,容易出现数据录入错误、审批周期长、管理标准不统一等一系列问题,难以从根本上确保财务管理信息审批的及时性、准确性。在区块链技术场景下,首先,将待审批的财务信息分为对公财务信息和对私财务信息,对公财务信息包括政府部门与企业对接的财务审批等相关信息,对私财务信息则包括企业内部各项财务活动的审批信息,其中包括资金支付单审批流程等;其次,运用区块链中的智能合约等技术,在更为安全的加密场景下,实现财务信息的准确分类,并调用区块链中相关应用功能,对审批完成的财务数据进行分类存储,建立对应的私有审批区块链和公有审批区块链。相比于传统的财务管理审批流程更为安全和智能。

2. 分布式账簿的应用

分布式账簿指的是一种基于区块链技术的数据库,在多个节点上完成分散式存储,所有的节点通过共识机制和特定的密码学技术保护财务数据的安全性,同时,全网参与者共同记账,这使得账簿更加安全透明。这种新型的分布式账簿可以有效缩短传统模式下不同账簿的生成时间和降低成本,提高财务工作的效率,也能有效分散过去单个财会人员的会计责任,避免出现财务信息记录的偏差。

3. 财务信息处理的应用

从将计算机技术应用到会计信息系统中以来,企业内部或不同企业之间的系统之间交换财会财务信息的需求开始出现。早期的电子数据交换主要适用于贸易货币的计算机系统之间进行商务信息的交换，进入互联网时代后，上市公司与外界进行更为直接广泛的会计信息沟通，需要借助跨平台可扩展的 XML 技术和 XBRL 技术。直到如今，随着大数据、物联网、云计算等技术的发展，企业内部、企业之间及企业与政府组织之间的财务信息的交换显得更为迫切。在区块链应用之下，企业内部的财务信息实现了循环式交换，从财务信息的生成、分析、消费及传输，形成了更为紧密的闭环传递链条，例如财务部会和银行、税务部门、证券公司等单位通过去中心化的区块链技术，真正实现点对点的协调办公，使交易的流程趋于简洁化，甚至消除不必要的重复性验证和麻烦的操作流程，从而提高结算、清算等工作效率。

4. 智能合约的应用

智能合约是以信息化方式传播、验证或执行，运行在可复制、共享的账本上的计算机程序，是事件驱动、自带状态的智能合约程序，具有安全性、可靠性、公平性和高效性的特点。智能合约涉及 Solidity、WASM、脚本语言、LLL 等技术和算法，具有由多方计算、分布式存储和无法单方面篡改结果的特点，可规避单点失效风险，确保合约按规定执行，可靠性强，代码公开透明，使用 P2P 去中心化网络减少中间环节，在财务管理中应用智能合约，可以提高财务管理的数据安全性、业务规范性和财务数据透明度。

从财务平台与区块链技术的融合，结合现状及技术特性，通过区块链在智慧财务管理中的应用选型 SWOT 分析，组建联盟链的数据上链是一种更佳的选择。对于联盟链，优势（S）表现在只允许特定节点上链，面向特定组织，保密性强，有安全管理，支持监督监控，劣势（W）表现在产生潜在中心的弱中心化现象，机会（O）表现在监管层青睐，有政策扶持，更适合在大数据财务平台的融合，威胁（T）表现在读写权限由联盟规则制定；对于公有链，优势是去中心化，只须遵守一个共同协议，劣势是数据保密性低，机会是容易参与，威胁是不需要身份验证；对于私有链，优势是保密性强，劣势是只运行在内部，不对外开放，只有少数用户可用，机会是适合内部应用，威胁是由机构单一控制，不具备去中心化的功能。综合 SWOT 分析研究表明，基于区块链的智慧财务管理选择联盟链组链为最佳。

当前，智能合约的运用还在不断探索优化中。其在财务管理领域的应用还需要技术和法律的支撑，但智能合约有望在财务管理中发挥更大的作用，其创新方式可以提高效率、减少人为错误并增加财务数据的透明度和可追溯性。智能合约的优化方式主要有以下三种：一是财务审计智慧化，智能合约可以助力审计人员快速验证账目并发现任何异常或欺诈行为；二是支付和结算智慧化，智能合约可以根据确定的规则自动触发付款并完成结算，同时降低支付风险和成本；三是资产管理智慧化，智能合约可以验证上链数据跟踪和管理资产的所有权和交易，确保资产的真实性、可追溯性和安全性，提高资产数据的透明度和信任度。区块链智能合约在财务管理中的广泛运用，能够解决传统财务管理中依赖中心化的机构存储和验证信息，导致数据不对称和可信度不高的问题。通过分布式的记账和验证机制的应用，参与者可以共同验证和监督，确保财务数据的透明性和可信度，通过智能合约规则，自动执行付款、收款或转账等操作，提高财务管理的效率和准确性。财务管理中数据安全性是重点，区块链的智能合约使用加密算法保证了数据的安全性，任何人都无法篡改已经存储在区块链上的财务数据。

三、区块链技术的发展前景

（一）行业发展趋势

金融服务业是区块链技术最早得到广泛应用的领域之一。未来，随着监管环境的逐渐明晰和金融机构对区块链的进一步接受，预计会看到更多的区块链解决方案用于支付结算、证券交易、跨境汇款和金融衍生品等方面。数字货币和中央银行数字货币（CBDC）的兴起也将推动金融行业进一步整合区块链技术。区块链在供应链金融中的成功应用为供应链和物流领域带来了新的机遇。未来，区块链将继续改善供应链的透明度和可追溯性，减少信息不对称问题，提高供应链的效率。通过数字化资产和智能合约，企业可以更好地管理供应链中的资金流动，降低运营成本。区块链技术有望在不动产和房地产领域推动更多的创新。通过将不动产信息记录在区块链上，可以实现房地产交易的高效、透明和安全。数字化资产和智能合约也为不动产的分销、租赁和管理提供了新的可能性。区块链在跨境贸易和国际支付中具有潜在的巨大价值。通过简化跨境交易流程、提高支付效率和降低成本，区块链技术有望成为国际贸易中不可或缺的一环。数字化货币和智能合约的使用将推动国际支付的创新。个人财务信息的安全存储和共享将受益于去中心化的身份验证系统。未来，个人可能通过区块链来更好地管理自己的财务数据，金融服务将能满足更加个性化的需求。区块链在社会公益和慈善事业中的应用也在逐渐增加。透明度和可追溯性的特性使得捐赠和资金分配更加透明和可信。区块链可用于确保捐款的流向，减少慈善机构的运营成本，并增强捐助者对于善款使用的信任感。区块链技术将与其他新兴技术融合，推动数字化转型的加速。人工智能、物联网和区块链的组合有望创造出更智能、高效的财务管理系统。这种技术融合将为企业提供更全面、实时的数据分析，支持更智能的决策制定。

综合来看，区块链技术在财务管理中的前景十分广泛，各行业都有望通过其特性实现更高效、安全和创新的财务管理方式。未来，随着技术的不断发展和各方对区块链应用的深入理解，其在财务领域的应用前景将更加引人注目。

（二）未来发展方向

区块链技术有望与其他新兴技术深度融合，如人工智能（AI）、物联网（IoT）和大数据分析。这种融合将创造出更为智能和高效的财务管理系统。例如，结合区块链和人工智能，可以实现更智能的合约执行和风险管理，同时物联网技术能够提供更多实时的交易数据，为区块链提供更为丰富的信息来源。随着对个人隐私和数字身份安全性的关注增加，区块链可以提供更安全、去中心化的身份验证系统。个人可以通过区块链安全地管理和分享自己的身份信息，这对于金融服务、在线交易和数字化业务来说将变得更为重要。智能合约是区块链技术的重要组成部分，未来其功能有望进一步发展。更复杂的智能合约将能够执行更复杂的财务规则和条件，从而在金融管理中实现更多样化的应用。这有望推动金融产品和服务的进一步创新。去中心化金融（DeFi）是区块链领域的新兴概念，其发展将推动传统金融体系的改革。未来，DeFi可能会成为财务管理领域中的一个重要发展方向，为用户提供更开放、透明和高效的金融服务。随着人们对区块链技术认知的加深，未来社会对于区块链的接受度将逐渐增加。教育和宣传将起到关键作用，帮助更多人了解区块链的潜力和应用，促使其更广泛地融入财务管理和其他领域。未来区块链技术在财务管理领域的发展方向涉及技术、制度和社会多个层面。区块链有望在未来为财务管理带来更为深刻的变革。

第七章　新经济形势下财务会计与管理会计的融合

第一节　财务会计与管理会计的异同点

一、财务会计与管理会计概述

（一）财务会计与管理会计的内涵

财务会计是对企业已发生的交易事项，运用专门的方法进行确认、计量，并以财务会计报告为主要形式，定期向各经济利益相关者提供会计信息的一种会计活动。传统的财务体系流程是这样的：每当季度统计或者年度统计的时候应该是会计师最忙的时候，因为他们要面对的是数以百计甚至数以千计的文件，他们需要一点点认真核实，必须一丝不苟，以免出现差错，毕竟一个小数点、一分钱的问题在财务上都是大问题，乃至要重复多次核算，直至不差分毫。他们也各有分工，比如：有专门分管财务报销的，会计师需要提前几天把需要报销的文件都整理出来，有的文件涉及金额比较大还需要跟报销者核对，以免出现差错，给公司造成不良影响；有专门发放员工工资的出纳员，他们更是要一丝不苟，因为员工最在乎的就是工资绩效的发放，会计师需要在工资发放前一周核实员工的考勤等情况，个别员工工资有较大出入的还需要跟员工本人核实情况，确保每一个员工对拿到的工资都没有异议。

管理会计则是采用新型的信息技术，通过基础数据，依据企业的发展方向给出科学合理的规划方案、顶层设计，最终落地的过程。其每项环节都必须进行成体系的整改和优化，在未来的财务工作中，应转变工作职能，立足于大数据时代，进一步丰富工作内容，向企业的市场营销、经营管理、售后等多个关键领域进行拓展，基于财务管理的基础数据和把控方向，建立崭新的管理机制，结合企业重大决策和发展的战略方针，在管理层面进行财务把控，以及对企业财务决策做出正确指引。

（二）财务会计的特征

客观性。财务会计具有客观性这一显著特征，财务会计致力于精确反映公司财务情况，强调公司的实际情况和数据的可信度，为管理层和投资者提供决策依据。

历史性。财务会计是企业财务工作中一项至关重要的内容，它以企业过去的财务活动为基础，通过系统的会计核算，形成了一套完整的财务信息，为全面了解企业的经营状况提供了有效的工具。

综合性。财务会计与企业息息相关，涉及所有的财务活动，如收入、支出、资产、负债等，它犹如一面镜子，将企业的财务状况和经营结果全面地反映出来。

稳定性。在会计制度的严格约束下，财务会计人员须按照既定的步骤和策略，对财务数据进行细致的记录和整理，以确保财务信息的准确性和可靠性，从而维持其稳定性和可比性。

外部性。财务会计的主要用户是外部利益相关者，如股东，他们通过财务会计报告了解公司的财务状况和经营成果，从而做出投资决策。企业财务报告能够更直观地反映出企业当前财务状况和经营成果，使得外部利益相关者对企业有更深入的了解。为了确保企业决策的准确无误，财务会计工作必须加强信息的真实性和可靠性，使财务数据全面且稳定。

（三）管理会计的主要职能

前景预测职能。管理会计认真分析目前市场经济环境和发展规律，并结合企业实际的战略目标和正在实行的管理制度和运营模式，进一步选择合理科学的分析模型，对企业未来的产品的成本、销售、利润以及现金流量等进行量化分析，准确地预测企业未来的经营状况，为企业的决策提供可靠的信息。

经营计划决策职能。管理会计根据对企业未来经营状况信息的预测，结合现今经济市场规律和国家宏观政策，利用科学合理的手段和方法对未来企业的战略目标、实施方案、经营模式等进行分析和判断，进而选择最佳方案。企业进行各种经营活动的决策直接决定着企业未来的发展状况。管理会计根据财务信息，提供相关决策方案并对不同的方案进行分析优化，帮助企业管理者选择更加科学合理的决策方案。管理会计在这一过程中的主要作用是为最高管理者的决策提供各种参考信息和依据。比如在企业进行的经营目标决策和投资目标决策中，管理会计提供各种决策信息和决策依据等。

战略目标规划职能。在总结企业历史经营活动以及准确预测企业未来的经营业绩的基础上，对企业的战略目标进行合理的计划和安排。企业战略目标规划主要是在分析相关资料和数据后，再次对该目标进行战略分析，更加准确地制订企业的规划方案。管理会计的职责就是进行各种规划方案的制订和各种财务预算，将企业制定的目标和财务预算结合起来，进而形成一套企业战略目标规划蓝图，使得企业资源能够充分利用，并能够完善相关绩效考核制度。比如，进行企业活动的"本—量—利"计算和预算等。

经营活动控制职能。管理会计对企业的经营活动进行指导、干预和调整等，进而使得企业经营活动能够按照企业计划执行，进而达到企业制定的目标。控制则伴随着企业经营计划从开始执行到结束的整个过程。该阶段，管理会计在计划执行之前进行企业经营活动的规划，并在计划执行的实际过程进行合理的控制。也就是说，管理会计在计划执行之前，进行各种指标的确认，并在执行过程中将企业经营活动指标与原计划指标进行对比分析，并对存在误差的指标进行分析，找出原因，及时地制定相关措施并进行改进，保证企业经营活动能够达到预期的目标。

经营业绩考核评测职能。管理会计针对企业经营业绩进行考核，也就是将企业实际效益和计划效益进行比较，并对企业不同部门以及各个职工进行业绩考核。考核目的是对员工和部门进行约束和激励来提高员工工作积极性，提高部门整体业绩。管理会计通过建立健全相关制度，对企业经营状况进行客观公正的考核，也就是对企业各个部门职责分工的执行力度和效度进行考核，为对各个部门和员工进行奖罚提供科学的依据，此外，通过考核找出部门工作的不足和缺点，进而提出改进措施，使其在今后的工作中避免出现类似的问题。

（四）管理会计工具

1. 管理会计为管理会计工具发展演进奠定基础

管理会计是在融会贯通企业经营战略目标、财务规划等的基础上，对企业内外部经营活动进行预测、评估、规划及管控的过程。从管理会计发展阶段来看，管理会计一般分为决策性管理会计和执行性管理会计两类。执行性管理会计是依据泰勒的科学管理学说，并借助成本会计和预算进行财务控制；决策性管理会计则是基于现代管理科学，结合行为科学形成的大数据时代管理会计体系。

随着现代信息技术在企业中的广泛应用，温素彬等认为企业经营所需的信息跨级式增长，大数据、大容量都成为现代企业会计信息管理的主要特征，企业为顺应此类现实要求，开始充实管理会计内容，逐渐形成初步的管理会计体系，如作业成本管理会计、人力资源管理会计、关键性绩效指标评价管理会计、平衡计分卡评价法管理会计等，这些内容共同构成了企业管理会计工具。

在企业管理会计中，管理会计工具内容包含了成本预测、项目决策、成本控制、责任控制等多个方面。从内容涵盖范围划分，管理会计工具包括预决策会计、责任会计、规划控制会计，三者共同形成现代管理会计基本内容，既相辅相成，又相互独立。因此，企业为更好地经营，就需要管理会计工具三大基本内容围绕企业利益最大化的结果导向，使用管理会计工具及时发现、预测预算成本与实际成本的差异，并做出相应调整。这样的调整一般分为初期目标成本分析、成本过程控制分析、成本结果调整。企业实际经营中，必然存在实际与预测成本偏差的情况，这就需要进行成本费用再规划，关注公司费用发生总过程，均衡企业资源，重新修订企业宣传、规划、方针等，提高企业管理水平。借由这样的企业管理会计工具，可以提供更多的企业内部运营管理信息，在不断调整中适应企业战略目标。

2. 成本控制视角下管理会计工具的应用

企业是以盈利为目标而建立的经济组织，企业管理会计存在的核心目标是控制项目成本，实现企业效益最大化。管理会计工具的使用成为找出影响企业项目成本的因素，及时检测出预算成本与实际成本间差异的关键所在。依照这些差异，企业制订合理的成本解决方案，使实际成本控制在合理范围内，达到效益最大化目标。另外，不能片面地将固有管理会计工具模式运用在经营特点不同的企业中。管理会计工具的运用，应在协调企业内部发展状况基础上适当加以调整。具体可遵循以下两方面原则：

其一，目标管理原则。在确认企业经营决策目标基础上，充分考虑实际经营情况，预测现有会计管理工具是否能够使企业未来成本控制得到预期成效。

其二，全面性原则。管理会计工具涉及企业成本控制的每个环节，能充分发挥企业人员主观能动性，挖掘出企业内部成本控制潜力，进而提升企业经营效益。

在上述原则支持下，管理会计工具涉及领域一般包含以下方面：战略管理领域，如战略地图、价值链管理等；预算管理领域，如全面预算管理、作业预算管理；成本管理领域，如目标成本管理、生命周期成本管理；营运管理领域，如标杆管理、边际分析等；投融资管理领域，如贴现现金流法、项目管理资本成本分析；绩效管理领域，如平衡计分卡、关键指标法；风险管理领域，如风险矩阵模型、单位风险管理框架。

二、管理会计与财务会计的联系

（一）服务对象的一致性

管理会计是从传统会计中分离出来与财务会计并列，着重为企业内部改善经营管理，提高经济效益的一个企业会计分支。重点围绕价值的创造和维护，将企业的战略、财务、业务融合在一起，并结合企业既往的财务发展状况及活动规律，对企业的经营活动进行事前预测，实现对风险的有效规避。对于财务会计而言，需要按照会计的规范性和统一性，监督与核算企业已经完成的资金运作，报告企业经营成果和财务状况的职能，并为与企业存在一定经济关系的相关政府部门、债权人等外部单位提供信息。基于现代的经济制度，会计学的内容产生了根本性的变化。比如近期在企业所应用的会计学理论当中，就包含了财务会计与管理会计两个方面。管理会计与财务会计两者源于同一母体，都属于现代企业会计，共同构成会计系统的有机整体，两者相互依存，相互制约，相互补充。管理会计所需的许多资料来源于财务会计系统，它的主要内容是对财务信息进行深加工和再利用，受到财务会计工作质量的约束，而财务会计的发展与改革，要充分考虑管理会计的要求，以扩大交换处理能力和兼容能力，避免重复和浪费。

（二）服务目标的一致性

管理会计和财务会计共同服务于企业的管理目的，其最终目标都是改善企业经营管理，提高企业经济效益。两者的主要指标相互渗透。财务会计提供的资金信息、成本、利润等有关指标，是管理会计进行长、短期决策分析的重要依据，而管理会计所确定的计划是财务会计进行日常核算的目标。二者的主要指标体系和内容是一致的。管理会计利用财务会计的会计核算、分析方面的优势去收集处理资料，财务会计利用管理会计的先进方法简化核算，强化分析和检查，提供会计信息。因此，即使这二者之间在操作的过程当中存在着不同之处，但是都能进一步促进企业发展，提高企业的经营利润。二者在实际应用的过程当中，总体目标也是具有一致性的。

三、管理会计与财务会计的区别

（一）应用意义不同

作为会计学上的两个子系统，管理会计与财务会计具有一定的统一性。首先，管理会计作为会计家族的新成员，其前身是被包含在财务会计中的。经过剥离后，虽然从信息源角度来说，两者仍旧具有较强的共性，但在财务信息和财务处理方面，也具有较强的差异性。在企业当中，财务会计，是指在企业内部已经完成当年的财务计算，以及所有资金的全面核算工作，然后再根据所有的财务报表和财务信息，履行自身的监督职责，对企业的经济利害关系进行有效的分析，将所有部门的财务状况及整体的盈余状态与信息标准和总体核算的目标进行有效对比，减少各个部门的总体资金与预算资金的差异，确保内部的经济管理活动正常运行。管理会计的职能是通过企业经济效益的发展情况，进一步提高其经济效益，比如成本的监督与控制、费用的统筹规划，根据所有的资金流向以及其他的信息资料进行有效的分析，以数据为载体，针对企业当中的各级管理人员的经济经营活动内容进行有效控制与规划，帮助企业管理人员对当前企业经济发展的方向进行有效选择，以此实现对其内在运行的一种决策。因此，管理会计在企业当中占据着重要地位，其自身的管理方式与决策方式，不仅能够有效地提高企业的经济效益，还能够提高企业的管理水平。此外，在企业当中，会计管理是实现企业战略发展方针的主要方式之一，同时也是实现其内外业务活动与财务经营一体化的最有效工具之一。

（二）信息资源的获取渠道不同

在现代企业会计系统当中，会计可划分为两大类：一是针对外部经济的外部会计；二是针对内部经济的内部会计。这二者在具体运行的过程当中，会因其信息来源的不同而产生具体的划分。因此，也可以说在企业当中的管理会计与财务会计就是内部会计与外部会计的有效应用。其整体的职能在进行划分的过程当中，因其信息的来源不同，就会导致其具体的应用方式有一些不同之处。如所谓的外部会计，就是常说的财务会计，该岗位的工作方式，其实就是对企业外部所有的经营活动以及投资决策等内容进行有效分析，并依据历史数据对其投资的决策进行数据分析，以此实现规避企业发展的风险，同时也能够记录企业日常的经营活动以及汇总相关资金数据。而内部会计也就是管理会计，其自身的职能更加偏向于管理的内容，并通过有效的监督和控制手段针对企业内部发展以及相应资金的使用情况，进行风险评估，同时对其进行有效的风险应对，并对其结果进行绩效考核，以此强化内部运行的积极性和合理性，达到运营的最佳状态。

（三）管理体系的不同

从整体概念上讲，财务会计与管理会计体系是不同的。首先，管理会计更偏重于管理。其在运行的过程当中，并不受会计制度的制约，也不受会计体系的干扰。而是要接受管理体系的控制以及管理体系的制度制约。因此，在管理会计履行相关职责的过程当中，只接受管理人员的有效控制，并通过其内在系统进行制约，全员参与其中，发挥各自的潜能，通过放、管、服等措施，建立主人翁责任感，实现企业部门的有效管理。而财务会计主要受会计制度的制约，其自身在履行相关岗位职责的过程当中，既要遵循国家的法律法规，还要遵守公司的章程规定。其次，二者在时间上也有一定的不同。管理会计在管理的过程当中，需要针对过去的活动以及未来的活动同时进行相应的信息处理和预测，根据已有的活动经验，推导即将可能发生的活动情况，进而规避风险。而财务会计则是根据企业内部的整体资金流向，以及实时资金流向情况进行有效管理，更偏向于对于已经完成的事物进行处理，并保证其整体资金的应用合理性和应用平衡性。

（四）信息的应用精度不同

在企业运行的过程当中，由于财务会计与管理会计整体信息反映的精度并不相同，因此，其具体应用的过程当中也有一定的区别。例如在财务管理的过程当中，财务会计自身需要反映出公司在过去运营过程当中整体经济活动的发生情况，也就是根据各个部门所有资金的流向进行总结，以及对资金流向和资金投入、产出的有效对比，反映资金的利用情况。因此，财务会计自身的职能之一就是将整体资金的流向信息体现在财务报告当中。管理会计主要是针对企业未来发展的过程当中，可能会发生的风险因素进行有效的规划，并针对未来活动当中可能要花费的资金或其他行为进行预测，以此实现对信息的有效推理，从而实现对于风险的规避。但是，由于未来的事情具有一定的不确定性，因此，管理会计所提供的信息具有一定的模糊性。

四、财务会计向管理会计的转型

（一）新经济时代会计的任务发展

1. 赋能价值创造，助推高质量发展

党的二十大报告提出高质量发展是全面建设社会主义现代化国家的首要任务。高质量发展首先是经济的高质量发展，既要提高效率，又要防控风险。现代会计在促进微观企业发展、宏观经济治理和防范金融风险上都有先天优势，应该发挥更大作用。

推动一流企业建设。高质量发展是全面建设社会主义现代化国家的首要任务。加快建设产品卓越、品牌卓著、创新领先、治理现代的世界一流企业是促进国有企业改革、推动高质量发展的重要任务和目标。2022年2月，中央全面深化改革委员会审议通过《关于加快建设世界一流企业的指导意见》。同时，国务院国资委提出建设世界一流财务管理体系的"1455"框架。党的二十大报告强调"加快建设世界一流企业"。2023年3月，国务院国资委启动国有企业对标世界一流企业价值创造行动。

会计提供财务信息、反映资本效率、监督资本配置，是现代企业制度的重要内容和运行基础，在企业价值创造中的作用毋庸置疑。财政部《管理会计基本指引》指出，管理会计是一种创造价值的管理活动，是企业价值创造能力重要驱动因素。但是，当前会计能够提供的信息不够微观、不够宏观、不够及时、不够长期，难以满足绩效评价的要求，制约企业高质量发展。为此，会计界要全面落实国资委"1455"框架要求，既要通过技术赋能提高会计信息的深度、细度、颗粒度，又要拓展会计信息的广度和宽度，充分利用现代信息技术优化会计流程，实现现金流、物资流、合同流、票据流、数据流充分融合，打造一体化、数字化、智能化、业财融合信息处理平台，强化核算报告、资金管理、成本管控、税务管理、资本运作等职能，为企业经营管理决策、效益效率评价和风险监控服务，助推世界一流企业建设，促进企业高质量发展。

完善宏观经济治理。宏观经济治理是政府进行市场调控，促进经济高质量发展的机制保障。宏观经济信息是国家经济治理的基石。长期以来，宏观经济数据以统计数据为主，但目前的统计核算方法导致分部门分类型的数据之间不存在勾稽关系，数据无法相互验证，导致全球范围统计数据造假事件层出不穷。近年来，党中央多次提出加强宏观经济治理数据库建设，提升大数据等现代技术手段辅助治理能力，健全宏观经济政策评估评价制度和重大风险识别预警机制，推进统计现代化改革。

宏观统计以微观数据为基础。微观经济主体的会计数据通过层层审核、相互钩稽，要求完整、可靠，系统造假成本较高。中国人民大学王化成教授等于2013年开始编制中国会计指数，西南财经大学会计学院于2015年开始编制中国上市公司财务指数，探索以企业微观数据反映宏观经济运行，为宏观经济治理数据库建设奠定了良好的基础。随着大数据智能化技术发展和企业数字化转型，通过将宏观数据与微观数据建立一对多的映射关系，宏微观数据之间的映射关系相互印证，从而保证根据微观会计数据建立的宏观经济数据库可靠、完整。并且，利用大数据智能化手段能够保证数据及时、高效，为财政政策、货币政策等宏观经济政策制定和实施提供精准支持。

防范金融风险。党的二十大报告对金融工作提出了明确要求，指出要"依法将各类金融活动全部纳入监管，守住不发生系统性风险底线"。加强和完善现代金融监管，强化金融稳定保障体系，离不开完整、高效的数据支撑。实体经济的负债与金融机构的资产之间存在一定对应关系，基于会计数据的宏观经济数据库能够反映实体经济整体负债率和资本结构，也能反映金融行业坏账率和金融机构整体风险，进而有助于金融监管机构对资本市场加强监管，并通过数据对应关系，层层穿透，实现将各类金融活动纳入监管范围。伴随着大数据、人工智能等新一代信息技术的发展应用，会计信息可以实时生成，利用信息技术实现实体企业和金融企业的财务系统挂钩，通过指标分析，自动开展会计监督，提前把控重点行业重点企业的财务风险，进而防范宏观金融的系统性风险。

2. 服务科技创新，支撑现代化建设

党的二十大报告提出教育、科技、人才是全面建设社会主义现代化国家的基础性、战略性支撑，必须坚持科技是第一生产力、人才是第一资源、创新是第一动力，深入实施科教兴国战略、人才强国战略、创新驱动发展战略。会计在反映人力资源、促进科技创新方面可以发挥独特作用。

（1）探索建立人力资源会计

功以才成，业由才广。中国历来重视人力资源，早在明清时期晋商中已经出现顶身股的制度设计，当前股权激励也十分普遍。人才是第一资源的理念已经成为社会共识，但人力资源如何转化为社会资产、社会资本，入账入表至今尚未解决。20世纪90年代，中国会计界开始关注人力资源会计问题，1996年，阎达五教授提出建立劳动者权益会计，并且重构了会计等式（资产＝债权人权益＋劳动者权益＋所有者权益），将人力资源会计研究推向高潮。但是，囿于历史成本、权责发生制和稳健性等原则，人力资源计量成为其入账入表的关键难点，导致人力资源会计研究一直未能取得突破性进展。如何推动人力资源转化为人力资产，甚至是人力资本，激发劳动者干事创业，特别是激励战略科学家、卓越工程师、高技能人才等充分发挥价值作用，需要深入研究和探索。在坚持按劳分配为主体，提高劳动报酬在初次分配中的比重等背景下，应该将人力资源会计和按劳分配制度结合起来，将高层次人才价值和高层次人才劳动报酬结合起来，创新开展人力资源会计研究，尽快解决人力资源的会计确认、计量和报告难题。

（2）优化科研经费管理

实现科技自立自强是国家强盛之基、安全之要。在深化科技体制改革中，科研经费管理改革发挥着"牵一发而动全身"的关键作用。党的十八大以来，国务院先后印发《关于改进加强中央财政科研项目和资金管理的若干意见》《关于深化中央财政科技计划（专项、基金等）管理改革的方案》《关于改革完善中央财政科研经费管理的若干意见》等文件，在提升财政资金使用效益、激发科研人员创新活力上发挥了重要作用。党的二十大报告强调要求提升科技投入效能，深化财政科技经费分配使用机制改革，激发创新活力。但是，当前科研院所缺乏政策落实的具体办法，经费后续管理尚待优化、科研经费绩效评价管理尚待完善、科研院所经费会计与审计监督尚待强化等问题仍然普遍存在。这些问题涉及财务制度、经费管理、绩效评价和内部监督等方面，无不与会计相关，需要会计人员结合科研工作实际提出可行方案，完善科研经费管理办法，减轻科研人员负担，提升科研经费使用绩效，充分发挥会计工作在科技创新中的重要作用。

（3）引导资本促进企业创新

党的二十大报告提出强化企业科技创新主体地位，推动创新链产业链、资金链、人才链深度融合。党的十八大以来，国家不断完善研究开发费用税前加计扣除政策，放宽研发活动及研发费用的范围、提高加计扣除比例、简化优化账务处理和计算方法，通过财政税收政策激励企业创新。2019年设立科创板，试点注册制，完善资本市场，助力科技创新企业发展。2023年2月，股票发行注册制正式实施。研发费用税前加计扣除、科创板设立、注册制推行都是通过财税政策和资本市场引导资本促进企业创新的新举措。为了更好地反映企业创新投入，2017年和2018年财政部先后两次修订企业财务报表格式，在资产负债表和利润表中将"开发支出"和"研发费用"分别单列。会计界需要有针对性地开展研究，验证政策效果和制度效力，为完善财税制度和健全资本市场提供专业意见，强化会计作用，促进加快实施创新驱动发展战略。

3. 发展环境会计，助力绿色发展

中国式现代化是人与自然和谐共生的现代化。党的二十大报告提出，推动绿色发展，促进人与自然和谐共生，推进美丽中国建设。绿色会计、环境会计、资源会计是会计理论和实务共同关注的话题，存在诸多重点难点问题亟待研究解决。

（1）研究制定碳交易会计准则

2011年，中国开始碳排放权交易试点工作，探索以配额管理、排放权交易促进减排降碳。报告强调积极稳妥推进碳达峰碳中和。近年来，诸多学者围绕碳排放权交易，对其会计处理、信息披露、财务后果等问题展开诸多研究，取得一定成果。2021年5月，财政部会计准则委员会咨询项目课题组发布《绿色发展背景下的我国碳排放权交易会计准则研究》报告，全面深入研究碳排放权交易的确认、计量和披露，起草有关碳排放权交易会计准则的草案。但是，实现碳达峰碳中和是一场广泛而深刻的经济社会系统性变革，离不开企业生产技术、工艺和产品结构等多方面调整，必然涉及资源投入和减排效果评价，碳会计不仅包括披露排放权的交易行为，还包括对企业减排行为、减排效果的评价和优化等内容。会计界要积极作为，进一步加强理论研究和实践探索，推动尽早建立中国碳交易会计准则。

（2）完善环境资源会计

党的二十大报告强调牢固树立和践行"绿水青山就是金山银山"的理念，坚持山水林田湖草沙一体化保护和系统治理，建立生态产品价值实现机制，完善生态保护补偿制度。我国古代会计历来注重对自然资源和资源产品的反映，当时会计报告的内容，不仅包括政府财政收支，也包括土地等自然资源。党的十八大以来，伴随着生态文明建设深入推进，我国在环境会计理论、环境信息披露、碳排放权交易会计和环境成本管理等方面取得了较多成果。

党的十八届三中全会提出探索编制自然资源资产负债表，这一全球首倡的特色环境资源会计制度得到各级政府和会计学者的积极响应，近10年来取得了丰硕的实践探索和理论研究成果，自然资源资产负债表制度建设不断完善。但是，在平衡关系、核算内容、资源负债、记账方法、计量属性等方面仍存在分歧，需要进一步丰富实践，总结经验，使这一制度落到实处、产生实效。此外，针对上市公司强制性环保信息披露机制，诸多学者开始关注ESG（环境、社会和公司治理），但现有研究的深度和广度不够，并且多数研究未注意到中国作为新兴市场国家，在经济环境、政治制度、法律框架和环境治理方面与西方国家的不同，关于中国企业ESG实践对企业影响的研究较少。会计界应该结合中国文化背景、经济环境和制度背景，研究建立符合中国国情的环境资源信息披露制度。

（3）加强资源环境审计

"十四五"规划提出，要健全现代环境治理体系。党的二十大报告再次提出健全现代环境治理体系，严密防控环境风险。新时代以来党中央开展了一系列根本性、开创性、长远性工作，加快推进生态文明顶层设计和制度体系建设，为健全我国现代环境治理体系奠定了坚实基础。领导干部自然资源资产离任审计是中国为全球环境治理贡献的创造性制度体系。目前，以离任审计的开展为契机，环境审计逐渐形成离任审计、污染防治跟踪审计、资源环境专项审计三足鼎立的审计格局。环境问题影响重大、涉及利益主体较多，需要开展协同治理，因此，资源环境审计必须协同联动，统筹整合项目安排，增强审计结果监督效能。近年来，云南省和周边省份审计部门联合探索建立资源环境合作审计协作机制，形成了跨地区联审共治新模式。资源环境审计如何促进环境治理发挥协同效应，助推生态文明建设，是需要重点关注的课题。

4. 发展会计教育，弘扬会计文化

党的二十大报告提出推进文化自信自强，铸就社会主义文化新辉煌，要求加快构建中国话语和中国叙事体系，讲好中国故事、传播好中国声音。中国会计文化源远流长，会计文化传承和会计事业高质量发展需要高层次会计人才，离不开高质量的会计教育。

（1）发展高水平会计教育

长期以来，高素质会计人才缺乏成为制约我国企业高质量发展的重要因素，而发展高水平会计教育是高素质会计人才培养的基础。伴随新一轮科技革命和产业变革，新一代信息技术发展和应用推动数字经济等新经济新产业新业态新模式快速发展，也使技术、数据等新生产要素重要性日渐凸显。传统会计理论和会计人才培养模式已经难以适应新时代的新要求。高水平会计教育既要培养学生扎实的会计理论、方法和技能，又要适当超前培养学生适应和应用新技术新经济新方法的知识和能力。当前，会计人员数量多，但高层次人才少；设置会计专业院校多，但高水平会计教育欠缺。面对新时代发展对高素质会计人才的需求，会计教育应该注重学科交叉融合，坚持立德树人、立足中国、融通中外，促进专业优化、课程优化、模式创新。当前会计教育改革如火如荼，但简单模仿多、实质创新不足，必须切实重视并加强会计教育研究，深入开展人才培养改革，不断推动中国会计教育高质量发展。

（2）弘扬中国会计文化

党的二十大报告要求坚定历史自信、文化自信，坚持古为今用、推陈出新，把马克思主义思想精髓同中华优秀传统文化精华贯通起来、同人民群众日用而不觉的共同价值观念融通起来，不断赋予科学理论鲜明的中国特色。会计文化是会计人的全部精神活动及其附属产品的总和，在会计发展过程中始终发挥着导向、规范和调控的作用。

中华传统文化和会计文化相互影响、相互融合，中国会计文化要继承与弘扬中华传统文化。中华传统文化中，一诺千金、诚实守信、克勤克俭、克己奉公、"言必信，行必果""兼听则明，偏信则暗"等无不与价值观和经营管理活动相关；量入为出、收支平衡、将本求利、月计岁会、账实相符、待价而沽、开源节流、"预则立，不预则废"等均与理财思想及会计行为息息相关。中国会计文化最具特色的是"会计当而已矣""诚实守信""计利天下"。孔子提出的"会计当而已矣"，包含账务核算"得当"（明晰）、会计结果"恰当"（公允）、事项行为"正当"（合规）、会计人员"适当"（专业胜任能力适当）等含义，充分体现中国传统文化的中庸思想，适当、允当、恰当，无过无不及、不偏不倚，反映了会计真实可靠的本质要求。"诚实守信"是中国传统文化的重要组成部分，诚以养德，信以立身，"言必信，行必果""言而无信，不知其可也"等，无不与诚信相关。中华会计文化源远流长，但当前会计文化研究依然存在整体框架缺乏、核心概念不清、基本要素不明、重视程度不够等问题，需要会计界切实重视。

（3）创新中国特色会计理论

改革开放以来，中国会计学术研究与西方"接轨"，会计准则体系与国际趋同。在欧美资本主义国家，会计准则的制定权和解释权由民间组织控制，国家会计准则并非会计规则，而是英美国家为适应资本市场交易的高流动性需要而提出的，是缺乏合理依据的金融分析规则，弹性化的会计规则导致会计造假常规化，证券市场会计监管形同虚设。

中国国情与欧美资本主义国家不同，会计准则制定模式不能简单"趋同"。我国会计理论研究也存在类似问题，多数研究紧跟欧美研究话题，应用西方会计理论，会计研究模仿热远远大于创造热，且这种模仿主要是模仿欧美国家。过于追求数学模型，弱化思想观点，拘泥于用各种方法和数据，检验一些细枝末节的具体现象，忽视对现象背后内在规律的探索，盲目的模型崇拜已经影响到中国会计理论创新，难以有效服务中国经济高质量发展。事实上，中国经济的成功实践、中国企业丰富的经营管理案例、中国特色的国家治理体系，都为中国特色会计理论研究奠定了坚实基础，提供了源头活水。中国会计理论研究必须立足中国实践，突出问题导向，坚持现实需要，推动研究方法多样化，突出原创思想，及时从中国丰富的现实实践中提升总结中国特色会计理论，并积极参与国际交流，把中国会计理论成果展示给全球，为人类会计事业的发展提出中国方案，贡献中国智慧。

（二）财务会计向管理会计转型的意义

1. 完善财务体系制度，加强顶层设计

财务会计向管理会计转型有助于企业完善体系制度，加强顶层设计，在企业做出重大决策时，不仅可以控制不确定性带来的影响，最重要的是可以稳定企业的局面，从而做到临危不乱。在顶层设计中，应主要对内部消耗和风险管控进行制约监管，因为这和人事管理息息相关，采用客观有效的数据制约人事运营制度，从而使整个企业健康地运行，其中虽然存在很多的问题，但是确定方向，逐步细化，走上科学运转的正途才是财务的重要作用。首先，在生产经营上，从各个部门逐层分析，在前期的市场调研期间，可以指定一个资金投入的范围，当然具体问题具体分析，不过总体上还是按照既定的要求进行的。在前期制定可研究型报告，进而得出估算，对估算进行审核，相互协调后跟进下一步。在前期工作完成后，进行项目的分解工作，在财务分配的比例上严格控制重点与配套的比例关系。在采购上，也应实行分包商质量评价机制与奖励机制，合理遵守规则，做到成本的有效控制。

其次，内部管理上，应严格遵守财务制度，包括工作中的协作、报销流程、开展的相关企划活动以及商务事宜等，对于每项内容都应有相应的财务制度去规

范,制定标准化流程图可以把控费用的合理开销,根据业务进行人员分配。例如:工作中的部分工作外包,甚至更小体量的工作内容需要外援配合,那么企业中都应给予指引和制定条例;报销流程上,比如出差按照职位等级进行补助;相关活动的经费可以根据企业的业绩进行相应的把控。

最后,企业的岗位根据经营情况可以做出科学合理的战略调整,这是一笔经济账,需要根据企业的长远规划进行合理布局,再结合财务管理的制度相应做出调配,以确保企业可持续长远发展。

2. 有助于管理层的正确决策

管理会计职能的有效补充,使管理层可以从企业的顶层设计上得到更多时间的思考,对企业发展方向做出明确精准的判断,企业的财务情况,再根据财务能力进行重大项目的引入,或者根据财务情况,进行内部调整和发展策略的优化。在重大项目的引进上,可以根据优劣势的分析得出合理的产出比,推断出是否符合企业的发展方向,通过精准的分析就可以得到相对稳重的决策;如果首要任务是对企业内部做出调整,那么可以根据管理会计对企业内部经营的控制范围,进行深一步的探索,首先是看财务制度的制定是否符合企业的发展战略,根据业务体量和数量进行产业调整,进而管理会计就可以根据新的决策进行优化调整,所以,管理会计的职能对于管理层做出合理决策是有重要意义的。

第二节 企业财务会计与管理会计融合发展的意义

一、企业财务会计与管理会计融合发展的可行性

(一)相同的会计理论为二者融合提供了前提

不论是管理会计,还是财务会计,背后的理论基础是一致的,这就为二者融合提供了前提。管理会计与财务会计都是为了共同的目标来为企业发展服务的,都是通过对基础财务信息数据进行核算、分析与整理而得出会计报告,都可以对企业的基本运行数据(如现金流量、成本利润率、资产负债等)进行实时分析,为决策阶层提供决策参考,避免决策制定的随意性,提升管理效率。在对财务信息数据进行分析处理时,管理会计与财务会计可以共享使用一些基础性原始数据,

管理会计可以财务会计提供的原始数据来制订投资方案，而财务会计则可以利用管理会计提供的各种指标数据来加强会计核算与内部控制，二者相互配合，满足全面管理的工作需求。从实际工作进程来看，这两种会计模式产生的数据指标也可以共享，财务会计是会计工作的基础与前提，而管理会计则是会计工作的延续，财务会计依赖的各项数据指标，都可以供管理会计使用，避免重复收集，有助于降低管理成本，提升工作效率。除此之外，这两种会计模式的相互融合，还有助于提升风险防范能力，实现两个会计模块的有机融合，充分使用大数据技术，提升财务管理现代化、信息化水平，增强数据分析的科学性与系统性，降低差错率，化解财务管理风险。随着复合型财务人员的不断涌现，这两种会计模式的融合也具备了人力资源前提，一些专业会计人员都能胜任管理会计与财务会计的岗位要求，在两项工作中都能得心应手，顺利实现融合。

（二）大数据技术的应用为二者融合提供了技术支持

传统的工作模式中，企业财务管理工作的开展，首先需要财务会计人员通过人工记账的方式对一些基础性数据信息进行加工处理，核对会计凭证，形成会计报告，然后让管理会计人员根据会计报告来预测未来发展动向。但是，随着信息技术的发展、大数据技术的使用，这两项会计工作的开展，不再具有时间差，可以同时开展。财务会计人员可以使用大数据技术进行数字化、信息化处理，提升电子凭证的核对效率，适时推出会计报表，管理会计则使用共享的会计报表，开展后续工作，这样信息传递十分通畅、运行十分流畅，这两个模块的会计工作，实现了有效对接，实现了信息交流、信息共享与数据实时传递，使得财务工作效率大幅提升。

（三）复合型人才为二者融合提供了人力资源支持

现代企业财务管理工作的有效开展，离不开专业的会计人员，随着会计理论的丰富与更新、新的会计工作准则的使用，会计学专业的人才越来越具有复合型特征，不单会从事相关基础性会计工作，还具备了财务分析、财务管理的操作能力，这就可以满足财务会计与管理会计岗位的双重需求，这也得益于高等院校会计专业培养方案的不断更新。随着会计信息化水平的不断提升，高校会计专业也重视提升在校学生对信息技术、大数据技术的操控能力，让他们满足信息化会计工作的岗位能力需求，为以后从事数据分析、数理统计奠定了基础，这些都为两种会计模式的融合提供了人力资源支持。

二、企业财务会计与管理会计融合发展的重要性

（一）提高会计信息效力

财务会计和管理会计的融合发展可以提供更全面、准确和及时的信息，同时也可以提供更多元化的数据分析和风险管理支持，有助于企业在激烈的市场竞争中取得更好的经营绩效。就当前新时期背景下，管理会计与财务会计的融合是必然的发展趋势，两者的融合能够有效优化企业财务工作管理结构，实现优势互补的效果，帮助企业有效规避金融风险，解决企业经营发展的财务问题，进而全面提升企业管理水平。

（二）提升企业生产水平

财务会计和管理会计的融合发展可以实现会计信息的整合和协调，从而更好地支持企业的决策和管理，提升企业自身的生产力水平。自我国大力推动改革开放以来，我国的经济实力得到了突飞猛进的发展，尤其是在当前互联网时代背景下，市场交易形式也早已不再局限于以往的发展模式，正在朝向信息化的方向不断发展。而企业财务工作也需要积极推动创新，摒弃传统经营模式理念，加强会计部门的财务审核与监察能力，对企业生产管理工作予以有效规范。

（三）实现内部信息共享

通常来说，企业领导层在制定发展战略的过程中，需要结合企业财务以及相关数据信息，筛选出具有利用价值的信息，并在管理会计以及财务会计工作的支持下，将其通过报表的形式输出，以此进行数据信息的内部共享，切实提升内部信息的交流效率，供企业各部门进行使用与分析，为企业业务各个生产环节带来必要的数据支持，从而保障企业资金链的正常运转。

第三节　新经济形势下的企业财务会计与管理会计融合发展路径

一、企业财务会计与管理会计融合现状

1. 企业会计及部门间的信息共享机制不健全

企业财务会计与管理会计的结合十分重要，但在推进这两种结合的过程中，很多企业内部各部门由于信息来源的差异，导致了各部门间的信息不对称。其主要原因有三：第一，原始资料的来源不同，造成了会计基本资料的不精确；第二，由于不同部门之间对数据的处理方法、统计方法和算法的不一致，造成了数据的偏差；第三，公司内部信息分享机制不完善，部门与部门之间、部门与会计、财务与管理会计之间缺少有效的交流，当发生信息偏差时，没有部门带头对其进行统一解释，造成了严重的信息失真，也就不能向公司管理层提供详细的财务信息。

2. 财务会计与管理会计的手段不同，会计目标不统一

在新的历史条件下，企业必须将财务会计与管理会计有机结合，实现两者的协调一致，实现两者共同的目标——为企业决策提供精确的数据支持。企业的管理会计以变动成本为基础，通过全面预算等手段，在企业的生产、销售和管理过程中发挥着关键作用，为决策提供重要依据。而财务会计则是在工作中运用货币计量的方法来实现对企业会计活动的监督与管理，它更关注于公司财务报表中关于现金流信息的准确性，希望通过对公司的历史运营情况的分析，对公司今后的发展起到一定的借鉴作用。此外，财务会计的记账方式比较单一，它必须符合国家的法律和法规的要求，以比较固定的核算方式来完成财务报告的编制，而管理会计则是一种比较灵活的管理方法，可以利用各种方法来达到降低成本、提高效益的目的。

3. 企业财务管理水平有待提高

我国企业财务管理的层次不高，目前我国的财务会计和管理会计还不能很好地结合起来，企业管理会计运用相对滞后，给企业的财务管理工作造成了一定的阻碍。管理会计是一门新兴的学科，它在我国的发展非常缓慢。许多企业连一个专门的管理会计部门都没有，即便有些企业已经建立了管理会计部门，其主要职能也与财务会计的职能范畴有大量的交叉重叠。在这种情况下，管理者越来越不重视管理会计的重要性。一方面，企业的管理会计人员配备不够充分，不能充分

发挥作用；另一方面，企业的管理会计人员不够专业化，他们不清楚自己的工作职能，不清楚自己的工作目标，他们的专业技术不能满足企业对这一岗位的需求，此外，企业缺乏对管理会计人才的培养，也是影响二者结合的一个重要因素。

4. 企业财务审计力度薄弱

企业财务审计环节相对较弱，这就造成了企业财务与管理会计无法有效结合，企业在生产经营中，涉及管理会计的各项业务活动，都被财务会计统一管理，这势必影响到企业的经营效率。然而，在实际工作中，由于审计部门未能及时提出改进意见，致使管理会计作用被忽略。同时，审计人员的独立性和权威性不强以及审计制度的不完善，使得企业的财务审计工作无法充分发挥职能，这导致了会计作用被忽略，并使得企业在审计财务部门时，不能有效地解决发现的问题。除此之外，由于审计人员对相关法规和准则的理解不够深入，导致他们在处理复杂的会计问题时常常出现失误，这无疑加剧了业财融合的难度。

二、新经济形势下企业财务会计与管理会计的融合路径

（一）制定综合性财务与管理会计战略

在新经济背景下，制定综合性财务与管理会计战略是企业应对市场变化、提升管理效率和决策质量的重要举措。这一战略的核心在于将财务会计和管理会计的力量结合起来，形成一个统一的决策和管理框架。实施这一战略要求企业在组织结构、流程管理、技术应用等方面进行一系列的创新和调整。

第一，从组织结构的角度，企业需要打破传统的部门界限，推动财务会计和管理会计的融合。这可能意味着重组企业内部的部门，建立一个负责整合财务和管理信息的专门团队或部门。这个团队或部门的任务是确保财务数据和管理信息的无缝结合，为企业提供全面、一致的决策支持。这个团队或部门应由具备财务、管理、战略规划等多方面技能的专业人员组成，能够从不同角度分析问题，提出综合性的解决方案。

第二，在流程管理方面，企业需要构建一个以效率和效果为导向的工作流程。这意味着对现有的财务和管理流程进行审查和优化，消除冗余和低效的环节，确保信息的快速流转和高效利用。例如企业可以通过引入精益管理的理念和工具，识别和消除流程中的浪费，提高工作效率。同时，企业还应确保流程的灵活性，能够迅速适应市场和业务环境的变化。企业还应深化对业务模式的理解，将财务

和管理会计战略与企业的核心业务紧密结合。这要求企业的高层管理者和财务团队对公司的产品、市场、客户以及竞争环境有深入了解。基于这种理解，财务与管理会计战略应更加灵活地适应企业的业务模式，支持企业的长期发展。例如如果企业在一个快速变化的行业中，其财务与管理会计战略就应更注重敏捷性和适应性，能够迅速响应市场变化。

第三，企业在实施综合性财务与管理会计战略时，需要强化内部控制和风险管理。这不仅仅涉及财务风险的管理，还包括业务运营、市场变化、合规性等方面的风险。企业应通过建立健全的内控体系，实现风险的及时识别、有效控制和监督管理。例如可以通过建立风险管理委员会、实施定期的风险评估和审计等方式，确保企业在实施战略的过程中能够稳健前进。

第四，企业在实施综合性财务与管理会计战略时，还需要建立一个有效的监控和评估机制。这意味着企业应定期检查和评估战略实施的效果，包括财务绩效、管理效率、决策质量等多个方面。企业可以通过设置具体的绩效指标和目标，跟踪战略实施的进展，及时调整和优化战略。同时，企业还应收集员工、客户、合作伙伴等多方的反馈，从不同的视角评估战略的成效。制定和实施综合性财务与管理会计战略是一个复杂而动态的过程，要求企业在组织结构、流程管理、技术应用、人才培养等多个方面进行协调和优化。通过这些努力，企业可以更好地应对新经济背景下的挑战，提升管理效率和决策质量，从而在竞争激烈的市场环境中取得成功。

（二）整合成本与利润管理

整合成本与利润管理是企业财务会计与管理会计融合发展的关键对策之一。这一策略的核心在于打破传统的成本和利润管理的分离模式，通过整合和优化财务与管理两大会计领域，提高企业的财务效率和盈利能力。为实现这一目标，企业需要采取一系列具体的实践措施。

首先，企业需要建立一个统一的成本与利润管理框架。在这个框架中，成本管理不仅仅是单纯的成本控制，而是与利润管理紧密相连，成为实现盈利目标的重要手段。这个框架应该不仅包括传统的财务指标，如利润、成本、现金流等，还应该融入非财务指标，比如市场趋势、客户满意度、员工绩效等。这样的框架可以帮助财务分析师更全面地理解企业的运营状况，更准确地预测未来的发展趋势。为此，企业应将成本管理与战略规划、预算管理、业绩评估等环节紧密结合起来，确保成本控制的每一项措施都能够促进企业整体利润的增长。

其次,企业应该运用先进的管理会计工具和技术来优化成本与利润管理。例如通过采用活动基础成本法,企业可以更精确地追踪和分配成本,从而有效地识别和削减非增值活动所产生的成本。同时,企业还可以利用财务建模、预测分析等技术,对未来的成本和收益进行预测,以支持更加科学的决策制定。

再次,企业还需要强化跨部门的沟通和协作。成本与利润管理的整合并不仅仅是财务部门的任务,更是需要各个部门共同参与和努力的过程。例如,销售部门的市场策略、生产部门的操作效率、采购部门的成本控制等都会直接影响到成本和利润。因此,企业需要通过建立跨部门协作机制,如定期的跨部门会议、绩效联动机制等,确保各部门在成本与利润管理上的目标一致性和协同作用。同时,企业还应该注重数据驱动的决策过程。在整合成本与利润管理的过程中,大量的数据收集、分析和应用是不可或缺的。企业需要建立一个有效的数据管理系统,确保成本和利润相关的数据能够被准确地收集、及时地更新和智能地分析。通过对数据的深入挖掘和应用,企业可以获得更深刻的洞察,为成本控制和利润增长提供强有力的支持。

最后,企业还需要关注成本与利润管理的持续优化和创新。市场环境的不断变化意味着成本和利润管理的策略也需要不断地调整和更新。企业应该定期对其成本与利润管理的策略和实践进行评估,根据内外部环境的变化进行调整。同时,企业还应鼓励创新思维,探索控制成本、增加利润的新方法、新手段。

(三)促进跨学科会计人才培养

在新经济背景下,促进跨学科会计人才培养旨在打破传统会计职能的边界,培养能够适应快速变化的市场环境和技术革新的复合型会计专业人才。要实现这一目标,企业需要在人才培养策略、教育培训体系、企业文化等多个方面下功夫。

首先,企业应当重新审视和定义会计人才的能力框架。传统上,会计专业人员的核心技能在于财务报表的编制、税务规划、合规性检查等方面。然而,在新经济背景下,会计人员不仅需要掌握这些核心技能,还需要具备数据分析、战略规划、市场洞察等跨学科技能。为此,企业需要调整人才培养策略,强化会计人员在财务分析、业务理解、技术应用等方面的综合能力。

其次,企业需要构建一个全面的教育培训体系,支持会计人员的持续学习和成长。这个体系应该包括多种形式的培训和学习机会,如内部研讨会、在线课程、行业会议、跨部门轮岗等。由于会计信息往往专业性较强，非财务人员可能难以理解和使用这些信息。因此，企业应该定期举办培训课程，教授非财务人员如何理解和使用会计信息，帮助他们更好地参与到企业的决策过程中。同时，也应该对财务人员进行跨部门沟通和协作的培训，提高他们的沟通能力和团队合作能力。通过这些不同的学习途径，会计人员可以不断拓宽自己的知识领域，了解到最新的市场动态和技术发展趋势。此外，企业还可以与高校、专业培训机构合作，为员工提供更为系统和深入的学习资源。企业文化的塑造也是促进跨学科会计人才培养的关键因素。企业需要营造一种开放、包容、鼓励创新的文化氛围。在这样的环境中，会计人员会更愿意接受新知识、新技能的挑战，更愿意尝试跨学科的合作和探索。比如企业可以鼓励会计人员参与到产品开发、市场营销等非传统会计领域的项目中，让他们在实际工作中学习和应用新知识。

再次，企业还应重视内部人才的梯队建设。这意味着企业不仅要关注当前的人才需求，还要预见到未来的人才发展方向。为此，企业可以实施导师制度，让经验丰富的高级会计人员指导年轻的会计专业人才。通过这种一对一的辅导关系，年轻人才可以更快地学习到必要的技能和知识，同时也可以得到职业发展上的指导和建议。

最后，企业需要通过有效的绩效评价和激励机制来支持跨学科会计人才的培养。绩效评价体系应不仅应当关注会计人员的核心会计技能，还应考量他们在跨学科学习、创新思维、团队合作等方面的表现。此外，激励机制如晋升机会、奖金、专业发展资助等，应该与员工的综合能力和贡献度相匹配，以此鼓励员工在多个领域内不断努力和成长。

参考文献

[1] 刘伟芹.数字经济背景下企业财务数字化转型探讨[J].商业观察，2024，10（14）:43-46.

[2] 谢慧珍.数字经济时代业财融合视角下的企业财务分析探究[J].市场周刊，2024（13）：126-129.

[3] 孙琳.数字经济时代下企业财务管理变革研究[J].产业创新研究，2024（8）:163-165.

[4] 杜尚霖.数字经济时代企业财务管理转型模式创新研究[J].中国集体经济，2024（11）:137-140.

[5] 凌波.数字经济时代下财务共享系统对企业内部审计的影响研究[J].财政监督，2024（8）:100-104.

[6] 李锋.数字经济时代企业财务转型有哪些路径[J].中国商界，2024（4）:160-161：146-148.

[7] 戚存国.信息化转型背景下人工智能在财务信息化中的应用[J].中国产经，2024（7）.

[8] 赵潞铭.数字经济时代的企业财务管理转型研究[J].财会学习，2024（11）:17-19.

[9] 覃嵤清.以财务信息化管理技术为基础提高企业财务管理能力[J].商场现代化，2024（8）:177-179.

[10] 汪竟竟.企业财务信息化建设对财务合规管理的优化作用探微[J].活力，2024（4）:82-84.

[11] 李杰.基于财务信息化的企业财务管理转型探析[J].财经界，2024（2）:129-131.

[12] 黄丽香.基于财务共享模式下企业财务信息化建设的优化路径[J].活力，2023（24）:25-27.

［13］吴海萍.财务管理转型下企业财务信息化系统的发展和建设［J］.中国集体经济，2023（35）:141-144.

［14］卢玲玲.加强财务信息化，赋能财务会计向管理会计转型升级［J］.河南教育（教师教育），2023（12）:69.

［15］杨舒.财务共享背景下高校财务管理模式优化研究——以J高校为例［D］.呼和浩特：内蒙古农业大学，2023.

［16］韩明超.B公司财务管理能力评价及提升的研究［D］.北京：北京化工大学，2023.

［17］韦慧.X小贷公司财务管理优化研究［D］.南宁：广西大学，2023.

［18］安义.SX公司精细化财务管理研究［D］.太原：山西大学，2023.

［19］谭利，李思璇.财务管理［M］.重庆：重庆大学出版社，2022.

［20］王攀娜，熊磊.企业财务管理［M］.重庆：重庆大学出版社，2022.